# 国際関係学講義

[第5版]

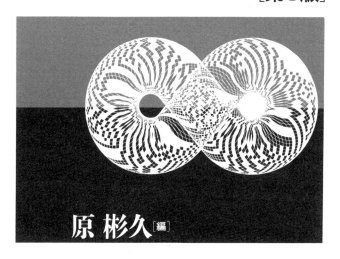

原 彬久[編]

有斐閣
YUHIKAKU

## 「第5版」へのはしがき

　本書『国際関係学 講義』が世に出たのは，1996年である。爾来5年ごとに版を改めてきた。今回上梓したのは第5版，初版からちょうど20年目にあたる。転変著しい時代状況のなかで，このささやかな教科書がこれほど長命を保ちえたのは，多くの専門家，大学教員各位，および大学生からの多大なご支持があったからこそである。本書に寄せられたこの肯定的な評価は，私たち執筆陣を大いに勇気づけるものであった。

　前版の刊行（2011年）からこの5年間，世界は相変わらず激しく揺れ動いている。たとえば，地域統合の道を歩んできたEU（欧州連合）が財政危機に瀕する諸国家を抱え，なおかつ中東からの膨大な難民流入に苦しんでいる。EUはいまやその存亡をさえ問われている。IS（イスラム国）等によるテロの横行も，こうした文脈と無関係ではない。またアジア太平洋地域では，中国が共産党独裁を続けつつ市場経済を推し進め，その果実を軍拡に傾注している。この5年間周辺地域への同国の覇権的行動は，国際政治におけるアメリカの相対的後退を説明するものでもある。

　日本国内では，2009年に戦後初めて国民主体の政権交代がなされ民主党内閣の誕生をみたが，同内閣は数々の失政を経て，2012年自民党にいま一度政権を譲り渡すことになった。民主主義の根幹である国家権力の移動が政党間で当たり前のように行われる日が，果たしてくるだろうか。

　本書第5版をお届けするにあたっては，この5年間における国際関係の変動を踏まえつつ，大半の章で加筆修正を施した。章によっては，その内容を大きく変更した。また巻末の資料も，できるだけ広い視野に立って最新の資料に差し替えた。旧版でご助力いただいた方々には，今回もお世話になった。感謝申し上げたい。

　2016年7月　　　　　　　　　　　　　　　　　　編　者
　　　　　　　　　　　　　　　　　　　　　　　　原　彬久

# はしがき

### 冷戦後の国際関係学

　本書は国際関係学の基本テキストである。国際関係学ないし国際関係論を学ぼうとする，あるいは現に学んでいる大学生を対象として本書は編まれている。

　東西ドイツを分けるベルリンの壁が崩壊したのは，1989年11月のことである。翌12月にはブッシュ米大統領とゴルバチョフソ連共産党書記長が，地中海に浮かぶマルタ島で両国敵対関係の終結を宣言した。それからまもなく，この敵対関係の一方の当事者であったソ連は，現代史の舞台から文字通りそのすがたを消すことになる（1991年12月）。米ソ冷戦体制の終焉である。

　私たちは，第2次大戦後およそ半世紀のあいだ，資本主義と社会主義のイデオロギー的相剋に駆りたてられた米ソ覇権闘争をみてきた。「みてきた」というよりも，私たち個々人はもちろんのこと，この日本という国家もまた，米ソ覇権闘争に規定された国際社会の現実からことごとくその影響を受けてきた。私たちは米ソ冷戦のなかで生活をおくり，米ソ冷戦のなかでものを考え，果ては，米ソ冷戦のなかでみずからの運命を展望していたのである。

　しかし，いまや世界は変わった。冷戦が終わって，世界は新しい秩序を模索し，新しい価値を希求し，そして新しい人間像を探り求めている。本書は，こうした時代の転換にあって，「冷戦後」の国際関係を学問的にどう受けとめ，どう理解したらいいのかという問題意識に立ってつくられたものである。日本における，そ

して国際社会における，私たちの「いま」をつかみとるために編まれたのが本書である。もちろん，私たちの「いま」を理解することはそう簡単なことではない。国際関係学にひきつけていえば，私たちの「いま」を知ることは，今日の国際関係を構造的にどうとらえ，ひるがえってこの国際関係を歴史の文脈のなかにどう位置づけるかという問題と密接にかかわっている。

そもそも国際関係学とは，戦争と平和の問題を正面から見据える総合的な学問である。国際関係学は，国際社会における国家，集団，個々人が織りなす政治的・経済的・法的，さらには文化的諸関係などの今日的構造を考察すると同時に，これら諸関係の歴史的実態を分析することに主眼を置くものである。したがって同学問は，こうした知的作業を通じて各種行動主体間の戦争，紛争そして協調の現実を科学的に分析し，人類の平和を構想していく学問としてあらわれるのである。

かくて，国際関係学が受けとめるべき現実（リアリティ）とその課題は質量ともに圧倒的である。しかも，冷戦後の国際社会は新しい危機的状況と変動に直面しており，その運動エネルギーを増幅させている。ちなみに，190あまりを数える主権国家，国際連合をはじめとする各種国際組織，おびただしい数の民族集団，さらには各地域にうごめくテロないしゲリラ組織等々が多様な関係をもって相互作用している状況と，核戦争の可能性を予測させる核拡散の不気味な影とを重ねあわせてみただけでも，国際関係学が担うべき役割というものが理解されよう。現代世界の危機と課題が人間のあらゆる側面を反映した問題状況から生まれているだけに，国際関係学はとりわけ個別諸科学の総合化のうえに成立すべきものである。

もちろんこの総合化は，従来から続く学問の専門分化を必ずしも否定するものではない。むしろ，専門分化の利点と総合化の利点を結びつけることが，今日の中心的課題であるといってよい。国際現象の複合システムを個別諸科学の立場から研究することと，この複合システムをトータルにかつ体系的に理解することとを弁証法的に関連づけることが重要なのである。

　なおここで，本書が当該学問の呼称を，従来多用されてきた「国際関係論」とせずに，「国際関係学」としていることについて若干説明しておきたい。

　これまで「国際関係論」という呼び方は，それがときには国際政治学と同一視されて，またあるときは，国際政治学をふくむ多様な学問の総称として一般化されてきた。しかし，最近「国際関係学」といういい方もまた，しばしば登場している。このことは，国際関係の研究が学問としての体系性と方法論においてある種の自立性を獲得しつつあることと無関係ではない。新現実主義，新自由主義制度論など国際関係理論の新しい展開，さらには各種地域研究の精緻化などは，たしかに，国際関係のリアリティを科学し，国際関係の規範を構築しようとする研究者たちのたゆまざる意欲のあらわれでもある。本書が「国際関係学」の呼称を用いるについては，学問的に確たる根拠を見出しているわけではないが，学問の自立性確立に向かう国際研究分野のこうした発展的現状をふまえて，ここにあえて「国際関係学」という名称を用いるものである。

### 本書のねらい
　本書の主要な目的を改めて要約するなら，つぎのようになろう。

（1） 新しい時代認識

　第2次大戦後およそ半世紀続いた米ソ冷戦体制が終わって，ポスト冷戦時代に入った今日，私たちはこれまでの冷戦的秩序観，冷戦的価値観から離れて，新しい国際体系の構造を見据える必要がある。ポスト冷戦の時代，すなわち国際関係の現在に対する執筆者の学問的洞察と分析の作法が，本書に反映されるものとなろう。学生たちが今日直観的に感じとっている時代感覚を理論の枠組みに組みいれる努力をわれわれはしなければならない。

（2） 過去と現在のつながり

　本書が新しい時代認識に支えられているとはいえ，この時代認識は歴史を排除したところで成立するものではない。本書は，歴史とりわけ第2次大戦後の冷戦史を視野に入れつつ，冷戦後の新しい時代文脈が冷戦的諸要素のなにを継承し，なにを脱ぎすてようとしているのか，といった問題関心をその中心に据えるであろう。

（3） 社会科学としての国際関係学

　従来，現実（リアリティ）としての国際関係の茫漠たる曖昧さのゆえに，学問としての国際関係学は，ともすると総花的になり，体系性を欠き，方法論的にも未成熟であったといわれるが，本書はこうした国際関係学の現状を少しでも克服しようとするものである。そのために，まず第1に，リアリティとしての国際関係を，国家や国際組織など行動主体間の主として政治的・経済的・法的諸関係としてひとまず限定的にとらえること，第2に，このような国際関係を対象とする国際関係学は，政治学的・経済学的・法学的，すなわち社会科学的方法に主として支えられ，社会科学的方法以外の方法，たとえば文化論的・歴史学的アプローチなどを

補完的に取りいれるものとして位置づけられよう。

（4）　国際関係と日本の対外行動

　従来の国際関係学のテキストは、学ぶ者の日常的関心から出発するという視点を必ずしも重視していたとはいえない。本書は、学生諸君が国際関係の現実に対する主体的なかかわりを自覚することができるように、日本と国際社会の相互連動の構造を明らかにすることを主眼の1つとしている。日本から国際関係を、国際関係から日本をみるという視点が重視される。日本がこれまで国際社会とどのような関係を取りむすんできたのか、そして今日両者がどうかかわっているのかを究明することによって、私たち1人ひとりの運命と行動が国際社会そのものとどのようにつながっているのかを考えることにしたい。

（5）　総合化と個別化

　本書は、現代国際関係を社会科学的に考察するためのもっとも基本的な理論的視座を提供し、国際政治学、国際経済学そして国際法などの、より個別的な学問分野に進んでいくための理論的・実証的な研究の俯瞰図を示すものとなる。同時に本書は、学生諸君が国際政治学、国際経済学、国際法などを学びつつ、あるいは学んだ後に、みずからの勉学の意味を探り、みずからの勉学を総括するための有用な一書ともなるよう工夫されている。

### 本書の構成

　本書は4部11章からなる。セメスター制を採用する大学が増えている現状に鑑み、第1部、第2部を1つのグループに、第3部、第4部をもう1つのグループに分けて、それぞれ2単位の履習分量として構成されている。第1部から順を追って学ぶのが望

ましいが，担当教師の方針によっては，必ずしもこれに拘泥しなくてもよいように編集されている。なお，各部のとびらには，文字通りその部のとびらを読者に開けていただくための導入文を記しておいた。

〈第1部〉　国際関係学の理論的変遷と現状を概述する。第1に，1920年代に誕生した学問としての国際関係学が現実の国際関係とどのような緊張関係を保ちつつ展開してきたのか，主として1970年代末までの学問的流派を整理してみたい（第1章）。第2に，1980年代以降最近にいたるまで国際関係学がどのような理論状況にあり，どのような問題を抱えてきたのかを明らかにするとともに，同学問の今日のすがたを描出するであろう（第2章）。

〈第2部〉　リアリティとしての国際関係のトータルな構造を描出する。第1に，米ソ冷戦体制とはなんであったか，冷戦体制から脱冷戦へと変容していったその意味をどう理解するか，そして脱冷戦世界の構造的特質はなにかを分析する（第3章）。第2に，イデオロギーと覇権のための闘争を機軸とした米ソ冷戦のなかで多発した地域紛争，そして，ナショナリズムや宗教の対立から生まれることの多い今日の地域紛争の実態とその意味を論ずる（第4章）。第3に，相互依存の国際関係が進むなか，国際政治と国際経済の連動の深化と構造を分析し，その意味を理論的に解明していく（第5章）。

〈第3部〉　現代国際関係の構造的特質を形成するもっとも重要な要因と考えられるもの，すなわち現代国際関係のトータルな構造にもっとも重大なかかわりをもつとみられる3つの課題ないし問題を取りあげて，それぞれの実態とその理論的

な意味を分析する。第1に，国家の安全保障と国際社会のそれとの関係を中心に据えつつ，戦争と平和の問題を論ずる（第6章）。第2に，地球環境の汚染・破壊をめぐる国際関係の動態をフォローし，この環境問題が人類の未来にどうかかわるのかを展望する（第7章）。第3に，貧困，飢餓，難民化を集約的に体現している第三世界諸国の政治・社会・経済システムの諸問題を明らかにし，なおかつ第三世界のこれら諸問題が国際社会のトータル・システムといかなる関連にあるのかを分析する（第8章）。

〈第4部〉　戦後日本の対外行動が国際関係のなかでどのように展開してきたか，そして今日どう展開しているのかを叙述する。まず第1に，「日米安保体制と日本」「アジア太平洋地域と日本」といった問題を視野に入れつつ，日本外交の政治的特質を明らかにする（第9章）。また驚異的発展をとげた日本経済は，たとえば日米経済摩擦にみられるように，世界経済に重大な影響と波紋を及ぼしている。したがって第2に，世界のなかで日本経済がどのような位置を占めているのか，日本の対外行動が世界経済にどうコミットしているのか，つまり日本外交の経済的側面を考察する（第10章）。最後に，日本の国際協力の過去と現在，すなわち世界の安全保障に日本がどう寄与しているのか，国際社会に対する経済援助の実態をどうとらえるか，等々を論ずることによって「国際関係と日本」への1つの視角を提示する（第11章）。

　本書は，以上のような特徴と構成をもって展開する。国際関係学を学ぶ学生諸君にとって，本書が国際関係の現実を社会科学的に理解する手立てとなり，なおかつ，本書が冷戦後の今日にあっ

てみずからの立脚点を確認する縁(よすが)ともなれば，私たち執筆者の喜びもまたこれに優るものはない。

　最後に謝辞を申し上げたい。本書の刊行に際して有能にご助力いただいた有斐閣書籍編集第2部の伊藤真介，柴田守両氏に謝意を表したい。また，鈴木恵理子さんには，原稿のワープロ入力や巻末資料の整理などでお世話になった。お礼申し上げたい。

　1996年6月

編　者
原　彬久

## 執筆者紹介

原彬久（はら よしひさ）　　　　　　　　　　　　○第1章
　　東京国際大学名誉教授

大畠英樹（おおはた ひでき）　　　　　　　　　　○第2章
　　早稲田大学名誉教授

平山龍水（ひらやま たつみ）　　　　　　　　　　○第3章
　　東京国際大学国際関係学部教授

前田哲男（まえだ てつお）　　　　　　　　　　　○第4章
　　軍事史研究家・評論家

古城佳子（こじょう よしこ）　　　　　　　　　　○第5章
　　青山学院大学国際政治経済学部教授，東京大学名誉教授

土山實男（つちやま じつお）　　　　　　　　　　○第6章
　　青山学院大学名誉教授

長谷敏夫（はせ としお）　　　　　　　　　　　　○第7章
　　前東京国際大学国際関係学部教授

佐藤幸男（さとう ゆきお）　　　　　　　　　　　○第8章
　　富山大学名誉教授

渡邉昭夫（わたなべ あきお）　　　　　　　　　　○第9章
　　東京大学名誉教授

長尾悟（ながお さとる）　　　　　　　　　　　　○第10章
　　東洋学園大学グローバル・コミュニケーション学部教授

横田洋三（よこた ようぞう）　　　　　　　　　　○第11章
　　元公益財団法人人権教育啓発推進センター理事長

# も く じ

## 第 1 部　国際関係学の発展 ─────── 1

### 第 1 章　国際関係学の誕生と展開 …………………… 3

1　人間と国際社会 ………………………………………… 3

2　国際関係学の誕生──理想主義の時代 …………… 4

　理想主義誕生の条件（4）　理想主義の特徴（6）　理想主義の凋落（8）

3　国際関係学の自立──現実主義と行動科学 ……… 10

　現実主義と「政治の発見」（10）　行動科学の時代（14）

4　国際関係学の反省──脱行動科学の時代 ………… 17

　学問の革命（17）　脱行動科学の基盤（18）　時代への危機感（21）

### 第 2 章　国際関係学の現在 …………………………… 23

1　3つの主要理論 ………………………………………… 23

2　新現実主義と新自由主義制度論 …………………… 25

　新現実主義（25）　新自由主義制度論（29）

3　ポスト現実主義 ………………………………………… 32

　ポスト現実主義の意味（32）　批判国際理論（33）　地球市民社会論（37）　「国家─社会関係」アプローチ（38）

4　国際関係理論の現在──拡散と収斂 ……………… 38

　拡散（39）　収斂（40）

5　国際関係学の課題 …………………………………………………43

## 第2部　国際関係の構造 ─────────── 47

### 第3章　米ソ冷戦からポスト冷戦へ ………………………49

　　1　冷戦への道 ………………………………………………………49

　　　　戦後国際秩序の形成（49）　対ソ警戒感の復活（50）

　　2　冷戦の始まり ……………………………………………………52

　　　　米ソ対立の芽生え（52）　2極体制の出現（53）

　　3　冷戦とその変容 …………………………………………………56

　　　　冷戦とデタント（56）　キューバ危機から軍備管理交渉へ
　　　　（57）　新冷戦（58）　多極化の傾向（59）　米ソの苦
　　　　悩（62）

　　4　冷戦の終焉 ………………………………………………………63

　　　　ゴルバチョフの新思考外交（63）　冷戦の崩壊（64）

　　5　冷戦の歴史的意味──冷戦はなにをもたらしたか ………65

　　　　冷戦とは（65）　冷戦と戦後世界（67）

　　6　冷戦後──21世紀の世界 ………………………………………70

### 第4章　地域紛争への視角 …………………………………75

　　1　地域紛争の時代 …………………………………………………75

　　2　紛争多発地帯の原因 ……………………………………………78

　　　　どこで起きているか（78）　原因──自立への希求（80）
　　　　原因──領土と資源の誘惑（82）　原因──問題解決能力
　　　　の欠如（83）

　　3　地域紛争を激化させるもの ……………………………………85

過剰なイデオロギー（85）　大国の介入（87）　武器の影（88）　難民という犠牲者（90）

　4　冷戦後の地域紛争……………………………………………92

　　　社会主義共同体の崩壊（92）　原理主義の挑戦（94）
　　　核の拡散（96）

　5　解決への展望……………………………………………98

　　　構造的暴力の視点（98）　国際関係と国民国家・民族（99）

## 第5章　国際政治と国際経済の連動……………………………101

　1　国際政治と国際経済……………………………………101

　2　連動の実態……………………………………………102

　　　戦後国際経済体制（102）　国際経済の政治化現象（104）
　　　経済的交流をめぐる対立――経済摩擦・格差問題（105）
　　　経済的交流をめぐる協調――国際制度・地域統合（107）

　3　連動をとらえる枠組み………………………………109

　　　自由主義経済（109）　新機能主義（110）　新重商主義（111）

　4　連動が提起する問題…………………………………112

　　　国際関係の多様化（112）　経済的相互依存と国家（114）
　　　政策協調の前途（117）

　5　国際経済と国際政治のさらなる連動の加速化……………118

# 第3部　国際関係の諸課題　　　　　　　　　　　　121

## 第6章　安全保障と国際関係……………………………123

　1　20世紀と安全保障……………………………………123

安全保障研究の誕生（123）　　冷戦と安全保障（125）
　　　亡命ユダヤ人と国際政治（126）

　2　安全保障の核心 …………………………………………128
　　　核革命と核戦略（128）　　同盟研究（133）

　3　安全保障研究への批判と回復 …………………………135
　　　安全保障研究批判（135）　　安全保障問題の理論化（137）
　　　安全保障研究の回復（140）

　4　冷戦後から21世紀の安全保障へ………………………144
　　　伝統的安全保障と非伝統的安全保障（144）　　同盟の再定
　　　義と深化（146）　　21世紀の安全保障とリアリズム（147）

## 第7章　地球環境と国際関係 ……………………………………149

　1　地球環境の悪化 …………………………………………149

　2　環境外交の展開 …………………………………………151
　　　国連人間環境会議──スウェーデンの提案（151）　　開発
　　　途上国の主張（151）　　国連専門機関の活動（153）　　ス
　　　トックホルム会議（154）　　国連環境計画の設立（156）
　　　環境外交の攻勢（157）　　リオ会議へ向けて（160）

　3　持続可能な開発をめざして ……………………………161
　　　リオ会議の開催（161）　　「持続可能な開発」の提唱（163）
　　　アジェンダ21の実現可能性（166）　　「持続可能な開発に
　　　関する委員会」と「地球環境基金」（167）　　ヨハネスブル
　　　グ地球サミットとリオ＋20（168）

　4　多数国間環境条約の発展 ………………………………168
　　　京都議定書の成立と2015年のパリ協定（168）　　砂漠化防
　　　止条約，WTOの設立とカルタヘナ議定書（170）　　有害化
　　　学物質の規制，放射性物質の規制（170）　　事務局，締約
　　　国会議の役割（171）

5  21世紀の環境問題 …………………………………172

## 第8章　第三世界と国際関係 ……………………………………175

  1  第三世界と国際関係学——世界地図の実相 ………………175
      第三世界の源流（176）　　第三世界と国際関係の社会学
      （178）

  2  20世紀と第三世界——脱植民地化のプロセス ……………181

  3  国際秩序と第三世界——主権と介入の攻防 ………………184
      開発と軍拡の連関（184）　　脱植民地化の政治（185）

  4  南北問題と第三世界——「開発」「反開発」の相克 ………190
      南北問題の国際政治経済学（190）　　「鉄のカーテン」から
      「貧困のカーテン」へ（193）

  5  第三世界とグローバル化——分断する世界 ………………195


# 第4部　国際関係と日本 ——————————— 199

## 第9章　国際関係と日本の政治外交 ……………………………201

  1  政治外交における「戦後」 …………………………………201

  2  憲法と講和・安保条約 ………………………………………203
      戦後日本の原点（203）　　吉田茂の選択（205）

  3  戦後補償からはじまったアジア外交 ………………………208
      国際社会への復帰とアジアとの関係（208）　　社会主義国
      家との関係（211）　　朝鮮半島との微妙な関係（213）

  4  アジア太平洋地域のなかの日本 ……………………………215
      アジアの世紀（215）　　アジアにおける安全保障（216）

アジアの経済統合（219）

## 第 10 章　国際関係と日本の経済外交 …………………… 223

### 1　経済外交とは ………………………… 223

### 2　経済大国への道 ……………………… 224

占領期の経済外交（224）　GATT 加入と対日差別への取組み（225）　アジアへの戦後処理と経済外交（228）

### 3　摩擦への対応 ………………………… 229

日米繊維紛争（230）　日米経済摩擦（231）　日本と EC の関係（233）　日欧経済摩擦（235）

### 4　日本経済外交の変容 ………………… 238

摩擦の質的変化と深化（239）　日本経済外交の再構築（242）

### 5　国際環境への適応 …………………… 244

## 第 11 章　国際関係と日本の国際協力 …………………… 247

### 1　国際関係における国際協力——その意味と意義 ………… 247

国際協力とはなにか（247）　国際協力の種類（249）
国際協力の意義（253）

### 2　開発援助分野における日本の国際協力 ……………… 254

開発援助協力（254）　日本の 2 国間援助（255）　援助大綱から開発協力大綱へ（256）　援助の量と質（257）
日本の対外援助機関（259）

### 3　国際的平和維持分野における日本の国際協力 ………… 259

国連による平和維持活動と日本の貢献（259）　国際平和協力法のもとでの日本の国際協力（262）

### 4　日本の国際協力のあり方 …………………… 266

従来の日本の国際協力のパターン（266）　これからの日本の国際協力のあり方（267）

## 巻末資料 ……………………………………………………269

　　　(1)世界の動き・日本の動き（第２次世界大戦後）　(2)歴代首脳一覧（第２次世界大戦後）　(3)アジア太平洋における国際的枠組み　(4)欧州の主要国際機構　(5)第２次世界大戦後の武力紛争　(6)主要通常兵器の輸出国・輸入国：上位20ヵ国　(7)日本の主要な通商問題の推移とFTA/EPA締結・交渉状況　(8)日本の輸出入額上位50ヵ国順位表　(9)DAC諸国の政府開発援助　⑽二酸化炭素の国別排出量と国別１人当たり排出量　⑾GNIでみる世界のすがた

## 欧文略語一覧 ………………………………………………311

## 参考文献一覧 ………………………………………………317

## 事　項　索　引 ……………………………………………335

## 人　名　索　引 ……………………………………………347

## コラム

| ❶ モーゲンソー ……………………………………………………12
| ❷ 尖閣諸島沖中国漁船衝突事件と国際理論 ………………………45
| ❸ 資本主義と社会主義，共産主義 …………………………………61
| ❹ 国際テロリズム ……………………………………………………77
| ❺ EUの課題――ギリシャ危機とイギリスの離脱 ……………116
| ❻ 世界金融危機 ……………………………………………………119
| ❼ シカゴ学派 ………………………………………………………141
| ❽ 南北問題と環境 …………………………………………………166
| ❾ 第三世界のカテゴリー …………………………………………192
| ❿ 吉田茂と吉田ドクトリン ………………………………………206

- ⓫ 大平正芳と環太平洋連帯構想 …………………………………220
- ⓬ 通産省内の民族派と国際派の抗争 ……………………………237
- ⓭ アメリカの経済外交――大統領と議会 ………………………240
- ⓮ 国 際 組 織 ………………………………………………………252

〈写真提供〉 毎日新聞社，サン・テレフォト，ロイター・サン他

本書のコピー，スキャン，デジタル化等の無断複製は著作権法上での例外を除き禁じられています。本書を代行業者等の第三者に依頼してスキャンやデジタル化することは，たとえ個人や家庭内での利用でも著作権法違反です。

# 第1部
# 国際関係学の発展

　学問は生きものである。とりわけ人間社会を対象にする学問は，ほかならぬこの人間社会との緊張関係のなかで生成発展する。国際関係学もまた，国家を超えた人間の営み，すなわちおびただしい数の主権国家や各種の国際組織，さらには地域機構等々が織りなす国際関係の現実ときびしく対峙しつつ発展，変容をとげてきた。国際社会，そして国際社会の一員としての人間個々人から発せられる切実な問いかけに応答するために，国際関係学はみずからの理論像をどのように追求してきたのだろうか。国際関係学の歴史を学ぶことは，リアリティとしての国際関係の史的展開を学ぶことでもある。

# 第1章

## 国際関係学の誕生と展開

## 1 人間と国際社会

　アリストテレス（Aristotelēs）は、「人間は自然に国的動物である」（山本光雄訳『政治学』岩波書店、1961年）といった。これは、人間が家族から村落共同体を経て都市国家を形成することのできる集団能力をもっていること、その集団能力が人間の幸福（エゥダイモニア）を約束するものであること、そして、市民の結合体の終極が国家を超えてはありえないことを意味している。アリストテレスにおいては、国家こそ人間の到達しうる最大かつ最善の共同体であり、それ自体自足のテロス（終極目標）なのである。したがって、国家の問題を扱う政治学は、人間行為の最終目的に関する学であった。

　ところが、現代の私たちにとって、国家が自足の共同体であるとはいいがたい。人間が人間であるためには、国家を超えた社会とのかかわりを必要とする。アリストテレスの「国家」は、人間の最高目的を実現する唯一の主体であったが、現代の国家はもはやその役割をまっとうすることはとうていできない。なぜなら、

今日，人間の運命と行動は，現実には超国家的な次元に大きく，ときには決定的に支配されているからである。

もちろん，人間と超国家的な社会との関係は，現代に特有のものではない。古代ギリシャにおいて，ツキジデス（Thukydidēs）の『歴史』にあるように，たとえばペロポネソス戦争は交戦国のアテネおよびスパルタの市民の運命と行動に重大なかかわりをもっていた。17世紀（1648年）のウェストファリアの講和によって実現した近代ヨーロッパの国際関係は，国民国家の主権と平等の原則を基礎にして，少なからず国民生活と結びついていた。

だが，歴史の大半を通じて，国家を超える次元と人間個々人とのからみあいは，一般国民の自覚をうながすほどには圧倒的なものではなかった。マキアヴェリ（N. di B. dei Machiavelli）が君主に対して，国民をその膝下（しっか）におく政策手段としての戦争を薦めたことは，たしかに国際関係と民衆の宿命的な相関図をかれ自身が意識していたことを示しているが，この論理が支配の側の政治術にすぎなかったことはいうまでもない。諸国民がみずからの問題として国際関係を自覚的にその視座に据えたのは，ようやく第1次世界大戦を経験してからである。

## 2 国際関係学の誕生――理想主義の時代

### 理想主義誕生の条件

引きあわないほどの犠牲を払ってはじめて自己の課題を発見するのは，人間の悲しむべき習性なのかもしれない。フランスでは1630年から1789年の革命勃発にいたるまでに戦争における死傷率は人口1000人ないし2000人につき1人の割合であったのに対

して，第1次大戦では18人に1人であった（K. J. Holsti, *International Politics : A Framework for Analysis*, 1967〔宮里政玄訳『国際政治の理論』勁草書房，1972年〕）。これをみれば，人びとがこの衝撃的な大戦の事実からいかなる課題をくみとったか，およそ見当がつくであろう。人間は戦火の苦痛に息づまり，みずからに向けられた悪業の刃を直視しようとした。国際関係が政治，経済，文化といった私たちの諸々の生活領域ばかりにでなく，人間の存在そのものにかかわっているというこの直覚こそ，途方もない戦争犠牲の対価であった。

人間の直覚は，しばしば「科学」という意識的な概念をもたらす。苦痛の病理に目覚め，生きようとする欲求を自覚することこそ，科学の母体である。かくて国際関係の研究は，第1次大戦を媒体にして科学への第一歩を踏みだしたのである。人間は歴史に対する無分別な追従をやめて，生きるための知識の「木の実」を国際関係への構想力によって獲得しようとしたわけである。

以上から理解されるように，国際関係の研究すなわち国際関係学はすぐれて実践的な欲求から生まれた。そして，それは，一部特権階級の必要からではなくて，第1次大戦の被害者である一般大衆の「平和への願望」という，いわば切実な生活感情から生まれた。それだけに，この学問はその発端においてきわめて目的的であり，理想主義的であった。

しかし，国際関係学を生みだし，かつその学問的傾向を理想主義的なものにしたのは，この諸国民の平和への願望という主体的な条件からだけではなかった。第1次大戦後しばらく続いたヴェルサイユ体制の相対的安定という客観的な条件が，国際関係学の動向を規定するいま1つの重要な要因となったのである。

第1次大戦後の世界は，一方ではバルカンと地中海をめぐる仏伊抗争など，あらたな不安定要因を抱えていたにもかかわらず，他方では「黄金の1920年代」と評されるにふさわしい平和へのアプローチが数多くみられた。戦前のバランス・オブ・パワー政策にかわって集団安全保障（collective security）を基礎とする国際連盟の設立（1920年），国際紛争の平和的解決に関するジュネーブ議定書（1924年），ロカルノ条約（1925年10月にスイスのロカルノで英仏独など7ヵ国が相互の安全保障を取り決めた諸条約の総称），パリ不戦条約（1928年8月に締結された「戦争放棄に関する条約」のこと。「ケロッグ・ブリアン条約」ともいう）など，平和イメージを搔きたてる一連の国際的な取決めがそれである。

　これらのできごとは，その裏にファシズムの胎動を潜ませながらも，あの「平和への願望」をますます増幅させていったのである。国際関係学の理想主義的基盤は，これらの主体的・客観的な諸条件によって醸成されていくのである。

### 理想主義の特徴

　第2章で扱われる「国際関係学の現在」にたどりつくまでの時期，すなわち1970年代末までの国際関係学は，発展史的には4つの段階から成っている。①1920年代から30年代前半までの理想主義（ユートピアニズム）の時代，②1930年代後半から40年代に全盛であった現実主義（リアリズム）の時代，③1950年代後半から60年代に活発であった「社会科学的」理論，すなわち行動科学の時代（H. Bull, "The Theory of International Politics 1919–1969," Brian Porter ed., *International Politics 1919–1969*, 1972），そして④行動科学への反省から生まれた脱行動科学の時代である。ま

ずここでは，①の理想主義の時代がいかなる特質をもっていたかを整理してみよう。

理想主義の時代は，主として3つの特徴に支配されていた。第1の特徴は，このアプローチが，国家の行動準則を扱うのではなくて，主として個人，集団，そして人類にかかわっていたということである(A. Wolfers, "The Pole of Power and the Pole of Indifference," *World Politics*, No. 1, Oct., 1951)。これは，人間個々人がもっている共通価値を重視するとともに，この価値が機構ないし制度としての国家の枠組みを離れて，諸集団および人類の価値に結びつくという信念に裏打ちされていた。

第2の特徴は，理想主義が国家の権力意志ないし国家間の権力闘争状況を軽視したということである。つまりこのアプローチは，国家目的よりも，むしろ「国際平和」から演繹された道義的規準を重要視した。道義の諸原則が，国家の生存を確保すべき「国家理性」に，それまで幾度となく踏みにじられてきたにもかかわらず，いや，むしろそれゆえに，この時期の理想主義者は，国際関係のなかに権力状況よりも道義の動態をみようとしたのである。

第3の特徴は，国際関係学の研究対象が主として国際法と国際組織ないし国際機構であったということである。理想主義的アプローチの関心が，平和の戦略とよりよい世界の青写真に向けられていた以上，このアプローチをとる人びとにとっては，諸価値の争奪を意味する権力闘争よりも，諸価値の創造，調整のための取決めと組織のほうが重要であった。国際連盟の設立という実践上の成果は，まさにかれらのこの問題関心を刺激するに十分であった。

以上のような理想主義の諸特徴は，いずれも人間性への楽天的

な信仰と結びついている。「人間は合理的存在である」という命題は，理想主義の原点である。理性的法則は普遍であること，合理的「正」が倫理的「善」に一致すること，知的に正しい行動は成功を約束するものであること，人間は教育によって進歩すること，といった合理主義の教義は，当時の理想主義の論理的骨格となった（H. J. Morgenthau, *Scientific Man vs. Power Politics*, 1946）。

したがって，さきに述べた理想主義の3つの特徴は，いいかえれば「進歩への信頼」に支えられているといってもよいだろう（Bull, *op. cit.*）。この「進歩への信頼」は，第1次大戦勃発の温床となった旧来の国際関係が，平和と正義の世界秩序へと根本的に変わりうるという信念に結びつくのである。*Disarmament* (1926) を書いたノエル－ベーカー（P. J. Noel-Baker），*The League of Nations and the Rule of Law, 1918-1935* (1936) のジンマーン（A. Zimmern），*War as an Instrument of National Policy, and Its Renunciation in the Pact of Paris* (1929) のショットウェル（J. T. Shotwell），*The Problem of the Twentieth Century* (1930) のデーヴィス（D. Davies）などは，このような傾向を代表する人びとであった。

### 理想主義の凋落

1920年代から30年代前半までの理想主義的アプローチがヴェルサイユ体制下の政治，経済の相対的安定の申し子であるとするなら，この安定の崩壊が理想主義の凋落を意味したとしても不思議ではない。

1929年にはじまった大恐慌とともに，諸国家の内外政治はしだいに破局の方向に進んでいった。1930年には，ロンドン軍縮

会議における日米英間の艦艇保有トン数についての合意，ラインラントからのフランス軍撤兵，国際決済銀行（BIS）の設立といった国際協調の努力がみられたとはいえ，翌31年9月の満州事変を機に，世界は侵略と軍国主義の猛威に見舞われた。1933年1月のナチス・ドイツ政権の誕生は，ヨーロッパにおける全体主義の狂奔を決定づけた。ドイツは同年，日本（3月）に続いて国際連盟を脱退し（10月），1934年1月にはドイツ・ポーランド不可侵協定を結んでフランスの勢力を封じようとし，35年1月にはザール回復に成功した。

1935年10月，イタリアのムッソリーニ（B. Mussolini）はエチオピアへの侵略戦争を開始した。1936年には，ベルリン・ローマ枢軸の結成（10月）に続いて日独防共協定が締結され（11月），1年後の1937年11月には日独伊3国防共協定が結ばれた。1938年9月，ドイツはオーストリア併合（3月）の余勢をかって，あのミュンヘン会談の果実をもぎとったのである（ミュンヘンでの英仏独伊首脳会談で，ドイツはチェコスロバキアのズデーテン地方の割譲を勝ちとった）。こうして世界の緊張は，英米仏などの宥和政策に助長されながら第2次大戦を引きおこすことになる。

このような状況のなかで，理想主義の現実的基盤は崩れた。「進歩」の観念は歴史の審判によって退けられた。個人と人類を結ぶ理性の糸は，国家の冷たい論理によって断ちきられた。カー（E. H. Carr）が理想主義のなかにみた「世論の神格化」と「予定調和説」は，国際関係の現実に翻弄されたのである（*The Twenty Years' Crisis, 1919–1939*, 1939〔原彬久訳『危機の二十年』岩波書店，2011年〕）。世論はつねに正しく，結局は勝つべきものであること，そして諸国家の利益は世界共同体の全体の利益に一致するのだと

いう信念は，理想主義的幻想として否定されたのである。

　いま少し一般化していうなら，理想主義への批判はおおよそつぎのように要約されよう。第1に理想主義はあるべき理想のすがたを追い求めるがために，過去および現在への冷厳なアプローチを怠ったということであり，第2は国際関係における権力闘争を過小評価して道徳の働きを重視しすぎたということである。このような批判こそ，理想主義の非政治的観念に挑戦する現実主義の登場の基盤となったのである。

## 3　国際関係学の自立——現実主義と行動科学

### 現実主義と「政治の発見」

　かくて，理想主義凋落の諸条件はそのまま現実主義興隆の条件になった。国際関係学発展の第2段階を形成した現実主義は，理想主義のアンチテーゼとして展開したのである。

　現実主義はまず第1に，認識の真理性を標榜する。理想主義が"ought"（あるべきすがた）を求めるのに反して，現実主義者は"is"（現にあるもの）の科学を要求する。つまり，現実主義者にとって，真理とは「実在のロゴス」なのである。現実への帰依という現実主義のこの特徴は，必然的に第2の特徴を導く。それは，国際関係の現実を動かす権力（パワー）の動態を現実主義が直視したということである。国家の生存をめぐる現実の諸条件に対する視点を確保したことによって，現実主義者は国際関係学の発展史においてはじめて「政治の発見」をしたといえよう。

　現実主義の視点は，権力の獲得，維持，拡大を推し進める，「我欲の原衝動」ともいうべきものへのアプローチを意味する。

たとえば道徳や法はそれ自体自立しえず，権力関係の成立によってその存在を示すことができるというわけである。現実主義者モーゲンソー（H. J. Morgenthau）のつぎのような指摘は，このことを説明している。「正義とか平等というような普遍的な道徳的原理は，それに具体的な内容がもられ，そのときの政治情勢に関係づけられた度合いにおいてのみ，政治行動の指針となることができる」(*In Defense of the National Interest*, 1951〔鈴木成高・湯川宏訳『世界政治と国家理性』創文社，1954年〕)。

したがって，現実主義者にとっては，理想主義の時代に重視された国際法や国際組織は，国際政治秩序が形成されてはじめて機能するものであり，しかもこの政治秩序は，まさに諸国家間の権力関係の動態から結果するものと考えられるのである。

現実主義の第3の特徴は，それが国家の自利主義を認めると同時に，「国家利益」（ナショナル・インタレスト）の概念によって国際政治の実在を分析しようとしたことである。この「国家利益」による国際政治分析は，とくに第2次大戦後モーゲンソーによって強く推し進められた。現実主義者にとって国際社会は，いわばホッブス的自然状態にあり，その点では国民社会の働きとは異なるのである。

もっとも，国民社会とて，第三世界のそれにしばしばみられるように，内戦ないしそれに類する無秩序状態に置かれることはある。一般に国民社会では政治的・社会的求心力が存在し，個人の利他主義と自己犠牲はしばしば美徳とされる。しかし，統合されていない国際社会では，国家は個人のこの道徳原理をそのままみずからの行動準則にすることはできない。ある国に対して，みずからの国家利益を無視して利他主義的な政策を採用せよというこ

## ☆モーゲンソー　　　　　　　　　　　コラム ❶

国際関係学ないし国際政治学における，現実主義（リアリズム）を代表するもっとも著名な学者の1人である。1904年ドイツで生まれ，大学では法律学を学んだ。1932年にはジュネーブ大学の政治学講師に就任し，かれの政治学研究はこの頃から本格化する。ユダヤ系であることから，ヒトラー（A. Hitler）に追われてアメリカに逃れ，1937年にはニューヨークのブルックリン・カレッジの政治学講師に就く。

1943年，アメリカ国籍を取得するとともに，シカゴ大学の客員準教授となる。以後同大学では準教授（1945〜49年）をつとめた後，長年にわたって教授職（1949〜61年）の地位にあった。また1950年から71年までのおよそ20年間，同大学のアメリカ対外・軍事政策研究センターの所長として活躍した。

かれの著作の主なものには *Politics among Nations: The Struggle for Power and Peace*, 1948（原彬久監訳『モーゲンソー 国際政治――権力と平和』（全3巻）岩波書店，2013年）や，*In Defense of the National Interest*, 1951（鈴木成高・湯川宏訳『世界政治と国家理性』創文社，1954年）などがある。かれの理論の特徴は，まずその理論がなによりも人間性についての怜悧な仮説にもとづいているということである。かれによると，あるがままの人間性を観察すれば，政治はつねに権力闘争であるという命題が導かれるのである。

いま1つの特徴は，その理論がきわめて論争的な概念を駆使してつくられているということである。かれは「権力」ないし「力」の

概念を理論の中心に据えているのはもちろんだが，もう1つの概念，つまり「力」によって定義される「ナショナル・インタレスト」（国家利益）なるものによって，国際政治を分析している。モーゲンソーにおいては，国家はすべてナショナル・インタレストを追求する政治的実体なのである。

モーゲンソーの国際政治学は巨大かつ複雑であるがゆえに，多様な解釈を許し，ときには重大な誤解を招くことさえある。かれの理論は，それを単に「右派」「タカ派」として片づけてしまうには，あまりにも錯綜的であるといわなければならない。

いずれにしてもかれの学問的影響力は，みずからが立脚する現実主義を超えて遠くにおよんでいる。「国際政治学の歴史はモーゲンソーとの対話の歴史であった」といわれる理由がここにある。

━━━━━━━━━━━━━━━━━━━━━━━━━━━━━━

とは，実際には一種の不道徳を求めることになるというのである（*ibid.*）。

しかし現実主義者は，国家の閉塞的な利己主義までも肯定しているのではない。モーゲンソーは，すべての国家は利益を求める政治的実体であるとすることによって，むしろ逆に，自国を判断するのと同じように他国を判断し，自国の利益を保護，助長するのと同様に他国の利益を尊重することができると主張するのである（*Politics among Nations : The Struggle for Power and Peace*, 1948〔原彬久監訳『モーゲンソー 国際政治』（全3巻）岩波書店，2013年〕）。

現実主義の第4の特徴は，これまでの説明から明らかなように，研究の対象を主として国際政治に向けているという点である。研究の視点が，国際法および国際組織から，国際的な諸現象のなかの「政治的なるもの」へと移されたのである。現実主義者にとっては，国家や政治指導者がいかなる動機をもつのかという問題よ

りも，かれらが目的遂行能力をどう確保し，国家間の政治的関係をいかに展開していくかが重要であった。

このような特徴をもつ現実主義の時代は，およそつぎのような人びとの業績に負っていた。たとえば，イギリスでは，カーの『危機の二十年』，シュヴァルツェンバーガー (G. Schwarzenberger) の *Power Politics* (1941) などがあげられよう。またアメリカでは，スパイクマン (N. J. Spykman) の *America's Strategy in World Politics* (1942)，ニーバー (R. Niebuhr) の *The Children of Light and the Children of Darkness* (1944)，モーゲンソーの『国際政治——権力と平和』，ケナン (G. F. Kennan) の『アメリカ外交50年』(*American Diplomacy 1900-1950* 〔近藤晋一・飯田藤次訳，岩波書店，2000年〕) などがその代表的なものである。

ただ，いまあげた人びとは，同じ現実主義者ではあっても，その学問的傾向においては相互にかなり異なっていることに留意しなければならない。かれらは，それぞれ相異なる思想系譜をもっているからである。たとえば，カーの理論の源流は，マンハイム (K. Mannheim) の知識社会学を媒介にしてマルクス (K. H. Marx) のイデオロギー分析と結びついている。ニーバーの理論はキリスト教ペシミズムにその基礎をおいている。スパイクマンはドイツ地政学に，またモーゲンソーはウェーバー社会学に影響されているといえよう (Bull, *op. cit.*)。いずれにしてもこの現実主義は，1980年代に本格化する新現実主義 (第2章参照) と対比して，後にしばしば古典的現実主義とよばれるようになる。

### 行動科学の時代

国際政治の原理を現実そのものから抽象しようとするこうした

現実主義の意欲は，ファシズム→第2次大戦→米ソ冷戦という権力政治の張りつめた時代に生きる人びとに対して，ある種の説得力をもっていたことは否定できない。しかし，1950年代のなかば頃から国際関係学の方法に関する1つの自意識が生まれたことは重要である。国際関係学がほかの学問分野に比べてその方法と体系において立ち遅れているという自覚がそれである。

つまり，国際関係学における科学的な方法と体系の欠如に対する反省が学問発展の第3の時代を導いたといえよう。国際関係学が一個の科学として自立するには，個人の価値観や先入観から解放された客観的方法によって，国際関係の経験的な諸事実を整理し法則化しなければならないという基本的な立場がみられるようになった。国際関係学における行動科学（behavioral science）的アプローチの段階は，まさにこのような学問的雰囲気を背景に誕生したのである。

そこで，国際関係学における行動科学的アプローチがどのようなかたちで具体化されていったかをみてみよう。まず第1にいえることは，現実を数量的に考察する傾向が増大したということである。国際関係学は，経験的かつ非規範的であろうとすればするほど，つまり科学的であろうとすればするほど，行動科学的アプローチに頼って現実を量的にとらえようとする。なぜなら，科学は現象の質的側面を叙述するよりも，主として現象の量と量の関数関係を説明することによって厳密性を追求しようとするからである。

したがって行動科学的アプローチは，現実そのものに内在する質的な意味を量に還元してしまう危険をはらみながらも，イデオロギーや偏見を近づけない「事実の客観性」を求める。コンピュ

ータ処理の高度化によってデータの収集,分析が精緻化されるとともに,同アプローチが,伝統的な方法ではなしえないような,動態的かつ複雑な現実を抽象化する能力を具えつつあることもまた事実であった。

　行動科学的アプローチがもたらしたいま1つの成果は,それが実際にほかの学問分野から数多くの分析方法を導入したことである。たとえば,ゲームの理論,シミュレーション,サイバネティクス,社会心理学,一般システム理論,コミュニケーション理論などのさまざまな手法が,国際関係の諸側面を分析しモデル化するために大きな威力を発揮した。

　*Nationalism and Social Communication* (1953) などを著したドイッチュ (K. W. Deutsch) は,政治を権力システムの機能によって説明するよりも,コミュニケーションとコントロールの概念によって説明しようとした。また,*Fights, Games, and Debates* (1960) などを書いたラパポート (A. Rapoport) は,生物学の分野から転じて,国際政治にゲームの理論を適用した。『紛争の一般理論』(*Conflict and Defense : A General Theory*, 1962〔内田忠夫・衛藤瀋吉,ダイヤモンド社,1971年〕)のボールディング (K. E. Boulding) や,*The Strategy of Conflict* (1960) および *Arms and Influence* (1966) を著したシェリング (T. C. Schelling) は,経済学の分野から国際関係学に進出して独自の理論体系を編みだしたことでよく知られている。

　さらにこれに関連して,一般システム理論の影響も見逃すことはできない。カプラン (M. A. Kaplan) が発表した *System and Process in International Politics* (1957) は,国際関係学に与えたシステム理論の衝撃力を示す格好の例証となろう。カプランはこの

著書で，一般システム理論の方法を受けて国際システムについての精密な理論を構築しようと試みた。アーモンド（G. A. Almond）は，システム概念の政治学への導入は，政治学が科学となるうえでの真の重要な一歩であると述べている（"Political Theory and Politics," I. de Sola Pool ed. *Contemporary Political Science*, 1967〔内山秀夫ほか訳『現代政治学の思想と方法』勁草書房，1970年〕）。そもそもシステム・モデルというものが「システムを構成すると考える諸変数の間の相互依存性と相互的な影響，要因間の相関や因果の関係を，システムという全体的パターンの中でとらえようとするアプローチである」（武者小路公秀『行動科学と国際政治』東京大学出版会，1972年）がゆえに，このシステム・アプローチのもつ統合的な能力は，ある一定の限界をもつとはいえ，国際関係学の地平を飛躍的に広げたといってよい。

## 4 国際関係学の反省——脱行動科学の時代

### 学問の革命

さて，このように1950年代なかばから60年代を通じて盛んになった行動科学的アプローチは，その後70年代に入る頃から，アメリカを中心にその熱狂的なほとぼりが鎮まって，いわば反省と脱皮の季節を迎える。イーストン（D. Easton）のいうところの「脱行動科学」（postbehavioral science）がそれであり，国際関係学発展史の第4の時代は，まさにこの「脱行動科学」によって特徴づけられる。

イーストンによれば，脱行動科学は1つの知的運動である。その担い手たちは，従来の行動科学者をふくめて政治的にも世代的

にも，そして学問の方法論においてもきわめて多様化しているが，政治学研究の現状に対する共通の不満によって一体となっている。イーストンはこの知的傾向が以下のような教義内容をもっているがゆえに，それを「革命的」潮流としてとらえているのである("The New Revolution in Political Science," I. de Sola Pool ed., *op. cit.*)。

①実質が技術に優先しなければならない。つまり学問は，研究用具を精緻化するよりも，緊急の社会問題に対して意味あることのほうが重要である。②行動科学的アプローチには経験的保守主義のイデオロギーが内在しているが，脱行動科学は事実の叙述，分析にのみみずからの役割を限定してはならない。③抽象化と分析に向かう行動科学的アプローチは現実との接点を失うが，脱行動科学は危機的状況にある人類の真の要求に政治学を行きつかせる。④科学は価値において中立ではありえない。私たちは知識を支えている価値前提と，この知識を利用する選択肢について明確な意識をもつべきである。⑤学者は単なる技術者ではなくて，人間的な諸価値を守るという一定の歴史的役割をもつ知識人である。⑥知ることは行動すること，すなわち社会の再形成に従事することである。⑦自己の知識を実践する知識人の集合体である大学は，社会の抗争と無縁ではありえず，その意味で学問の政治化は避けられない。

### 脱行動科学の基盤

脱行動科学は，明らかに学問の社会的関連性と行動性を求める革命である。しかし，この革命は，単に行動科学的アプローチに対する反省，対決から生まれた運動としてとらえられるのではな

くて，学問と実践の関係，および実践への知的アプローチに関する巨視的・歴史的な視角から位置づけられるべきであろう。すなわち，まず第1に，この新しい学問的発展段階は，行動科学的アプローチと伝統的アプローチ（たとえば，ジンマーン，カー，シュヴァルツェンバーガー，モーゲンソー，アロン〔R. Aron〕）との「大論争」(Great Debate) をいわば止揚しようとする試みと無関係ではない。第2に，この発展段階は，これまで相互に排斥しあう関係にあった理想主義と現実主義が，共通の存立基盤を求めて相互接近への傾向をみせていることと関連している。

　まず前者の問題をみてみよう。そもそも「大論争」では，行動科学派は，伝統学派が政策決定様式に無知であること，新しい方法と概念による新しい情報の獲得や分析を怠っていること，イデオロギーにかかわって現象の体系的・因果的説明を回避しているがゆえに政治学を真の意味の知的統一体にしていないことなどをあげて，伝統的アプローチを非難する。一方，伝統学派は，行動科学者の主張するような，価値から自由な経験的・客観的研究は実際には不可能であること，行動科学者がカプランのいう「直観的推論」(intuitive guess) を退けて，厳密な手続きによる論理的・数理的立証作業だけに価値をおくという一種の知的ピューリタニズムに陥っていることなどを指摘して，行動科学的アプローチを批判する。

　しかし，互いに指摘しあう「欠点」は，長短あわせもつそれぞれの特質の一面にすぎないという見解もまた識者のあいだで強まっていく。クノー（K. Knorr）とローズノウ（J. N. Rosenau）は，たとえ2つのアプローチのあいだの溝が最終的に埋まらないとしても「この論争が破滅的になる必要があるのかという疑問が生ま

れる」と指摘する。かれらが述べているように，進歩は「伝統か
それとも科学か」のなかにあるのではなくて，「伝統と科学」の
なかにあるのであり，一方を拒否して他方に与するのではなくて，
一方を他方の補助者（サーバント）にすることのなかにあるとい
う主張がしだいに影響力を増していくのである（K. Knorr and J.
N. Rosenau, "Tradition and Science in the Study of International
Politics," K. Knorr and J. N. Rosenau eds., *Contending Approaches to
International Politics*, 1969）。

　後者の問題，すなわち理想主義と現実主義との相互接近を求め
る傾向は，これまた行動科学後の知的背景を形づくっている。そ
もそも理想主義と現実主義は，前述のとおり，それぞれ他方の側
のアンチテーゼとなることによって独自の論理構造を展開してき
た。しかし，核全面戦争の危機が強まるにつれて，理想主義と現
実主義は，緊急の社会問題，とりわけ「平和の絶対化」という現
実の差しせまった課題に直面して，相互接近をうながされる。非
核戦争ないし局地戦争でさえ，つねに全面核戦争にエスカレート
する危険をはらむなか，主として国際政治のエッセンスとしての
「パワー」を肯定的に評価するリアリスト的思惟形式は，ある種
の制約を課されるにいたった（原彬久『国際政治分析——理論と現
実』新評論，1993年）。

　モーゲンソーはすでに1964年に，核戦力の威力が対外政策の
手段としての暴力と対外政策の目的との関係を一変させた状況に
強い関心を寄せている。かれは，もし核全面戦争になれば，それ
こそが勝者と敗者の区別そのものを無意味にし，戦争の目的自体
を確実に破壊してしまうと述べて，まさにこの点において，平和
に共通の利益をみる理想主義に現実主義が接近する契機をみてと

るのである("The Intellectual and Political Functions of a Theory of International Relations," H. V. Harrison ed., *The Role of Theory in International Relations*, 1964)。

一方,理想主義は,究極の平和を信じてそれを絶対化してきたにもかかわらず,これまでのように,そこにいたる現実の権力動態を軽視しつづければ,結局はその究極の平和を遠ざけるどころか,核全面戦争をさえ招くということを理解するようになった。したがって理想主義は,経験的「現在」に対するリアリスティックな分析のうえに新しい政治秩序の理論を構築すべきだという現実主義の側の主張を受けいれる素地をもつことができるのである(*ibid.*)。

### 時代への危機感

もちろん,いま述べた伝統学派と行動科学派,および理想主義と現実主義の2つの接近傾向にはおのずから限界がある。なぜなら,それぞれの学派ないしアプローチが依然としてみずからの論理構造に執着して,相手方と緊張関係にあるという側面もまた看過しえないからである。それにもかかわらず,この相互接近の機運は,少なくとも脱行動科学の知的背景をなしていたと考えられる。というのは,脱行動科学は従来の各種の論争,対立の収斂への期待をふまえた,より高次の知的運動であったからである。それは当時の社会問題に対する強烈な危機感に触発されたものであるだけに,知識と行動を密着させて,研究と実践のあいだのウェーバー的識別を拒否する運動となったのである。

しかし,研究者が実践意欲をもつかぎり,かれは政治化されざるをえず,みずから国家目標の道具にならないという保証はない。

たとえイーストンが,国家目標に対する学者の無意識的な傾倒はその学者自身の超国家的立場の確保によって回避できると主張しても（Easton, *op. cit.*），政治と学問の癒着の危険性は依然未解決の問題として尾を引いていくのである。

# 第2章

# 国際関係学の現在

## 1  3つの主要理論

　本章は，1980年代以降最近にいたるまでの国際関係理論についての理解をとおして，国際関係学の現在の特徴と課題を論ずるものである。まずはじめに，現実主義の現在型である新現実主義（neorealism）が，現在の国際関係理論の主要な展開を方向づける牽引車的な役割を果たしてきたことに注目することによって，今日の主要な理論を確認してみようと思う。

　新現実主義は，相互依存が現実の国際関係のなかで進行しつつあるという認識とともに展開されてきた「国家中心主義批判」に反論してきた人びとが，その主張を1980年前後に明確な理論として体系化させたものである。それは，国家の優位性と国際関係におけるパワーの重要性を基本命題とする現実主義の「再生」を意味するものであった。多くの研究者は，この新現実主義の登場によって，「国家中心主義」を代表する現実主義の優位が揺らぐことはなかったということを，再認識するようになったのである。

　しかし，それと同時にこのような再認識は，現実主義に対して，

従来のようないささか単純な批判とは異なる2つの反応を引きだすことになった。その第1は、後述するように、すでに1970年代後半に国際レジーム論（international regime theory）を提出して、現実主義をも組み込もうとするようになっていた人びとのあいだで生まれた反応である。かれらは、国際的なパワー現実の不可避性を容認しながらも、新現実主義のような構造決定論のもつ現状肯定性を克服するには「進歩のための研究計画」が必要であるという認識から出発して、今日、新自由主義制度論（neoliberal institutionalism）とよばれている理論を発展させた。

　第2の反応は、これとは逆に、これほどまでに支配的な現実主義の優位を打破するためには、従来とは根本的に異なる「理論武装」が必要であるという認識である。そしてこのような認識から生まれたのが、本章でポスト現実主義（postrealism）として総称される理論群である。それには、①1970年代に国際政治経済現象についての理解を求めるなかで登場していたネオ・マルクス主義（従属論と世界システム論）とさまざまな接点をもつもの（つまり、その発展、修正あるいは批判）、②最近の地球化（globalization）の進展に応じて発展してきたグローバリズムの最新形態、③これまでの国際関係理論には国家の実態に対する社会学的理解が欠如しているとしてあらたに社会学の導入を試みるもの、以上の3つがあった。本章ではそれぞれを、批判国際理論（critical international theory）、地球市民社会（global civil society）論および「国家—社会関係」（state-society）アプローチと名づけることにする。

　しかも、このような新現実主義、新自由主義制度論およびポスト現実主義という3者のあいだでは、1980年代以降の国際現実の動きに応じて、ときに激しい批判・対立、ときに相互接近とい

う複雑な論争的状況が展開されてきた。それゆえ，このような状況に注目することによって，私たちは今日の国際関係理論の全体としての主要な特徴を確認することができるのである。

したがって，本章では，以上の3者を現在の主要理論としてとらえ，第2節と第3節で，相互の対立点・論争点に重点をおきながら，それぞれの内容についての説明を進めることにする。そして第4節では，以上の説明によって確認されうる国際関係理論の現在の全体的な特徴をまとめてみたい。第5節は，このような理解をとおして国際関係学の今後の課題にふれるものである。

## 2 新現実主義と新自由主義制度論

**新現実主義**
（1） ウォルツの勢力均衡論
ウォルツ（K. N. Waltz）は，著書 *Theory of International Politics*（1979）で，以下のような勢力均衡論を展開した。
a. すべてのシステムはアナーキー（無秩序）かヒエラルキー（階層）であり，国際システムは中央権威の不在という意味で前者である。
b. このアナーキーは自助（self-help）システムである。つまり，そこではすべての国家は，自助による以外にはその最高価値である生存確保，安全保障を追求しえず，つねに「望まない結果」が発生することへの恐怖が支配する「戦争状態」におかれている。それゆえ，パワーは手段として必要である。
c. したがって，この恐怖がすべての国家に勢力（パワー）均衡の形成へと向かわせる。つまり，「より強い国家」の出現に

K. N. ウォルツ

よって自国の安全保障が脅かされるかもしれないという恐怖から，諸国はそうならないために，同盟の形成と運用を通じて，あるいは時には戦争に訴えても勢力の均衡を維持，回復しようとする。

d. したがって，国際システムは国家間とくに大国間のパワーの源泉である能力（capabilities）の配分状況としての構造によって特徴づけられる。構造は長期にわたって持続的であり，第2次世界大戦までの多極と，それ以後の両極の2つである。両極は多極と比較して，情報あるいは大国のインタレスト・責任意識などの点で不確実性が少ないので，多極よりも安定的である，つまり戦争にいたる危機の発生はより少ない（両極安定論）。とくに今日の米ソという核大国間の両極世界はきわめて安定的である。

e. 国家間関係は，上記のような恐怖にもとづく国家の「相対利得」計算によって展開される。つまり国家は，協力によって相手が獲得すると思われる利得と自国のそれとの大小を比較し，みずからが不利にならないように行動する。したがって，国家間関係は協力によって損をするよりも，むしろ対立を続け，あるいは自分だけで利得を獲得しようとする国家行動の繰返し（すなわち持続）となる（相対利得論）。

（2） ギルピンの覇権安定論

ギルピン（R. Gilpin）は，著書 *War and Change in World Politics*（1981）で，以下のような覇権安定論（theory of hegemonic stability）を展開した。

a. 国家の対外行動は，その時々の国際システムにおける自国の利得と損失に対する「経済的・合理的な計算」にもとづいて行われる。

b. 国際システムは，国家間の能力（富と軍事力）の配分状況としての構造によって特徴づけられる。他に超越する能力をもった覇権国が存在するときには，非覇権国は覇権国の提供する利得のほうを損失よりも大きいと計算するかぎり，後者がつくるルールに従うので，国際システムは安定する。

c. しかし，不均等発展の法則によって，ある非覇権国が「後進性の有利さ」を生かして，その能力を覇権国のそれ以上にまで増大させたときに，構造変化，つまりシステム内変化がはじまる。そして，その非覇権国家の従来の損得計算がその合理性を失ったときに，つまり国際均衡が失われたときに，その国家はそれまでのルールの変更を覇権国に要求するようになり，システム危機が生まれる。

d. 過去400年の資本主義世界の国際政治の歴史の示すところでは，この危機解決の主要メカニズムは両者間の「覇権戦争」であり，この戦争の結果によって新しい国際システムが形成される。これが覇権循環である。パックス・ブリタニカとパックス・アメリカーナは，このような覇権循環のもっとも顕著な例である。

e. したがって，今日のアメリカ経済の優位性の「相対的な後

退」は国際政治における覇権循環の1つの終わりなのである。
（3） 新現実主義の展開

　以上，ウォルツとギルピンは，その主張において明らかに相違するが，いずれも国際システムのアナーキー性，国家の能力・パワーあるいは安全保障の至高性などの前提に立っているという点で，現実主義の系譜に属するものである。しかも，両者はモーゲンソー（H. J. Morgenthau）とは以下のように相違する。すなわち，モーゲンソーは権力衝動という独特の人間に由来する国家の非合理的な「権力欲」から出発する。そこからかれは国際システムという全体を権力闘争である国家間関係の総体として説明する。それに対してウォルツとギルピンは，上述のような意味での「合理的な国家行動」観に立って，それを拘束し決定づけるのは，アナーキーのもとでは国際システムの構造である，と考える。つまり両者は，構造主義（structuralism）であることで共通している。

　したがって，両者およびこれと同様な立場の研究者，たとえばクラズナー（S. D. Krasner）の見解などをふくめて，それらは，モーゲンソー（いまや古典的現実主義とよばれる）との対比において新現実主義とよばれるようになった。しかし1980年代中頃から，ウォルツの主張を新現実主義そのものとみなすような傾向が生まれ，激しい批判は主としてかれに向けられるようになった。

　他方，ウォルツの考えを支持・発展させる研究者もまた多い。たとえば，相対利得論を国際政治経済，とくに国家の対外経済政策の分析に適用するグリーコ（J. M. Grieco）などの試みや，冷戦終結後のヨーロッパの国際システムに両極安定論を適用するミアシャイマー（J. J. Mearsheimer）などの主張が，それである。

　さらにまた，新現実主義の登場以後，従来のように，現実主義

を20世紀のアメリカ現実主義,とくにモーゲンソーと同一視するようなアメリカ中心的な傾向は修正された。こうして,現実主義は遠くギリシャのツキジデス（Thukydidēs）にまでさかのぼる長い歴史をもった多様な国際思想であるという認識が,現実主義批判者のあいだにも広がることとなったのである。

**新自由主義制度論**
（1） 国際レジーム論の登場
コヘイン（R. O. Keohane）とナイ（J. S. Nye, Jr.）は,共著 *Power and Interdependence*（1977）で,以下のような国際レジーム論を展開した。

a. 相互依存とは「相互の従属」であり,世界政治でのそれは,国家間あるいは各国内の諸アクター間における互恵的効果によって特徴づけられる状況をさす。

b. 経済,社会およびエコロジーにおける「複合的相互依存」のもとにある地域および国家間関係は,多元チャネル,複雑なイシュー・リンケージ（問題領域間の連携性）および軍事力の相対的重要性の低下を特徴とする。そこでは国内政策と対外政策,トランスナショナルな関係と国家間関係とが,さまざまにリンクしている。

c. 相互依存はしばしば非対称となる。なぜならば依存の度合いと能力に応じて,国家間でその敏感性（依存に対する意識・反応の度合い）と脆弱性（外部からの行動や政策変更によってこうむる損害に耐えうる度合い）に非対称が生ずるからである。

d. この「非対称相互依存」,とくに脆弱性において非対称な相互依存のもとでは,より依存度の低い国家は,特定のイシ

ューをめぐる交渉で，あるいはリンクする他のイシューに有利な影響を与えようとする場合に，この相互依存関係を影響力の源泉として，つまり自己の目的達成に有利なパワー関係として利用する。
e. このような相互依存とパワーの相関関係は，「イシューごとのルール，規範および手続き」すなわち国際レジームのなかで展開される。なぜならば，諸国は，この相関関係を管理するために，政府間合意を通じてこのようなレジームの形成あるいは容認に向かうからである。

　じつは，かれらは 1970 年代，とくにその前半における激しい国家中心主義批判の口火をきった中心人物であった。しかし上記の主張は，1973 年の石油危機以後，パワーを行使する政府の重要性，したがって現実主義の現実認識能力を再評価して，これまでのような現実主義に代替する理論構築の行過ぎをかれら自身認めたことを意味していた。こうして，かれらは国際金融，貿易および海洋法などの非軍事的領域における国家間共同管理の進展という現実が存在してきたことに注目して，このようなレジーム論を提出するとともに，これによってパワーと相互依存の相関関係を実態分析するための「より穏当な」理論構築を模索しはじめた。

　これ以後，とくに 1980 年代以降，国際レジーム概念は，急速に研究者の関心を集めるようになり，「国際関係のある特定のエリアにおいてアクターの期待が収斂する一連の暗黙的・明示的な原則，規範，ルールおよび政策決定手続き」というクラズナーの定義（1983 年）が広く一般化するようになった。

（2） 新自由主義制度論の成立

　コヘインは，1980 年代以降，精力的な著作活動を通じて，「覇

権後の世界においていつ対立が起きてもおかしくないような国家間関係のなかで，どのようにして協力が生まれるのか」という問題に関心を集中し，「進歩のための研究計画」を追求した。そのなかでかれは，①政府間国際組織（IGO），②非政府間国際組織（INGO），および③非公式の国際規範（相互主義など）をも，上述のように定義された④レジームと同様の機能をもつものとみなして，これらの4者を国際制度（international institutions）と総称するようになった。つまりかれは，これらがいずれも，たとえば相互理解のための適切な情報の提供あるいは倫理的関心の惹起などの機能を果たすことによって，国家が単独では達成不可能な「利己的利益の共通化」，つまり国家間の協力の契機を与える存在であるとみなし，これらを国際制度という概念にまとめたのである。新現実主義が国際現実の主要な2項対立——たとえば持続と変化（アノマリー），対立と協力，パワー構造の拘束的支配と国家の主体性など——のいずれが重要であるかについて，「持続」などの前者を強調するのに対して，「啓蒙主義の子」を自任するコヘインは「変化」などの後者に関心と期待を寄せていたのである。

　このような機能主義的な考えは，自由主義の系譜に属しながら，同時に現実の国家行動をも重視する国際制度論であるという意味から，1980年代後半までに新自由主義制度論と名づけられるようになった。

（3）新自由主義制度論の発展

　その後，1980年代末以降現在まで，この新自由主義制度論は国際情勢の大変化，とりわけゴルバチョフ政権下のソ連の新外交，冷戦の終結，欧州統合の進展などに鼓舞されて，多数の研究者を統合させるほどの発展をとげつつある。その分析対象も，機能

的・経済的イシューから軍事と安全保障イシューへと拡大しただけでなく，その議論は米ソ間の「核学習」（冷戦中に両国が激しい核対決から相互理解とルールづくりを学習していったこと）のような国家間の非公式政治ルールの形成過程，政策エリートの信念や理念の「制度化」，さらには民主主義という政治・社会制度と平和（戦争の不在）とのあいだの有意的な因果関係，冷戦後の「国際統治」（international governance）の中核となるべき国際連合の改革の可能性など，広範な問題領域にまで広がるようになっている。

## 3 ポスト現実主義

### ポスト現実主義の意味

第3の国際関係理論は，ポスト現実主義としてまとめられる一群の諸理論である。これらの諸理論に共通するのは，第1に，現代（脱工業社会であれポストモダンであれ）は人びとの安全欠如，戦争と暴力あるいは貧困が全世界的に蔓延する国際危機の時代であるという危機意識である。第2に，国家を「所与のもの」あるいは「不可侵の聖域」とみなす国家観に立って現実の国際関係を現状肯定的に説明しようとする伝統的な国際関係理論によっては，この危機の本質を理解し，それを解決することは不可能であるという基本認識である。第3に，それまでの支配的な「正統理論」に挑戦し，それを変革あるいは解体しようとする知的作業において，従来とは異なる思想・理論を採用することである。つまり，従来の国際関係理論ではあまり顧みられなかった隣接諸科学の思想，理論あるいは分析方法を積極的に導入して，たとえば世界社会や地球政治という全体的視野から，あるいは「人間本位主義」

という地球市民的視野から,国家およびその基本的属性を問題化しようとする。したがって,こうした立場からすれば,現実主義はいかなるものであれ,上に述べたような時代遅れの「正統理論」を代表するものである。なぜならば,現実主義は国際関係理論を社会・政治理論という,より広い学問的な枠組みから孤立させることによって,「国家による支配と人類の分断化という現状を正当化するための知識」だからである。

　以上からも明らかなように,ポスト現実主義には,さまざまな思想背景があり,個々の研究者の主張も時代とともに変化することがあるだけでなく,それぞれの立場のあいだにも共通点があり,同時に1つの立場のなかにもいろいろな相違が存在する。ここでは,現段階での1つの試論として,本章の冒頭でふれたように,これを3つの理論群に分類して,説明してみよう。

**批判国際理論**
（1）批判国際理論の登場

　コックス（R. W. Cox）は,論文（"Social Forces, States and World Orders," *Millennium*, 10, 1981）で現実主義批判を開始した。すなわち,かれはまずはじめに,国際関係理論を「問題解決理論」と「批判理論」とに分け,戦後の現実主義（とくにモーゲンソーとウォルツのそれ）を前者の代表とみなす。なぜならば,それは生成と変容をたどる歴史過程の1つとして冷戦をとらえずに,またそこに展開される諸様相に疑問をはさむこともなく,その現状維持とくにアメリカ擁護に奉仕する理論だからである。こうしてコックスは,国際社会・政治における変化の解明を主たる目的とする批判理論がいまや必要であると主張した。

その方法としてかれは，史的唯物論に依拠しつつ，国際社会と国内社会とを分離させてしまうような現実主義を否定し，国際関係の変化を，①生産力を中心とする国内社会的諸力（social forces），②国家の形態，および③世界秩序（国家間関係）という3者のあいだの相関関係によってとらえることを提案した。とくにかれは，現在の社会的諸力が国境を越えるようになった結果，現代国家はグローバルとローカルという2レベルの構造のあいだに位置して「中間的役割」を果たす存在であると規定した。

　また，アシュレイ（R. K. Ashley）も，論文（"Political Realism and Human Interests," *International Studies Quarterly*, 25, 1981）で，いわゆる「フランクフルト学派」を代表するハーバーマス（J. Habermas）の批判理論を援用して，モーゲンソーを現実を正当化する「技術的・実用的現実主義」と規定し，「人間解放」という視点の欠如を批判した。さらにかれは，論文（"The Poverty of Neorealism," *International Organization*, 38, 1984）では，新登場の新現実主義を，実証主義，国家中心主義，効用理論および構造主義の4者が恣意的に混在する「矛盾の集合体」であると断定した。

（2）4つの批判国際理論

　これ以後，コックスとアシュレイのこのような問題意識と思想背景を共有する多くの人びとは，現在の「正統理論」を「近代合理主義」の1つである実証主義に支えられた現実主義とみなして批判し，ときにはその「正体」を「暴露」（いわゆる脱構築）しようとするさまざまな理論を急速に展開していくようになった。

　これらの理論はこれまでの国際関係理論にとってあまりなじみがなく，しかも多様で複雑な思想的背景をもつため，それを理解することは現在のところきわめてむずかしい。しかしここでは，

これらを批判国際理論としてまとめて、その思想的背景および現実主義との距離に注目して、以下の4つの立場に分類してみよう。

すなわち、その第1は、批判的再構築（critical reconstruction）アプローチである。これは批判理論を適用して、現実主義がすべての人間を国家に従属させることによってその「人間としての本来的な自己実現」を阻害する理論である、としてこれを批判する。そしてこれにかわって、「人間解放」と「地球市民」のための国際関係理論の構築が求められる。このアプローチの代表として、リンクラター（A. Linklater）があげられる。

第2は、構成主義（constructivism）の系譜に属するものである。それによれば国家とは、特定の歴史的・文化的条件のもとで存在するルールと規範から生みだされた実践活動が慣行化され再生産された制度（すなわち構成物）の1つである。同様に、全体である国際システム、たとえば勢力均衡もまた、現実主義がとらえるような国家間の単なる能力の配分状況ではなく、このような制度にほかならない。つまり勢力均衡は、部分である諸国家が特定の条件のもとで、それを自他の行動を規律する相互ルールあるいは規範であるとして認識し、承認しつづけるかぎりにおいて、はじめてその国家間安定化機能を果たすことができるものなのである。それゆえ、この構成主義の関心は、このような部分と全体という2つの制度のあいだの「弁証法的な関係」について究明することにある。クラトチウィル（F. Kratochwil）はここに属する。

第3は、地球政治論（global politics）である。これは「国家の地球化」を特徴とする現在の地球政治を理解するには、国家と地球を二分化し、国家と国家間関係を優先させる現実主義では不可能だとする立場である。これには以下の2つがある。1つは新構

造主義（neostructuralism）である。それは，ウォーラーステイン（I. Wallerstein）の世界システム論を国家中心的な構造主義であるとして，その修正を求めるものである。そこでは，地球政治の全体構造は，全世界的な経済，社会および文化的諸要素がすべてのアクターをとおして交錯する相互作用の総体としてとらえられている。それゆえ，国家とその相互関係は地球政治を支配する中心というよりは，その1つにすぎない。いま1つは，とりわけコックスが指摘した史的唯物論である。すなわち，新現実主義の覇権概念にかわって，「より柔軟かつ文化的で包括的」なグラムシ（A. Gramsci）の覇権概念の適用を求めるものである。その研究関心は，地球化の意味をさまざまな人間活動の地球化（統合）と既存の政治諸組織の解体（分裂）という相反する2つの過程とみなすこと，そしてこの両者の衝突の焦点である国家とそれによって構成される世界秩序の実態を解明することにある。パラン（R. P. Palan）は前者，ギル（S. Gill）は後者の代表である。

　第4は，いろいろな学問領域で活発に展開されている，いわゆるポストモダニズム（postmodernism）の系譜に属する国際理論である。そこでは，現実主義は「正統理論」とされてきたがゆえに，もっとも激しい非難の対象とされている。なぜならば，この系譜からみれば，現実主義は，実証主義と不可分の一体をなし，主権概念を絶対化して現実世界を「内部と外部，秩序とアナーキー，自己と他者」に二分することによって，強者（大国，権力者あるいは男性）の支配を正当化する理論だからである。したがって，このポストモダニズムの国際理論が現実主義を破壊しようとする目的は，みずからの代替理論を構築することではなく，むしろ国際政治という人間の実践世界をこのような「正統理論」の束

縛から解放することにある。たとえば，アシュレイのほかに，ウォーカー（R. B. J. Walker）がその代表といえる。

### 地球市民社会論

1970年代に登場したグローバリズムは，とくに90年代には地球市民社会論として発展しつつある。この立場によれば，第1に，グローバルなネットワークを通じてトランスナショナルな社会運動，いわゆる「下からの地球化」が冷戦終結後ますます活発となり，世界は単一の「地球市民社会」といえる段階にある。第2に，しかし，それと同時に，世界経済市場の成立とともに，いわゆるグローバル・イシュー（地球的問題群）も深刻化し，貧困，環境破壊，弱者（女性と子ども，被差別民族など）への抑圧，戦争の多発，「トランスナショナルなレベルでの民主化」の停滞などもまた明白である。このような地球的挑戦は，主権国家による非人間的な「地理的統治」（geogovernance）がもたらす「上からの地球化」の結果である。このような地球的危機を克服し，地球本来の活力を取りもどすためには，21世紀に向けて，「人間本位主義による地球統治（global governance）」によって，公正，正義，人権および非暴力など，すべての人間の包括的な諸権利が保障されるような地球秩序が追求されなければならない。それには，トランスナショナルな社会勢力によって支えられ，地域と地球全体，国家と個人とを結びつける「地球政治体」（global polity）が必要であり，強化された国際連合がその中核的指導力を担うべきである。

こうして，この立場はその現状変革の姿勢において，新自由主義制度論だけでなく，他のポスト現実主義諸理論の多くとも接点をもつものである。しかもここには，フォーク（R. A. Falk）など

のWOMP（世界秩序モデル・プロジェクト）グループと各国の平和研究者をはじめ，各分野にまたがる多数の人びとが結集している。

### 「国家―社会関係」アプローチ

このアプローチは，国家の優位性が減退しつつあるという現実を，伝統的な国際関係理論とくに現実主義では説明しえないと考える。その理由は，現実主義が国民と領土によって国家を定義し，国家と社会，国家と政府の相互関係を無視するだけではなく，国家の対外行動を合理的で一枚岩のアクターとみなす「ブラック・ボックス」（内部無視）パラダイムに依拠しているからである。しかも，マルクス主義の単純な階級国家論も，国家を強制的な行政組織とみなす「ウェーバー的な国家解釈」も，ともに退けられる。かくて，これらにかわって社会学，歴史社会アプローチを国家の分析に導入して，国家のインタレストとパワーはもとより，国際システムの特徴・機能などをも，国内社会的諸力・集団とそれらとの相関関係のなかでとらえようとする研究計画が提出される。

ここには，そもそも現実主義 対 非現実主義というような従来の二分法的な国際関係理論パラダイムでは，国家の実態はとらえられないという認識がある。しかも最近そこには，地球社会という視角からの議論が現れはじめている。この立場には，ショー（M. Shaw），ハリディ（F. Halliday）などがふくまれる。

## 4 国際関係理論の現在――拡散と収斂

以上で現在の3つの主要な国際関係理論を取りあげてきたが，それらの主張をとおして，今日の国際関係理論全体の特徴は，ど

のように理解されるであろうか。以下，従来との比較において，これを拡散と収斂という2つの傾向に分けてとらえてみよう。

### 拡　　散
（1）多　様　化

現在の理論研究を特徴づける拡散の第1は，多様化傾向である。

具体的にいえば，1つ目は，過去の歴史と国際思想への関心であり，その対象は遠くギリシャ，中世，さらに近代国民国家形成期にまでおよんでいる。このことは，現在のような国際大変動期の本質とその将来を明らかにするためには，冷戦およびその原点である西欧国家体系というアメリカ的視点から脱却する必要があるという研究者の意識を反映するものである。2つ目は，ヨーロッパのさまざまな社会諸科学の思想や理論が，めざましい勢いで今日の理論研究に導入されていることである。これもまた，従来の視点や分析方法の限界に対する多くの研究者の危機意識の結果ということができる。3つ目は，英米以外の多くの国籍をもつ研究者が大量にそこに参加し，しかもアメリカの事例だけではなく，各国間の比較研究が増加していることである。

（2）分　　裂

さらに，今日の理論研究を特徴づける拡散の第2は，方法論，価値判断あるいは分析レベルとイシューなどの次元で，諸理論のそれぞれが選択的，つまり互いに噛みあわないかたちで自説を展開し，自己の都合に合わせて他を批判ないし無視する傾向があるということ，したがって，今日の理論状況が全体として，分裂の様相を示しているということである。

しかも，このような様相は1970年代にもみられなかったこと

ではないが，現在の場合，研究者間に諸理論，とくに現実主義とそれに対する批判とのあいだで「唯一の正統理論」争いという意識そのものが欠けていることに特徴がある。ポスト現実主義とくに批判国際理論の多くも，現在のところ，「現実主義の覇権」に取ってかわる実現可能な「青写真」をただちに提出しようとする自信も意図もそれほど明白ではないといってよい。

こうして，現在の国際関係理論において，かつてのようなアメリカ中心主義の後退はいまや明白であり，このような拡散に注目するかぎり，そこに統合への契機をはらむような多元主義を見出すことは，困難というべきであろう。

収 斂
（１） 規範的アプローチ志向とポスト実証主義の結合

しかし，全体的な研究姿勢や具体的な主要争点に注目するならば，1980年代以降，とくに冷戦終結後の今日，このような拡散傾向とならんで，そのなかからの収斂といえるような諸理論間の共通意識あるいは認識がしだいにそのすがたを現しつつあることを確認することができる。以下でそれらを説明してみよう。

その第１は，全体にかかわる基本的傾向として，多くの研究者のあいだで，理論研究はその目的として規範的性格を本来的にもつべきであるという目的意識と，いわゆる実証主義に対する否定的姿勢が明確化しつつあることである。すなわち，深刻な国際情勢の展開に直面して，かれらは既成の理論の多くが現実説明能力と未来思考能力において限界のあることを「学問の危機」として実感し，長年にわたって「所与」のものとされてきた諸前提とその認識方法を根本的に再検討しようとしているのである。

こうして，たとえば，①モーゲンソーなどの古典的現実主義者に対する肯定的な再評価，パワーと倫理の融合というかたちでのナショナル・インタレストの再解釈，あるいは「国家統治の技術」(statecraft) の模索，②新自由主義制度論における「進歩のための研究計画」の発展（とくにウィルソン的自由主義の再評価と民主主義促進論），③批判国際理論における人間回復と解放の要請，④地球市民社会論における「地球政治体」「地球市民」の模索などの規範的な研究課題が，とくに冷戦終結後の今日，活発に提出されている。

　そしてそこには，「観察可能なもの」が存在し，現実のなかからそれを発見することが科学としての学問の進歩であるという実証主義の基本的前提を拒否し，現実はそれほどに単純ではなく，たえず変化する国際関係を人間の相互主観的な規範・倫理形成の営みとして理解するべきであり，それには想像力と価値実現意欲とを動員した解釈的方法が必要であるというポスト実証主義の姿勢が広く支持されているのである。こうして，第1章で論じられている1970年代の脱行動科学への動きは，いまや規範的アプローチ志向とポスト実証主義との結合というかたちで，いっそう深まっているといってよい。

（2）「アナーキー前提」の修正

　収斂の第2は，以下のような2つの主要争点にみられるものである。まずその1つ目は，国家間権力政治の不可避性を導くような構造主義的な「アナーキー前提」，つまり国際システムを国内システムと隔てる最重要な特徴はアナーキーであるという前提的命題が，さまざまな程度において修正されつつあるということである。すなわち，1980年代以降の主要争点の1つは，これまで

の説明から明らかにされたように，部分と全体の関係をめぐるものであった。この論争のなかで，部分である国家の行動は全体構造（とくに観察可能である能力の配分）だけによって決定されるのではなく，たとえアナーキーのもとであっても，両者のあいだにはさまざまな媒介変数が存在するという主張が生まれた。しかもこのような主張は，1980年代後半以降の国際現実の大変動に呼応して，新自由主義制度論と多くのポスト現実主義に共通する合言葉となりつつあるといってよい。

　なぜならば，これらの新自由主義制度論とポスト現実主義にとって，米ソ間の「能力の配分」は不変のままにソ連の新外交が生まれ，「覇権戦争」を経ずして冷戦という国際システムが崩壊したのであって，このことはまさしく，新現実主義の「構造による説明」の限界を露呈させるものだったからである。こうして両者は，たとえば，国際制度，政策決定者の信念の有意性の重視，あるいは強化された国連への期待などを通じて，しだいに相互に接近しつつある。最近の現実主義のなかでも，先にあげたような新傾向の進展は，同じ現実主義であっても，無条件でアナーキー前提を承認しているわけではないことの例証である。

（3）国家への関心の復活

　主要争点にみられるいま1つの収斂傾向は，かつて1970年代，とくにその前半の国家中心主義批判のような徹底的な国家に対する軽視や嫌悪にかわり，現実の国家行動とくにその対外経済政策に対する規範的・分析的な研究関心が，1980年代後半以降，支配的になりつつあることである。これは，国際現実のなかで，国家が対立と協力を交差させ，国際システムの変化と持続の交錯に結びついていること，また国家が政治と経済，安全保障と経済問

題などの諸イシューを結節させる最重要の国際アクターであることをますますあらわにしていることへの認識によるものである。

こうして，新現実主義と新自由主義制度論はともに，国家を，自己の「利己的インタレスト」を合理的な計算によって追求するアクター（いわゆる「合理的エゴイスト」）としてとらえる点で，共通性をもつようになっている。しかも，その場合でも，従来のように，国家を所与のもの，つまり国内社会構造とは無関係な一体的存在としてみるのではなく，またその行動を国際システムから独立したものとみなしているわけでもない。さらに，ポスト現実主義の多くにあっては，国家とその諸属性（主権の絶対性，人びとのアイデンティティの独占，パワーや国家安全保障の最優先性あるいは領土の不可侵性）は，克服されるべき伝統の核心という意味で，最大の今日的な関心事項なのである。

## 5 国際関係学の課題

以上に述べた国際関係理論の現在の特徴という視点から，理論と現実との関係に限定して，国際関係学の今後の課題を指摘するならば，その第1は，「健全な多元主義」の構築である。それは対象である国際事象が1つの特定の既成理論だけですべて適切に認識できるものではないということを理解することである。つまり，たとえばある特定の国際問題について，これまでにあげたような諸理論の分析・説明能力を比較検討することによって，どの理論がどの対象にとって「より適切」あるいは「より不適切」であるかを確認することが必要である。

課題の第2は，研究方向の焦点を「国家の実態」におくことの

分析的な意義をあらためて確認することである。なぜならば，国家は，以下のような意味において，現在の国際関係の認識のための核心といえるからである。

　すなわち，冷戦後の国際社会は経済的には資本主義世界体制として再編成され，他の諸次元においてもまさに「グローバル化」されつつある。いまや人びとの意識と願望は，従来のようにもっぱら国家をとおしてではなく，グローバル・ネットワークを通じて，直接に国際社会のなかで表明され追求されるようになり，またそれが可能となった。いわゆる「ヒト，モノ，カネ，情報およびサービスのボーダーレス化」のグローバルな進行である。こうして，いまや，国際社会と国内社会とは従来のような垣根を越えて直結し，密接な相互作用を展開するようになったのである。

　しかし，政治的意味においては，人びとは依然としていずれかの国家領域のなかに居住し，その社会・経済生活は国家主権のもとに支配され管理されており，国際社会もこのことを前提に，依然として国家間関係という枠内で構成されている。したがって，上述のような国際社会と国内社会のあいだの相互作用から生じるさまざまな重要問題の解決は，今日もなお，最終的には国家と国家間関係によって管理・調整されているのである。

　しかも，現在の国家間関係——たとえば協力と対立——，さらに国際システムの持続と変動もまた，このような国家を媒介とし，かつそれに収斂される国際社会と国内社会とのあいだの複雑な相互関係に依存するものである。したがって，ここで論じられている「国家の実態」に対する分析目的は，国家が果たすべき課題とその実際の遂行能力との関係の究明にある。

　課題の第3は，このような分析を進めるにあたって，規範的な

## ☆尖閣諸島沖中国漁船衝突事件と国際理論　コラム ❷

　2010年9月7日，日本が自国領土（沖縄県石垣市）としてきた東シナ海の尖閣諸島（魚釣島）沖で操業中の中国漁船が海上保安庁巡視船の再三の警告を無視し，追跡する2隻に衝突・逃走した。

　以下で，国際理論の視点から日中両政府の対応（状況認識と事件処理）の問題点を検討してみたい。資料は日本の新聞報道である。

　(1)　日本——事件発生の当日，停船した漁船への立ち入り検査中，日本政府は「領海内のことなので国内法に基づいて粛々と処理」する方針を決定し，8日公務執行妨害容疑で船長逮捕に踏み切った。現行犯以外での逮捕は異例のことであった。

　この決定は，閣僚間の対中政策をめぐる硬軟両様の意見の反映であったように思われる。前者は高まりつつある国内の「中国脅威論」を踏まえて，従来とは異なる「毅然たる処分」によって中国側に「領土問題は存在しない」ことを理解させようとの強硬論である。後者は，事件が「譲りえぬ国家主権・国益」にかかわる政府間の領土問題に発展することを危惧する慎重論である。したがって，国内化処理方針は，悪質な領海侵犯に法的ケジメをつけると同時に，外交的配慮を加えずにそれらを擁護するという硬軟両立案であった。

　(2)　中国——しかし，従来どおりの「政治的配慮」を新政権に期待した中国政府にとって，この方針は日本の国家主権・国益の「聖域」内に事件を封じ込めることによって，「中国の主権と領土保全」に基づく正当な漁業活動（核心的利益）を不法・一方的に妨害する敵対的方針と映ったようである。

　(3)　応酬——したがって，日本側が逮捕後，着々と10日の勾留，19日の勾留延長へと司法手続きを進めるにつれて，中国側の要求も抗議から船長の無条件即時釈放へと発展し，強烈な不満表明である対抗措置もエスカレートしていった。こうした応酬沈静化への転機となったのは，25日の処分保留での船長釈放であった。日本側はそれが担当地検の「日中関係にたいする自主的・大局的判断」で

あることを強調し,「政治(政府)介入」を否定した。しかし,これを契機に両国首脳間に「戦略的互恵関係」の基本に戻っての関係修復という合意が成立した。以後,事態は沈静化に向かい,2011年1月,最終的に起訴猶予処分で決着した。

　(4)　むすび——以上のように,両国はその対応の根拠を国家主権・国益の「譲りえぬ不可侵性」に依拠させようとした。しかし,対立と協力の不安定なダイナミクスのもとで展開される今日の国家・国家間関係の政策運営に,この抽象的で多義的な原理が有意的に機能したとはいいがたい。むしろ,実際には負の相乗効果要因(日本側新政権の不慣れさ,中国側の一般的な大国意識の高揚と外交の内政化など)が加わり,この原理は一時的にせよ,政策の排他的な自己正当化の大義名分として機能し,紛争解決に必要な国家間の自己抑制と相互譲歩という合理性が減じられたのではあるまいか。

　こうして,この事件は,本文で提起された国際関係学の3つの今日的課題に答える試みの1つが,これらの原理の分析的・規範的有意性の再構築にあることを示唆しているように思われる。

姿勢を保持することの必要性である。つまり,この実態分析は国家に対する過大な評価・擁護も,不必要な拒否反応をも意味しない。その目的は,上述のような最終調停者としての存在理由を現在および将来の国家がなお主張しうるか否か,したがって私たちのアイデンティティを寄せるに足る存在であるのか否かを検証することにある。こうして,このような「国家の実態」に対する分析と検証の試みは,私たちが国際関係学という学問領域のなかでみずからの分析と価値判断とを統合させることを可能とする方法の1つとなるであろうことが期待されるのである。

# 第2部
# 国際関係の構造

　リアリティとしての国際関係は時間の積重ねのなかで造形される。つまり国際関係の現実は歴史の化合物でもある。しかし同時に，国際関係の現実は，いま現在，この地球上にうごめいている，すぐれて今日的な諸要因の相互作用のなかで形成されている。歴史的諸要因（いわば時間的なタテ軸の諸要因）と今日的諸要因（いわば空間的なヨコ軸の諸要因）との交錯地点で醸成されるこの複雑な国際関係の現実は，いったいいかなる構造をもっているのだろうか。冷戦時代と冷戦後に一貫する歴史の骨格を凝視しつつ，いまの国際関係のメカニズムを理解しなければならない。

# 第3章

# 米ソ冷戦からポスト冷戦へ

## 1 冷戦への道

### 戦後国際秩序の形成

　第2次世界大戦において主要な戦力として，また軍事的・経済的援助の供与国としてドイツやイタリアの全体主義，日本の軍国主義との戦いで中心的な役割を果たしたアメリカは，カイロやテヘラン，ヤルタやポツダムでの戦時首脳会談や一連の国際会議の場で，戦後世界の構築に主導権を発揮していった。アメリカの戦後構想は，1941年8月にローズヴェルト（F. D. Roosevelt）大統領がイギリスのチャーチル（W. L. S. Churchill）首相とともに出した共同宣言（大西洋憲章）の諸原則を基本としていた。この大西洋憲章は8ヵ条からなっており，領土不拡大，民族自決，自由貿易，人類の恐怖と欠乏からの解放，武力行使の放棄と広汎な安全保障体制の確立などの原則がうたわれていた。そして，それは第1次大戦後にウィルソン（W. Wilson）アメリカ大統領の提唱した14ヵ条の平和原則とのあいだに多くの共通点をもっていた。

　これらの原則をもとに1944年7月にブレトンウッズ国際会議

で，国際通貨金融制度の安定化と多角的貿易を維持するための国際通貨基金（IMF），および戦後の経済復興と発展途上国の開発，国際投資の促進を図るための国際復興開発銀行（IBRD，通称世界銀行）の設置が決定された。この2つの国際金融機構によって支えられる戦後の国際経済秩序をブレトンウッズ体制とよんでいる。

また，1945年6月には連合国側50ヵ国の代表が集まったサンフランシスコ国際会議で，戦後の国際協調と平和を維持する機構として国際連合の設立が合意されたほか，47年には自由・無差別を貿易上の原則とすることで世界貿易の拡大をめざす「関税と貿易に関する一般協定」（GATT）が調印され，ブレトンウッズ体制を補完する機能を果たすことになる。これらの機構によって支えられる戦後世界は，大戦中に拡大したアメリカの政治的指導力と経済力とを背景にして成り立つものであった。

そして，アメリカは伝統的な孤立主義を脱して，積極的に国際社会への関与を進めた。それと同時にアメリカは，自由貿易主義を掲げることで，閉鎖的なイギリスやフランスの経済圏を開放させ，戦時軍需生産体制のもとで肥大化したアメリカ経済のはけ口を戦後の国際社会に求めようとしたのである。

### 対ソ警戒感の復活

戦後世界の構築は，アメリカの主導的な役割のもとで英ソなど主要国間で話し合われた。この間，ソ連はドイツ軍に反撃して東欧各国に侵入し，これらの地域を占領した。そして，ポーランドでは当時ロンドンに存在したポーランド亡命政権を排除するかたちで，ポーランド民族解放委員会に臨時政府（ルブリン政権）を樹立させた。さらに，ソ連軍の軍政下にあった旧枢軸国側のルー

マニアやブルガリアなどでも，共産党などの左派勢力が権力基盤を確立する動きをみせていたのである。

　かつて，ロシアで社会主義革命が発生した際，米英日などの資本主義諸国は，革命が周辺諸国に波及することを警戒して，対ソ干渉戦争を画策するとともに，ロシア領内の反革命勢力に対する支援を行った。しかし，第2次大戦が勃発すると，資本主義対社会主義というイデオロギーの違いを超えて，米英はソ連とのあいだで，あらたな敵である全体主義打倒のための大同盟を形成し，戦争遂行のために相互に協調関係を築きあげた。

　他方，ソ連は革命の際に米英各国からの軍事的干渉をこうむったことや資本主義諸国に包囲されているという現実から，自国の安全保障に対してつねに潜在的な不安を抱いていた。そのため，ソ連にとって東欧などの周辺国は，ソ連の安全を保障するための友好的な政権でなければならなかったのである。

　こうした米英とソ連それぞれの思惑は，第2次大戦が終結するにつれてしだいに露呈していった。東欧におけるソ連の一連の行動に加えて，ドイツから解放されたフランスや敗戦国イタリアでも，共産党をはじめとする社会主義，共産主義勢力の台頭がみられたことから，米英にふたたび対ソ警戒感を蘇らせたのである。

　東欧におけるソ連の動きにいち早く警鐘を鳴らしたのはチャーチルであった。かれは1946年3月にアメリカのミズーリ州フルトンで，バルト海のシチェチンからアドリア海のトリエステにいたる線上にソ連が「鉄のカーテン」を降ろし，その地域内で共産党による全体主義支配を拡大させていると非難したのである。

## 2　冷戦の始まり

### 米ソ対立の芽生え

　一方，アメリカでは大戦中に形成された対ソ協調政策の推進者であったローズヴェルト大統領が 1945 年 4 月に急死した。かわって大統領となったトルーマン（H. S Truman）は，ソ連が周辺諸国に社会主義政権をおしつけて勢力圏に組み込む膨張政策を進めていると判断した。しかし，日本との戦争を早期に終結させるためにソ連の対日参戦が必要とされただけでなく，国連創設など懸案事項を抱えていたために，当初かれはソ連との関係悪化を避けようとした。この後，原爆実験の成功によってソ連の対日戦における重要性が低下したうえ，日本が無条件降伏すると，しだいにソ連に対して強硬な姿勢を強めていったのである。

　まずアメリカは，急遽対日参戦したソ連からの日本占領参加要請を拒否し，占領管理を行う極東委員会および連合国軍最高司令官の諮問機関である対日理事会での発言権しかソ連に認めなかった。また，原爆情報に関しても非公開とする声明をイギリス，カナダとともに発表してソ連を排除した。さらに，ソ連から要請された借款供与についても，アメリカはこれを承認する条件として自国の主導のもとにある IMF, IBRD へのソ連の参加を要求したために，逆にソ連の対米不信感をいっそう助長したのである。そして，ドイツの戦後処理問題やイラン問題\*，原子力国際管理問題などをめぐって米ソ対立はますます先鋭化していった。

　　\*　第 2 次大戦中に北部イランに駐留していたソ連軍は大戦終了後も撤退せず，1945 年 12 月には北部のアゼルバイジャン地方にソ連が支援するアゼルバイジャン自治共和国が成立した。

こうしたなか，共産党を中心とする反政府ゲリラに悩まされていたギリシャや，トルコ海峡の管理・防衛問題を抱えるトルコに，ソ連の影響力がおよぶことを恐れたアメリカは，イギリスにかわってこれら両国に対する軍事的・経済的援助を行う方針を固めたのである。この援助法案の必要性を議会や国民に訴えるために，1947年3月にトルーマンは特別教書のなかで世

H. S トルーマン

界を自由主義と全体主義の2つに分け，ファシズムやナチズムというような全体主義にかわる，あらたな敵として共産主義的全体主義に対する脅威を訴えたのである（トルーマン・ドクトリン）。そして，この膨張するソ連の共産主義に対抗する手段としてアメリカは「封じ込め」政策を展開し，ソ連との対決姿勢をより明確に打ちだしていったのである。

## 2 極体制の出現

この封じ込め政策の先駆けとなったのが欧州復興計画（マーシャル・プラン）であった。アメリカは，第2次大戦によって荒廃したヨーロッパが共産主義の温床となることを憂慮した。そのため，アメリカは1947年6月，ヨーロッパに経済復興をもたらし，それによって同地域の政治的安定を図るために大規模な援助を与える計画を発表したのである。しかし，同計画が国内経済への干

第3章 米ソ冷戦からポスト冷戦へ　53

渉を招くことを恐れたソ連は，パリで開かれる欧州復興会議への英仏からの参加要請を拒否し，さらには東欧諸国にも圧力を加えて参加を断念させたのである。結局，このマーシャル・プランにはソ連，東欧諸国などを除く18ヵ国が参加し，援助受入れ機関として欧州経済協力機構（OEEC）が設立された。

これに対してソ連は，マーシャル・プランの東欧版ともいうべきモロトフ計画を実施するとともに，1947年9月にはヨーロッパ各国の共産党間の情報交換と活動の調整を行い，連携を強化するための機関としてコミンフォルム（Communist Information Bureau, 共産党・労働党情報局）を結成させた。

このように米ソの対立状況が深まるなかで，西欧諸国や東欧諸国内部でもしだいに親米勢力 対 親ソ勢力間の政治的対立が激化した。イタリアやフランスなどの国では共産党系の閣僚らが政権から締めだされる事態が発生したほか，東欧諸国内でも非共産主義勢力が政治の場から相次いで排除されていった。こうしてトルーマン・ドクトリンとマーシャル・プランによって，ヨーロッパは政治的にも経済的にも米ソを頂点とする東西2つの陣営に分裂をはじめたのである。

そして，1949年1月にソ連および東欧6ヵ国によって経済，技術，食糧などの相互援助を実施するための経済相互援助会議（COMECON）が設立され，ソ連と東欧諸国間の経済面における結束が図られると，西側陣営でもアメリカをはじめとする12ヵ国によって，49年4月に集団安全保障機関としての北大西洋条約機構（NATO）の設立が進められたのである。この北大西洋条約機構に対抗して，1955年5月にソ連と東欧諸国間の軍事同盟であるワルシャワ条約機構（WTO）が設立されたことで，ヨーロ

ッパの分裂は軍事面にもおよんだ。

　他方，アジアでも米ソ対立は大きな影響をおよぼした。日本の降伏に際して朝鮮半島は北緯38度線を境に南北に分断され，それぞれ米ソによる占領地域となった。その後の南北統一のための交渉は，米ソ両国の相互不信と，政治的主導権をめぐる朝鮮国内の政治勢力間の争いがあいまって挫折し，1948年に南北に2つの政府が誕生する結果となった。そして，1950年6月に朝鮮戦争という民族的な悲劇がもたらされた。

　また，中国では，日本の降伏以後，蔣介石の国民党政府と毛沢東が率いる中国共産党との統一政権をめざそうとしたアメリカのもくろみは破綻し，ふたたび国共内戦が展開された。そして，1949年10月に内戦に勝利した共産党によって中華人民共和国の樹立が宣言され，国民党政府は台湾に逃れた。アメリカは当初，あらたに誕生した共産党政府がソ連とは距離をおく独自路線を歩む，いわゆる「チトー化」*するのではという期待を抱いていた。しかし，朝鮮戦争が勃発し，それが台湾にまで波及することを恐れたアメリカは台湾海峡に第七艦隊を派遣して，中国を刺激した。さらに，中国が朝鮮戦争に義勇軍を派遣して介入したことで，米中対立は決定的なものとなったのである。

　　* チトー化　第2次大戦後，ユーゴスラビアではチトー（J. B. Tito）のもとで急激なソ連型の社会主義化が進められたが，バルカン連邦構想などの内外政問題でソ連と対立し，1948年6月にソ連はユーゴスラビアをコミンフォルムから除名した。以後，ユーゴスラビアはチトー主義とよばれる独自路線を歩むことになる。

　こうして，アジアにおいても社会主義を標榜する中国と北朝鮮が誕生したことで，世界は米ソを頂点とする東西2つの陣営に分割される2極体制が形成されていくのである。それはまた，アメ

リカが当初構想していた国連の戦後世界における国際協調と平和維持機能を著しく低下させることにもなったのである。

## 3 冷戦とその変容

**冷戦とデタント**

冷戦は第2次大戦後の世界において，米ソ両陣営間での直接的な武力衝突を回避させながらも，第三世界を巻き込んだきびしい緊張状態へと追いやった。しかし，米ソは冷戦のもとで，恒常的に徹底した対立状態を維持してきたわけではなかった。米ソ間での核軍拡競争の熾烈化の一方で，その時々の両国を取りまく国内・国際情勢に動かされ，冷戦という根底にある対立構造のなかにデタント（緊張緩和）の時代を織りなしていったのである。

その最初の兆しは，1953年にスターリン（I. V. Stalin）が死亡して，ソ連の指導者が交替した頃に現れた。フルシチョフ（N. S. Khrushchev）ら新指導者たちはスターリン批判を行うとともに，資本主義体制と社会主義体制との平和共存を認める新しい外交方針を打ちだした。ちょうどこの頃から起こりつつあった世界的な反戦平和運動もあって，米ソは一連の首脳会談を実現させ，「雪解け」といわれる緊張緩和の時期を到来させた。この時期にソ連はコミンフォルムを解散させたほか，西ドイツや日本との国交回復を行うなど積極的な対外政策を実施した。

しかしその反面，ソ連内部の非スターリン化を契機にソ連の影響力から脱して自主路線を歩もうとしたポーランドやハンガリーに対しては，軍事的圧力を加えたり直接的な軍事介入を行うなど（1956年），東側陣営内部での締付けを行っている。このソ連によ

る東欧への軍事介入は，1968年8月，民主化を進めていたチェコスロバキア（プラハの春）に対しても行われた。このときソ連は介入を正当化するために，社会主義諸国全体の利益と安全は1つの社会主義国の主権に優越するという主張（ブレジネフ・ドクトリン，制限主権論ともいわれる）を展開した。

## キューバ危機から軍備管理交渉へ

1950年代のデタントは基本的に脆いものであった。1962年10月，ソ連がキューバに中距離弾道ミサイル基地の建設をはじめたことから米ソ間の緊張は一挙に高まり（キューバ・ミサイル危機），核戦争の恐怖に世界は震撼した。結局，キューバに対する徹底した海上封鎖で対抗したアメリカにソ連が譲歩して危機は回避されたが，核戦争への恐怖は米ソに核戦争回避のためのホット・ラインの開設や部分的核実験停止条約（1963年），核拡散防止条約（1968年）などの軍備管理への動きをうながしたのである。

1970年代に入ると，ベトナム戦争*の早期解決をめざすアメリカと，ヨーロッパでの安全保障の確立および西側との貿易，技術交流の拡大を求めるソ連とのあいだで，緊張緩和への動きがいっそう触発された。その結果，米ソ間で文化交流や宇宙共同開発に関する協定が結ばれたほか，1972年5月に第1次戦略兵器制限交渉（SALT I）が調印され，同年11月には第2次戦略兵器制限交渉（SALT II）が開始された。さらにはその後，米ソ核戦争防止協定（1973年），貿易協定など多数の条約・協定が相次いで米ソ間で締結された。そして，1975年7月には東西ヨーロッパ諸国に米ソ，カナダを加えた35ヵ国の首脳がヘルシンキに集い，ヨーロッパの安全保障，経済や科学技術における協力，人権問題

などについて話し合う欧州安全保障協力会議（CSCE）が開催され，ヨーロッパにおけるデタントの進展をうかがわせた。

> ＊　ベトナム戦争　1945年9月，日本の敗北を受けて抗日戦を展開していたホー・チ・ミン（Ho Chi Minh）がベトナム民主共和国の独立を宣言したが，再植民地化をめざしたフランスとの間で46年12月に第1次インドシナ戦争が勃発した。フランスはホー・チ・ミン政権と対抗させるため1949年に前皇帝のバオ・ダイを国家元首とするベトナム国を樹立させ，米英はこれを承認した。1954年7月，休戦のためのジュネーブ協定でベトナムは南北に分割され，55年には南ベトナムに反共を掲げるベトナム共和国が樹立されたが，60年に南ベトナム民族解放戦線とのあいだで内戦が勃発し，アメリカは南ベトナム政府軍を支援するために介入した（第2次インドシナ戦争）。

## 新冷戦

しかし，1970年代なかば頃からソ連によるアンゴラやエチオピア，アフガニスタンなど第三世界への支援や介入，それに中距離弾道ミサイルSS20のヨーロッパ実戦配備にみられる軍備拡張政策はアメリカを強く刺激し，またアメリカのカーター（J. E. Carter）大統領がとった人権外交やアフガニスタン侵攻に対する制裁措置が，ソ連との関係をますます悪化させた。こうしてデタントはしだいに色褪せ，新冷戦といわれるあらたな緊張の時代を迎えることとなった。

1981年に政権についたレーガン（R. Reagan）大統領はソ連を「悪の帝国」と決めつけ，「強いアメリカ」の再生を掲げて対ソ強硬姿勢を打ちだした。そして，核戦力強化計画や宇宙の軍事化ともいえる戦略防衛構想（SDI構想）を発表し（1983年3月），核兵器および運搬手段を中心とする軍拡を積極的に推進して対ソ核優

位をめざす一方,社会主義勢力への巻返しを図るためにふたたび第三世界への介入を強化し,緊張をさらに高めていったのである。

　しかし,ソ連のSS20実戦配備やこれに対抗するかたちで決定されたアメリカのパーシングⅡなどの中距離核戦力(INF)の西欧配備計画(1979年12月決定)は世界的な反戦平和運動を巻きおこし,NATO諸国やアメリカ国内でも核兵器削減を求める声が急激に高まっていった。レーガン政権は軍拡を進めてソ連と対峙(たいじ)する姿勢を強める一方で,こうした動きにこたえるために1981年11月から中距離核戦力制限交渉(INF交渉)を開始するとともに,大陸間弾道ミサイル(ICBM)などの戦略核兵器の削減をソ連によびかけて,1982年には戦略兵器削減交渉(START)を開始させた。

　アフガニスタンへの介入が国内経済をますます圧迫し,レーガン政権によるさらなる軍拡競争への負担にあえぐソ連も,軍備削減交渉に応じざるをえなかったのである。しかし,西ヨーロッパにINFが実戦配備されたことからソ連は態度を硬化させ,1983年にこれらの交渉は中断されてしまう。

### 多極化の傾向

　米ソ関係が対立と緊張緩和とのあいだを揺れ動くなか,東西2つの陣営内部では米ソを頂点とする2極体制に亀裂を生じさせる事態が1966年に前後してすでに生じていた。その1つは中ソ対立である。

　中国は建国以来「向ソ一辺倒」を掲げてソ連への接近を図り,急速に国家建設を進めていた。しかし,1956年にソ連共産党がスターリン批判を打ちだし,資本主義諸国との平和共存を認めよ

うとしたことから，中国とのあいだでイデオロギー論争が発生した。それまでの新民主主義革命を否定して毛沢東のもとでの社会主義建設の過渡期にあった中国にとって，ソ連の打ちだしたスターリン個人崇拝に対する批判と平和共存路線は，自分たちの信奉してきた社会主義建設の基盤そのものを揺るがしかねなかったのである。

この中ソ論争は1960年代に入って公然化し，ソ連は中国に対する国防用技術協定を破棄して技術専門家を引きあげるなど，イデオロギー論争から国家間対立にまで発展した。そして，1969年には中ソ国境で武力衝突を引きおこすまでに両国関係は険悪化したのである。この結果，中国は原爆の自力開発を進めたほか，第三世界への接近を積極的に行うなど，ソ連のリーダーシップから脱して独自の軍事・外交路線を展開していくのである。

他方，西側陣営でもアメリカの政治的リーダーシップはしだいに陰りをみせはじめていた。1958年に成立したドゴール（C. A. J. M. de Gaulle）政権は，フランスの西側陣営内における発言力確保を求めて米英仏3国によるNATO共同管理を主張した。しかし，これが米英に拒否されると，アメリカ戦略ミサイルの国内配備を拒否したうえ，みずから原爆を保有し，1966年にはNATOの軍事機構からも脱退した。そして，中国との国交樹立やソ連との関係改善を図るなど独自外交を推進したのである。

また，「ドイツは1つ」との立場から東ドイツを承認する国家との国交を拒絶する政策（ハルシュタイン・ドクトリン）をとっていた西ドイツも，1960年代末頃からこの政策を放棄して，積極的に東ドイツおよび東欧諸国やソ連との関係改善を進めるようになった。こうして東西両陣営内部から政治的・軍事的に独自行動

## ☆資本主義と社会主義，共産主義　コラム ❸

　米ソはそれぞれ，資本主義と社会主義ないし共産主義という国家のあり方（政治，経済，社会体制）にかかわる基本的なイデオロギーにおいて異なっていた。第2次大戦後の米ソ冷戦はこうした両者のイデオロギー闘争としての側面をもっている。

　資本主義は，一般的に「資本」（工場や機械などの生産設備や原材料などのように生産過程に投入されるもの，生産手段ともいう）を「私的に」所有する人びと（資本家）が利潤の獲得を目的として自由に（あるいは無政府的に）商品生産を行う経済体制であるといえる。これに対し，資本を所有せず，資本家に労働力を商品として提供してその代価を「賃金」というかたちで得る人びと（労働者）が存在し，資本主義社会はこれら資本家（資本家階級あるいはブルジョアジー）と労働者（労働者階級あるいはプロレタリアート）を中心として成り立っている。

　こうした資本主義社会は，その発展の初期の段階で，資本家に搾取されて悲惨な生活を送る多くの労働者たちを生みだした。そのためマルクス（K. H. Marx）は，資本主義体制のもとでの賃金労働制度を奴隷制度と同じようにとらえ，こうした社会を改革するために共産主義という思想を主張したのである。

　マルクスによれば，共産主義社会は資本家階級や労働者階級といった階級差別がなくなり，国家すらも消滅した社会である。そこでは，労働は人が生活するための手段ではなくなって，食欲などと同じような欲求の1つとなり，人はその能力に応じて労働し，その必要に応じて消費することができる。そして，この共産主義社会を実現するまでの過渡的な段階として，労働者階級の独裁を通じて私的所有などの資本主義的な要素を取りはらう時期があり，この段階を社会主義とよぶ。ソ連が建国の際に国名（ソビエト社会主義共和国連邦）に社会主義を掲げたのも，こうした理由からである。

をとる諸国が台頭するようになった。これによって米ソを頂点とする2極体制はそれ自体根本的な変化を受けることはなかったにしても、世界は徐々に多極化の様相を色濃くしていくことになるのである。

### 米ソの苦悩

一方、冷戦は米ソ両国に膨大な経済的負担を強いた。核軍拡競争に加え、陣営内および第三世界の諸国に対する軍事的・経済的援助は両国の経済力を疲弊させた。アメリカはこれら冷戦に伴うコストに加え、ベトナム戦争での支出が重なり、国内でのインフレと国際競争力の低下に苦しんだ。その結果、1971年8月には国際収支の赤字是正とドル防衛のために金・ドル交換停止*および対外援助削減、輸入品に対する課徴金賦課などの政策が発表され（ニクソン・ショック）、ブレトンウッズ体制を支えてきたアメリカ経済の凋落を内外に印象づけたのである。

> \* 第2次大戦後の国際通貨体制は、アメリカがその膨大な経済力を背景にして保有する金とドルとの自由交換を約束することで、ドルを中心とした固定相場制が維持されたが、金・ドル交換の停止によって変動相場制へと移行することとなった。

これに対し、日本や西ドイツは1950年代末から急速な経済復興をとげ、経済面においてはアメリカの競争相手になるまでに成長した。さらに、西ヨーロッパでは欧州経済共同体（EEC）が誕生し、アメリカからの経済的自立への動きがはじまっていた。

また、ソ連でも相次ぐ軍備増強政策が民生部門への投資をなおざりにさせ、その結果、食糧や消費財の不足をもたらして国民の生活を圧迫しはじめていた。そのうえ、1970年代のデタントに

よって米ソをふくめた東西両陣営の貿易量は著しく増大し、東欧諸国は西側諸国への経済的依存をしだいに深めていくこととなった。こうして米ソ両国は圧倒的な軍事力を擁しながら、経済面においてしだいにそのリーダーシップを低下させていったのである。

## 4 冷戦の終焉

M. S. ゴルバチョフ

### ゴルバチョフの新思考外交

1985年3月にゴルバチョフ（M. S. Gorbachev）がソ連の新しい指導者になると、米ソ関係は大きく変化した。かれは停滞するソ連の社会と経済を立てなおすために、国内で政治、経済、社会全般にわたる斬新な改革（ペレストロイカ）を進め、対外政策においてもイデオロギー的対立から脱却して東西両陣営の平和共存をうながし、ペレストロイカ推進のための国際環境の醸成をめざす新思考外交を展開した。

こうしたソ連の新しい動きを受けいれる要因がアメリカでも生まれはじめていた。レーガン政権は誕生以来軍拡を進める一方で、悪化する財政を立てなおすために大幅減税と財政支出削減を柱とする一連の経済政策（レーガノミクス）を実施した。これにより多少とも経済成長率は好転してインフレも抑制されたが、他方では軍拡による国防費の増大もあって財政赤字をさらに深刻化させ、

貿易収支も著しく悪化させる結果となった。1984年の選挙で再選されたレーガン政権は,もはやアメリカ経済の現実に目を背けることはできない状況にあったのである。

　こうして両者のあいだで,1985年11月のジュネーブでの米ソ首脳会談を皮切りに軍備削減交渉がはじまった。当初は,SDIの取扱いをめぐって一時難航したが,ソ連の譲歩によって1987年12月にINF全廃条約が調印された。相前後してソ連はアフガニスタンからのソ連軍撤退やベトナムへの支援見直しなど,第三世界に対する政策を転換した。さらに,ニカラグアやカンボジア,アンゴラなどの社会主義勢力に対する援助を削減したり停止して,これら地域での和平への動きを促進させていったのである。

　ソ連の新思考外交はこれにとどまらなかった。ソ連のペレストロイカの影響を受けて急激な民主化を進める東欧諸国に対しても,介入を正当化させてきたブレジネフ・ドクトリンを放棄して,その成行きを見守ったのである。その結果,ポーランドをはじめチェコスロバキア,ブルガリアなどで相次いで社会主義政権が崩壊し（東欧革命），東西対立を象徴するベルリンの壁も崩れさった（1989年）。1989年5月には,それまで対立を続けていた中国に接近して,中ソ関係の正常化を図っていったのである。

### 冷戦の崩壊

　こうした状況を受けて,1989年5月にアメリカのブッシュ（G. H. Bush）政権は対ソ封じ込め政策を転換することを明らかにし,さらに12月にはマルタで米ソ首脳会談を開いてソ連のペレストロイカへの支援を約束した。そして,この場で米ソ両国は冷戦の終結を宣言し,新しい時代の幕開けを世界に示したのである。

以後，冷戦構造は急速に崩壊をはじめた。1990年10月には統一ドイツが誕生した。ついで11月に開かれたCSCEでは，NATOとWTOの加盟国間で通常戦力の大幅削減を取り決めた欧州通常戦力条約（CFE条約）および両軍事機構間の武力不行使をうたった22ヵ国宣言などが調印された。

　そして，同会議の最終日にヨーロッパでの対立と分断の時代の終焉，および民主主義と平和，統一の新しい時代の到来を明記したパリ憲章が採択され，ヨーロッパの軍事的対決状況に事実上の終止符が打たれたのである。続く1991年にCOMECONおよびWTOが解体したことで東側陣営は完全に消滅し，さらにソビエト連邦の瓦解によって米ソ冷戦構造はついに崩壊したのである。ヨーロッパにおける冷戦崩壊の波はアジアにもおよび，1990年にソ連と韓国が国交を樹立したのをはじめ，翌年には南北朝鮮が国連に同時加盟し，12月に両者のあいだで不可侵合意書が結ばれている。

## 5　冷戦の歴史的意味──冷戦はなにをもたらしたか

### 冷戦とは

　第2次大戦末期からはじまった米ソの対立は，世界を東西の2つの陣営に分裂させた。この両者の対立について，アメリカ側はみずからの自由民主主義を全体主義（共産主義）に対置させ，逆にソ連側はアメリカなどの「反民主的帝国主義」をみずからの「民主的反帝国主義」に対置させた。米ソ対立はそれぞれの国の国家のあり方，すなわち政治，経済，社会体制の根幹にかかわるイデオロギーの違いから生みだされたものである。

両者ともに民主主義という言葉を掲げながら，その解釈についてはそれぞれの体制を基準としているために，両者のイデオロギーはけっして両立しえないものとして受けとられた。それゆえ，敵対するイデオロギーをもつ相手の存在はそれ自体が自国への脅威であり，それはまた相手の行動を自国の政治，経済，社会体制に対する侵略，破壊，妨害行為とみなすような否定的な解釈をもたらす。こうして双方ともに相手に対する誤解や不信を増幅させ，非妥協的な行動をとるために，通常の外交交渉などの方法では容易に対立が解消されない状況が生みだされていくのである。

　こうした国家間の対立は，これまでは武力衝突，つまり戦争という方法によって最終的にその解決が図られてきた。しかし，米ソ間においてはこの対立が戦争にはいたらなかった。米ソの対立が従来の国家間対立と様相を異にして，冷戦（Cold War）といわれるゆえんがここにある。

　両者の対立が武力による戦い，つまり熱戦（Hot War）に発展しなかったのは，あるいは核兵器の存在に負っていたのかもしれない。1949年9月にソ連が原爆の保有を明らかにしたことでアメリカの原爆独占は崩れた。ソ連が原爆を保有したことで，もし両者間に武力衝突が起これば，核兵器による大量破壊がもたらされ，双方に多大な犠牲が強いられることになる。一方による核兵器の使用が相手からの核による報復を招く恐れがあることから，両者の対立が武力行使に移行しにくくなったのである（核抑止論）。

　こうして国家体制の基本となるイデオロギーの違いと核兵器の存在が，米ソ間の対立の溶解を困難にするとともに，他方では武力による解決をも躊躇せざるをえない状況をつくりだしたのである。そのため，両者は武力行使以外のあらゆる方法と手段を用い

て，自国の利益の追求を図ることになる。この米ソ間の冷戦は当然，同じイデオロギーを信奉する諸国にもおよんで東西2つの陣営間の対立にまで拡大していった。その結果，相手方陣営の1国に対する攻撃は陣営全体を巻き込んだ世界戦争となる可能性があるために，第2次大戦後これら両陣営内の国家同士の戦争もまた発生しにくい状況が生まれたのである。

**冷戦と戦後世界**

このような米ソの冷戦状況はその後の国際社会にさまざまなかたちで影を落とし，国際社会の様相をそれ以前の時代とは大きく変化させた。その第1点は，すでにみたように国際社会の構造変化をもたらしたことである。それまでの国際社会は各国家が主権概念をもとに対外的に独立対等を掲げ，それぞれ独自の判断のもとで自律的に行動し，互いに勢力の均衡を図りながら角逐をくり返す多極的な構造であった。したがって，国家は互いのイデオロギーの違いや国家体制の違いなどにとらわれず，その時々の国際情勢に応じて自国の国益を追求するために同盟を結ぶなどして離合集散をくり返したのである。

しかし，冷戦は前述したように多極化の諸要因をそれ自体はらみながらも，基本的には世界を米ソを頂点とする東西の2つの陣営に分割し固定化して，陣営間の対立状況を生みだした。またそれぞれの陣営に属する国家が米ソの圧倒的な軍事的・経済的力に依存するがゆえに，両国のリーダーシップを受けいれざるをえない状況をつくりだしたのである。

第2に，冷戦は第2次大戦後に独立した新興諸国に対する米ソのさまざまなかたちでの介入をもたらした。アメリカはこれら新

核兵器の開発は米ソの軍拡競争をもたらした（ソ連の核ミサイル）

興諸国が社会主義化，共産主義化して，ソ連の勢力圏に包摂されることを恐れたために，封じ込め政策のもとで経済的・軍事的援助を行い，必要ならば直接的な軍事介入をも辞さなかった。ソ連もまた，帝国主義諸国からの民族解放を名目に新興諸国内の民族主義，社会主義諸勢力を支援し，みずからの影響力をおよぼそうとした。

　こうした米ソの直接的・間接的な介入は，新興諸国内部の政治的権力闘争と絡みあって内戦を引きおこし，さらには周辺国家をも巻き込んだ地域紛争へと発展していくこともあった。朝鮮戦争やベトナム戦争，アンゴラやアフガニスタン紛争などさまざまな

地域での紛争や対立に，冷戦が大きな影響をおよぼしていたのである。他方，米ソの影響力から脱して自主独立を果たそうとする新興諸国は，1955年4月にアジア・アフリカ会議（バンドン会議）を開催し，米ソどちらの軍事ブロックにも属さない非同盟中立を掲げて団結し，平和維持のための第三の勢力形成へと動いた。こうして冷戦は米ソを頂点とする2極構造とは別に，第三の勢力としての非同盟ブロックを誕生させたのである。

しかし，当初は非同盟中立という政治的な主張を掲げたこれらの諸国も，国内経済の自立，発展がうまくいかず，先進諸国との経済的格差が増大するにつれ，しだいに開発，発展のための援助や貿易上の優遇措置などの経済的要求を強め，さらには国際経済体制そのものの変革を追求しようとする動きをみせはじめるのである（南北問題）。

第3に，核兵器の存在は一方では米ソ間の直接的な武力衝突を回避させる，いわゆる核抑止の考え方を生みだしたが，他方では両者のあいだで核兵器の質的・量的不均衡が生じると，質と量ともに勝る側が相手に対して核兵器を使用する可能性を高める危険をもたらす。こうした事態を防ぐために両者はつねにその質と量において核兵器の開発（核軍拡）を展開しなければならなくなる。ソ連が原爆を保有すると，アメリカは水爆開発を宣言した。そのことはソ連による水爆の実用化をもたらし，さらには大陸間弾道ミサイルや戦略爆撃機，原子力潜水艦の開発や配備が両者のあいだで進められた。核軍拡は核の破壊力の増大から核の運搬手段の開発や多様化にまで，両者の激しい競争を生みだしていく。そして，こうした核軍拡競争は米ソ国内では兵器生産に携わる産業界と軍部とのあいだで癒着（軍産複合体）をもたらした。軍拡競争

は容易に止揚されず，かくて軍需生産に依存する政治経済体質が生みだされていくのである。

## 6　冷戦後——21世紀の世界

　冷戦の終焉は，戦後の国際社会を形成してきた米ソ2極体制の崩壊をもたらした。アメリカと西側諸国は，ソ連と東側諸国という共通の「敵」を失ったのである。冷戦構造の崩壊はアメリカの政治的リーダーシップの正当性を失わせ，さらにアメリカ経済の凋落はその威信を低下させたといえよう。それゆえ，各国は国際社会において自主的・自律的行動をとるようになり，それは第2次大戦以前のような多極化した時代への回帰を意味する。多極化はそれぞれの国家の追求する利害が異なるために，対立の図式を複雑化，多様化させ，それだけ紛争の発生する可能性を高めることになる。冷戦を終えた21世紀の世界は第2次大戦以前のように，各国が勢力均衡（バランス・オブ・パワー）のもとで離合集散しながら対立と紛争をくり返す時代となるのであろうか。

　しかし，現代の国際社会は第2次大戦以前の世界とは異なるさまざまな特徴を冷戦時代を通じて生みだしてきた。その第1の特徴は，これまで国家間関係が国際社会を動かす大きな要因となっていたが，いまでは国家の主権さえ制限しうるEUのような超国家的共同体が誕生しつつあるだけでなく，多国籍企業や非政府組織（NGO），それに国内を活動の場としてきた労働組合や消費者団体などまでが国際社会に登場し，国境を越えてお互いに連携して活動を展開するようになったことである。いわば，国家の閉鎖性や排他性が解かれ，国家の枠組みが溶解しはじめているといえ

よう。

　第2の特徴は，国家間の関係においても相互の政策を調整し，協力するための協議機関や制度の数が増加したことである。193ヵ国（2015年7月現在）以上の国家が参加する国連と，国連に関連するさまざまな国際機関はもとより，とくに西側世界では冷戦期を通じて経済協力開発機構（OECD）や主要先進国首脳会議（サミット）などが設立されたほか，冷戦後の紛争防止機能をもつCSCEや北大西洋協力評議会など多角的な交渉の場が形成されてきた。また，第三世界でも，東南アジア諸国連合（ASEAN）やASEAN経済共同体（AEC），アフリカ統一機構（OAU）などが地域諸国間の政治，経済，社会などの諸分野での協力を目的に設立されている。さらに，通信技術と交通手段の飛躍的な発達は，国家間交渉の場と機会をよりいっそう多く提供するようになった。

　第3の特徴として，国家間における相互依存関係の深化があげられる。今日，経済面において自給自足的な国家運営を維持しつづけている国はほとんどないといってよいであろう。先進国であればあるほど貿易，金融，投資，科学技術などで海外との結びつきが強くなり，それだけ国内経済が国際経済から受ける影響も大きい。そして，経済面における関係の深化は国家間において大量のヒト，モノ，カネ，情報の交流をもたらし，経済だけでなく政治，社会，文化面においても双方に緊密な関係を生みだす。

　このような相互の緊密な関係は，従来自国の生存と安全をいかに維持するかという，つまり国家の安全保障を中心に規定されていた国家間関係を，国家間の共存と繁栄という視点からとらえなおすという相互依存の考え方に結びつく。軍事力を行使して相手を屈伏させるよりも，互いに共存関係を維持していくことのほう

が，自国にとってより損失の少ない合理的な選択肢となりうる状況となったといえよう。第2次大戦後，先進資本主義諸国のあいだで戦争が発生しなかったのは，共産主義という目前の敵が存在したこともさることながら，こうした先進諸国間の密接な経済的つながりから生まれた相互依存関係があったことも見逃せない。そうした意味で，国際社会，とくに先進諸国間においては軍事力のもつ重要性が低下しつつあるといえよう。

最後に第4の特徴として，紛争解決のための方法が制度化されてきている点である。その1つとして国連の平和維持活動（PKO）があげられる。国連が軍事監視団や平和維持軍を紛争地帯に派遣し，紛争の拡大防止や休戦協定の履行監視，さらに治安維持や選挙監視などの多様な活動を展開して，平和の構築に大きな役割を果たすようになってきている。また，その経緯はどうであれ，湾岸戦争や旧ユーゴスラビアに対する多国籍軍やNATO軍の武力行使を伴った介入も，紛争を解決しようとする各国の強い意思と協調体制の可能性を示唆するものといえよう。

以上のような現代国際社会がもついくつかの特徴は，国家対国家の関係というこれまでのような単純な図式ではこれからの国際社会の動きをとらえきれないことを意味しており，またそれだけ冷戦後の世界，ひいては21世紀の国際関係がどのように展開するのか，その予測を困難にさせている。たとえば，2001年9月11日にアメリカで発生した同時多発テロ（9.11事件）は，アメリカ主導によるアフガニスタン攻撃（2001年10月）やイラク戦争（2003年3月）を引き起こし，対テロ戦争という泥沼に世界を引きずり込んだだけでなく，世界各地でイスラムの原理主義的な思想を掲げる過激組織の活動を活発化させ，これまでの冷戦の時代と

は異なる西欧対非西欧という新しい対立の図式を描き出している。さらに，2010年末にチュニジアで発生した大規模な反政府デモは，民主化運動に発展して独裁政権を崩壊させることとなった。チュニジアでの反体制デモの影響は，長期政権が続いていたエジプトやリビアなどにも波及して政権交代につながるとともに（アラブの春），シリアでは内戦をもたらした。今後，こうした民主化への動きはほかの中東やアフリカ諸国にも広がることが予想され，政権崩壊による混乱のなかで宗教や宗派間，それに部族や民族間の対立が国境を越えて絡み合い，いっそう複雑かつ先鋭化することが懸念される。

　また，資本主義国に生まれ変わったロシア（旧ソ連）や，市場主義経済制度を導入しWTOへの加盟（2001年12月）を果たした中国にみられるように，グローバル化のさらなる進展が相互依存の深化をもたらしている。その一方で，アメリカにおけるリーマン・ショック（2008年9月）やギリシャの財政危機問題（2009年10月に明らかになった財政赤字による信用不安の拡大）にみられるように，一国・一地域における経済破綻が世界大に拡大する危険性をはらみ，さらには発展途上国における経済発展はよりいっそうの環境破壊や貧富の差の拡大，資源獲得競争などをもたらして，あらたな緊張や摩擦を生みだす要因ともなっている。それだけでなく，北朝鮮やイラン（2015年7月核開発を制限することで米英ロなどの6ヵ国とのあいだで合意）などの核開発問題は全世界に核拡散の恐怖をもたらしているほか，経済大国となった中国の軍事力増強に世界は神経を尖らせる状況となっている。

　このように，従来の国家対国家という枠組みではとらえきれない複雑な様相をみせつつある現代の国際社会では，これまで以上

によりいっそうの国際協力の必要性，いわば「グローバル・パートナーシップ」が求められているといえよう。核兵器によるオーバーキルの破壊力をもち，いくたびもくり返してきた戦争の愚かさと悲惨さを知っているはずの人類が，これらの問題にいかに対応するか，この21世紀の世界はこれまで人類が重ねてきたすべての知恵と経験，すなわち人類の存在とその歴史そのものが試される時代であるといえよう。

# 第4章

# 地域紛争への視角

## 1 地域紛争の時代

　地域紛争（regional conflict, regional dispute）という武力行使のかたちは，学問の領域における国際関係学とともに，20世紀になって生まれ，とくに後半期から広く理解されるようになった概念である。その意味で，両者には「原因と結果」の関係があるといえる。すなわち，19世紀までの戦争とは明確に異なるいくつかの要因が「地域紛争」という用語を生みだし，同時にそれが，紛争の原因究明，地域研究，平和構築のための学問，「国際関係学」の成立と発展をうながした。従来それは，一定地域に限定された複数国ないし民族間武力抗争であったがゆえに，「局地紛争」（local war, conflict）とよばれてきたが，2001年の「9.11事件」後の状況――04年マドリード，05年ロンドン，15年パリ，16年ブリュッセル――で示されたとおり，地域限定性と土着的性格から急速に離れ，「グローバル性」および「国際テロリズム」としての傾向を増大させている。「9.11事件」は，地域紛争の「新しい展開」を劇的に示すできごとであった（コラム❹参照）。

では,「地域紛争」が国際政治の主要な課題となった理由はなにか。

　第1の要因は,「真の国際社会」が確立したことだろう。ウェストファリア条約のもとで17世紀に確立した国際関係は, 主権国家を基本単位とする国際秩序成立につながったが, そのおよぶ範囲といえば, ひとり欧州にかぎられていた。20世紀になってはじめて, 主権国家は人間の住む地球全域にあまねくひろがり, 字義どおりの国際社会が現実のものとなったのである。こんにち, 国連加盟国は193ヵ国を数えるが, うち123までをこの70年のうちに独立した国々で占める。主権国家の平均年齢は100年に満たない。若い国家の大半はアジアとアフリカ, 大洋州にある。

　かくも短期間, かつ急速に膨張した国際社会がひずみを有しないはずはない。それが, かつての征服戦争や植民地獲得に根ざす「タテ関係の戦争」(先進・後進国間)にかわり, 地域社会内部に発した「ヨコの対立」を生む契機となった。世界地図に描かれた毛細血管のような国境, その内側に統合された国民国家(nation state)と, 数倍する民族集団(ethnic groups)の存在, そこで生じるさまざまな原因による国家間および民族集団間の軋轢が, 各地で紛争を引き起こし国際政治に鳴動を伝えるのである。

　第2に, 20世紀2度にわたった「世界大戦」も, そのほかの紛争に「地域」の名が冠された要因だろう。国連憲章前文にあるとおり, 前世紀は,「われらの一生のうち2度まで言語に絶する悲哀を人類に与えた」世界戦争の時代であった。かつてない戦争が2度まで起こった以上, 以後の戦争はべつの名称でくくるしかない。だから, 中東戦争(第1次1948年, 第2次56年, 第3次67年, 第4次73年)のような, 多数国・長期間にわたる紛争(ウェ

## ☆国際テロリズム　コラム ❹

　テロリズムという名の政治的暴力は、たとえば暴君弑逆（シーザー殺し）のように古代から知られていた。また、戦争法規によらない集団蜂起も、ナポレオン軍にスペイン農民が鎌や熊手をもって抵抗したゲリラ（guerrila＝小戦争）として戦史にのこる。以後、パルチザン（ナチ軍に対するチトー一派）、レジスタンス（同じくフランス市民）、さらにムジャヒディン（ソ連軍へのアフガン聖戦士）などの名称で、占領権力に対する武力抵抗として続くが、戦時国際法にいう交戦資格を欠くため、「テロ」と総称された。イラク戦争後の米軍攻撃も、この武装反乱（insurgent）の系譜でとらえうる。

　国際テロとは、典型的には2001年の「9.11事件」、ISによる公開処刑のような「むきだしの暴力を媒介として遂行される政治目的達成のための殺傷・破壊行為」と一応定義できる。しかし、国際社会の共通合意になる「テロの定義」はいまだ存在しない。理由は、テロ＝政治的暴力を通じ恐怖をつくりだす手段が、国家の行為、たとえばイスラエル軍による"暗殺作戦"から、イスラム過激主義者の自爆攻撃まで、幅広く、かつ、異なる形態で存立するためである。「包括的テロ防止条約」採択をめざした「9.11」直後の国連総会での努力も、イスラエルの行動を「国家テロ」とみるかどうかで対立、合意できなかった。ISの行為を非難するのはたやすいが、米軍無人機による攻撃も、同様の"即決処刑"ではないか、という反論もある。テロの定義と防止策は、国際社会が抱える難問である。

　重要なのは、テロの手法における変化だろう。ドイツの法哲学者C.シュミットはその指標に、①非正規性、②強度の政治的性格、③遊撃性、④土地的性格、をあげたが、9.11事件は④の欠如を劇的に示した。「国際テロリズム」とよばれるゆえんである。それとともに、自殺をいとわない若者が「自爆テロ」に望んで参加している事実、ここに現代テロの特質があり、恐怖の根源があるといえる。

ストファリア条約につながった「30年戦争」にも匹敵する）や，第1次大戦の始まりを思いおこさせたバルカン半島における旧ユーゴ内戦（1991〜99年），さらに朝鮮半島をめぐる，いまや「核とミサイル」対立にまでエスカレートした70年にわたる一触即発状態など，"regional"や"local"でくくれない国際性をもつにもかかわらず，「地域紛争」に分類されることになる。地域紛争を「小さな戦争」とみなしてはならない。

「究極兵器・核」の出現も，全面（核）戦争と地域（通常）戦争の区分をもちこむ要因となった。冷戦期国際政治の基本構造であった核抑止戦略のもと，東西間の全面戦争が抑制された反面，双方の盟主だったアメリカとソ連は，イデオロギーによる浸透と経済支配，より直接的に武器供与や軍隊派遣をもって新興国家の小さな対立に介入し，紛争を誘発させ，背後にあって操り，自陣営の勢力拡大に利用した。傀儡政権を押したてた代理戦争（ベトナム戦争におけるアメリカとサイゴン政権，アフガニスタン内戦でのソ連とカルマル政権，カンボジア内戦をめぐる中国とポル・ポト政権）がそれにあたる。これらの場合，戦域（地域）と使用武器（非核兵器）に限定があれば，背後にある国際的性格や大国の力の行使という本質にかかわらず，一括して「地域紛争」とよばれた。

こうして地域紛争は20世紀の主要な戦争形式となるのである。

## 2　紛争多発地帯の原因

**どこで起きているか**

手近な資料，たとえば『防衛白書』記載のデータに照らしてみよう（→巻末資料〔5〕）。「主要な地域紛争」だけでこれだけある。

ほかのデータ，国連児童基金（UNICEF）が冷戦終結後にまとめた『世界子供白書1996』によると，冷戦期に限定しても，アジア・アフリカを主要発生地とする150の地域紛争が起き，2300万人の死者を出したとされる。犠牲者の9割が女性や子どもなど民間人の犠牲者で，1995年までの10年分だけで，200万人の子どもが殺され，400万〜500万人が障害を負い，1000万人に精神的外傷を残したと，悲惨な実態が報告されている。この数字にその後起きた第2次チェチェン紛争（1999年〜），コソボ紛争（98〜99年），アメリカのアフガニスタン攻撃（2001年〜），イラク戦争（03年〜），シリア内戦（2011年〜）などに巻き込まれた子どもや非戦闘員の死傷者を加えると，地域紛争がいかなる災害にもまして弱者を痛めつけているかを理解できる。

　地域紛争の特徴は，戦場と生活の場とに境界がないという点にある（内戦の場合いっそうきわだつ）。その結果，戦闘は軍隊間の交戦であるより，住民を巻き込んだ殺戮（さつりく）の場になりやすく，非戦闘員が最大の被害者になる。また，住民の殺戮そのものが武力行使の目的となるケースもある。カンボジア内戦（1970〜94年）やルワンダ内戦（90〜94年）がその例であり，コソボ紛争では，「民族浄化」（ethnic cleansing）という表現さえ登場した。「戦線なき国内戦」が起こると，命を失わなくても国外難民（refugee）か国内避難民（displaced people）となるのが弱者の宿命である。地域紛争がもたらした「難民という名の民族移動」は，周辺国に難問を押しつけずにおかない。難民については，あとでもう一度ふれよう。

　では，いったい，どこで，このような殺戮が起こっているのか。すぐ理解できるのは，圧倒的多数がアジア・アフリカの南側諸

国に偏在する事実である。欧州は，旧ソ連（チェチェン，グルジア），旧ユーゴ（ボスニア・ヘルツェゴビナなど）に限定され，EUなど西欧は1件も含まれていない。この傾向は，そのまま第2次大戦後70年の武力紛争地域分布にもあてはまる。例外的な事象——たとえばイギリスとアイルランド共和国軍（IRA）の戦闘（1969～98年），中ソ国境紛争（69年）——を除けば，大部分が第三世界に偏在しているさまがみてとれる。

　したがって，地域紛争とは，南側＝第三世界における争点解決の主要な手段，と一応結論しうる。第2次大戦後の東西関係が「冷たい平和」（冷戦）で終始したのと対照的に，南北関係から冷戦期を振りかえると，絶え間ない「熱戦」の歳月だったと概観できる。南にかたよって張りだした紛争気象図は，（比喩的に表現すれば）南側世界の貧しさと統治能力の無力さに起因する「流血の停滞前線」といえるかもしれない。


### 原因——自立への希求

　いかなる理由により，対立が紛争へとみちびかれるのか。

　原因をさがしあてるのはさほどむずかしくない。紛争には，争点（issue），当事者（actor），手段（means）が不可欠で，それらと場（field）が結合したものだからである。4要素を分析していけば，地域紛争の輪郭がおのずと明らかになる。

　初期には「自立への希求」という明確な印があった。1945年から60年代にかけて，それは民族自決（national self-determination）という旗印とともに，アジアとアフリカに燃えさかった。代表的には，第2次大戦後，国際社会が再編される過程で，支配からの解放を求める植民地民衆と，権益維持に執着する宗主国の

対立が武力紛争に発展した事例である。インドネシア独立戦争（インドネシア対オランダ・1945〜49年），インドシナ戦争（ベトナム対フランス・1945〜54年，ベトナム対アメリカ・60〜75年），アルジェリア戦争（アルジェリア対フランス・1954〜62年），キューバ革命（親米バチスタ政権対カストロ革命勢力・1956〜59年），コンゴ動乱（コンゴ政府対ベルギー・1960〜63年）などが知られる。虐げられてきた民族が，みずからの意思で政治的地位を決する「民族自決原則」に希望を託し，流血もいとわず独立国家樹立に挺身した。

　また中国の国民党と共産党の内戦（1945〜49年）やインド・パキスタン戦争（第1次47〜49年，第2次65〜66年）のように，大戦後における植民地権力の解体（日本帝国）や撤退（大英帝国）後の国家主権争奪をめぐる内部紛争も，ここに分類できよう。民族自決の尊重は，第1次大戦後のパリ講和会議で米大統領ウィルソン（W. Wilson）が提唱した"Fourteen Points"で明言され，第2次大戦でも連合国の戦争目的（カイロ宣言）に掲げられ，押しとどめられぬ時代の潮流であったが，他方，英，仏，オランダなど植民地国の権益執着心も強く，その決着が「独立戦争」となった。

　「自立への希求」は，のちに，べつの紛争原因ともなる。分離独立運動である。民族自決が植民地解放や民族革命を目標に戦われ，宗主国と被統治民族との南北対立の構図であったのにたいし，分離要求は，独立を達成した新興国家の「内部」で，政府批判が国内対立となって噴出したケースにあたる。とくに多民族国家の場合，人種・宗教・言語・文化を異にする民族集団を国内に抱えこんでいる。支配的民族と少数民族のあいだに確執を生む素地が潜在しやすい。この「内なる国境」意識が，新たな民族紛争（ethnic conflict）に点火されるのである。これについては第4節

「冷戦後の地域紛争」で分析の対象にしよう。

### 原因——領土と資源の誘惑

湾岸戦争は，1990年，イラク軍が隣国クウェートに侵攻し「併合宣言」をしたことに端を発した。フセイン（S. Hussein）大統領によれば，目的は「失われた領土の回復」とされたが，同時に，隣国の豊かな石油資源をねらった侵攻であるのも明白だった。一見，不毛にみえる砂漠も，その下に眠る資源価値に着目すれば，力づくでも奪う価値と映る。独裁者の資源への渇望から開始されたクウェート侵略は，やがて世界30ヵ国以上を巻き込む"Gulf War"へと拡大していく。

1995年，フィリピン政府は，スプラトリー諸島の自国領ミスチーフ岩礁に「中国の領土標識と建造物を発見した」と非難した。これに対して中国政府は，同岩礁のある「南沙諸島」（中国側呼称）は，「歴史的に争うことのできない中国の主権下」にあり，「神聖な領土を修復した」にすぎないと反論した。南シナ海に散らばる100あまりの岩礁や砂州は，それまで航海者を悩ます海の「難所」（dangerous zone）として海図に記載されていたのだが，いまや中国対フィリピンのほか，台湾，ベトナム，マレーシア，ブルネイなどによって一部または全部の領有が争われる政治的な"dangerous zone"となった。海底下に石油や天然ガスが埋蔵されていると信じられていることも一因である。「スプラトリー紛争」は，その後，中国が多くの岩礁に軍事施設を構築し，そこを「核心的利益の場」と宣言（2009年）したことにより，米・日・豪なども巻き込んだ「南シナ海問題」へと発展している。

資源獲得は，もとから征服戦争や武力侵略のやみがたい動機で

あったが，なお地域紛争の原因として生きつづけている。そして石油資源の使途を追っていけば，中東産油地帯で戦乱が絶えないのと，先進国のエネルギー多消費型経済が無関係ではないことも明瞭になる。古い原因に新しい動機が加わって，地域紛争に苛烈さと国際的性格を与えるのである。

同時に，スプラトリー紛争が示しているのは，海洋新秩序

S. フセイン

(国連海洋法条約，1994年発効) がもたらした海洋の国家管轄権の拡大——領海拡大 (3海里から12海里へ)，排他的経済水域 (200海里) 設定容認——という趨勢も，あらたな要因として考慮に入れなくてはならない。南極大陸や公海深海底にある資源のように，国際条約によって国家領有が禁止された場所はべつとして，多くの国家は帰属未確定地の占取衝動を隠そうとしない。それが拡張主義や排外思想と合体すれば，地域覇権主義に根ざす紛争の可能性を高める要因となる。適切な調整機構や資源配分のための地域協力の枠組みが整備されないかぎり，領土や資源の誘惑が地域紛争の原因から除外されることはない。

### 原因——問題解決能力の欠如

みてきたとおり，20世紀国際社会は，2つの世界大戦後，19世紀までの植民地帝国体制を清算し克服することにより，あらた

第4章　地域紛争への視角　　83

な秩序のもとに出発した。国際連盟とそれを引きついだ国際連合が20世紀秩序の象徴といえる。1945年に創設された国連は，こんにちの国際社会を映す鏡であるが，その名称（United Nations）が示すとおり「諸国家の連合」であり，加盟した主権国家による有効な統治を前提とする。自国の問題は各国政府が適切に処理しなければならず，国連といえども内政に干渉することは許されない（憲章第1章）。

　また，憲章第2条により国家間の戦争行為が違法とみなされた結果（戦争＝war が紛争＝dispute, conflict と表されるのはそのためである），紛争が起こった場合，当事国は交渉や仲介，司法的解決など「紛争の平和的解決」（第6章）のための措置を求められる。平和の破壊者に対する集団的な「軍事的措置」（第7章）も定められ，「国連の名による制裁」＝集団安全保障が構想されてはいるが，その実体となる国連軍をいまだもっていない。そこで各国は憲章で認められた「個別的又は集団的自衛の固有の権利」（第51条）の枠内で自衛措置または同盟関係を維持しつつ，自国の独立と安全確保にあたることになる。このように「国連の下の平和」は，国家主権と国際協同の微妙な均衡のうえに成り立っている。

　しかし，急速に膨張した国際社会は，大小強弱さまざまな国家をかかえ，政府の性格も一様でない。独裁政権がある反面，統治能力を欠く政府や破綻国家も存在する。とくに植民地から離脱したばかりの国家の場合，旧宗主国によって設定された人為的な国境線や民族集団の混在など，困難な問題も受けついでいる。周辺国と係争を生じさい，当事国の統治能力に弱点があると，対立が緊張に，係争が武力行使に移行する危険が高まり，国連憲章の要請する「紛争の平和的解決」はおぼつかなくなる。

カンボジア内戦にベトナムや中国が介入した例（1978年），アフガニスタンの民族対立へのソ連の派兵（1979年），多民族モザイク国家のレバノンに対するイスラエルの侵攻（1982年）など，政府の統治能力欠如や一方の紛争当事者からの要請を口実に，隣接国が他国の内戦に介入して不必要に拡大させた例も数多い。
　またキプロス紛争（1963年〜）のように，正当な政府は存在するものの，背後にあるギリシャ，トルコ政府の住民への影響力を排除できず，分断状態が長期・固定化する事例や，カシミール地方をめぐるインド・パキスタン紛争（1947年〜）にみられる，3度の戦争によっても解決の糸口がつかめない対立も，当事国能力を超えた例といえよう。

## 3　地域紛争を激化させるもの

### 過剰なイデオロギー

　地域紛争の多くは，原因が，それぞれの地域，民族に根ざすとはいえ，ジェノサイド（集団殺戮）にまでいたるのはごくまれである。対立や憎悪感情がどれほど激しくとも，ある段階までくると，そこに住む人びとが長い歴史のうちに培った「紛争抑制文化」ともいえる知恵によってブレーキがかかる。アフリカ大陸のように，自然環境の少ない場所に何千もの言語や文化の異なる部族が住んでいる地域では，相手の権威やテリトリーを尊重し，争いを激化させない知恵がなければ，種族の維持さえ困難だっただろう。実際，世界各地で，共存・共生を維持するため「紛争抑制文化」といえる例が文化人類学者によって多く報告されている。
　ならば，20世紀後半の国際社会にいたり，地域紛争がこれほ

ど血なまぐさい大量殺戮を招いた理由はどこにあるのか。

　国家武装力の肥大化と武器の性能向上，いいかえると，紛争抑制文化＝民族の知恵を上まわる武器＝戦争手段の発達と優越によって，とひとまず説明できよう。しかしそればかりでなく，ほかの要因も考えてみる必要がある。狂信的イデオロギー，外国の支援と介入，近代兵器の流入などの外部要因が，地域紛争における大量・無差別集団殺戮の背後に介在しているにちがいない。

　映画『キリング・フィールド』（*The Killing Fields*, 1984 年）で描かれたカンボジア内戦下の住民虐殺は，中国の文化大革命の強い影響のもと，「赤いクメール」（ポル・ポト派）政権により，平等な共産主義社会実現を名分に遂行された。階級の廃絶ばかりか，都市生活を否定し貨幣まで廃止したこの集団は，1975 年から 3 年あまりで 100 万人以上の自国民を殺したとされる。こうした狂気と憎悪の発現は，中国の文化大革命（これも一種の内戦である）もふくめ，革命思想の直線的な実践，急速な土着化をめざす過程で生まれた惨劇という理由でしか説明できない。公正で平等な社会をつくるために立ちあがった者たちが，イデオロギーの罠にはまって自国民に対する大量殺人者に変身していったのである。

　ボスニア・ヘルツェゴビナやコソボで発生したセルビア人による「民族浄化」にも，同種の暗い情念が映しだされている。紛争前のボスニアでは，言語も顔つきも変わらないイスラム教徒とキリスト教徒が，中世以降，入り混じって共生していた。どこで伝統的な紛争抑制のメカニズムが壊れたのか。突然変異なのか，それとも外部刺激によって民族感情が暴走した結果なのか。安直に「文明の衝突」や「宗教対立」に事をゆだねて納得するのではなく，紛争原因を研究していく必要があろう。

## 大国の介入

冷戦期地域紛争が国際的な性格をおびた原因として，米・ソの過剰な介入があったことに疑問の余地はない。両超大国は，抜きがたい猜疑心と，みずからの価値観を世界に広げるために，地域的な対立や反政府活動を利用した。アイゼンハワー（D. D. Eisenhower）政権（1953～61年）は，ある地域に共産主義政権の樹立を許せば，ちょうど将棋の駒倒しのように，周辺諸国も次々に共産主義化していくとの危機認識から，多くの地域紛争に"十字軍的使命感"をもって馳せ参じた。「ドミノ理論」（domino theory）とそれはよばれる。ラオス内戦支援（1958年）からベトナム派兵（1959～73年）にいたる介入戦略が，その典型的な例である。ベトナム戦争をつぶさにみたジャーナリストのハルバースタム（D. Halberstam）は，アメリカの犯した誤りを，こう総括している。

「これら一連の流れに皮肉があるとすれば，宗主国に対する植民地，白人に対する非白人の闘いのほとんどが，特に西側では反植民地主義，反新植民地主義というしかるべき文脈ではなく，冷戦の延長線上でとらえられたことだ。反共産主義ですべてをとらえようとするこうした枠組みで，アメリカは相手が民族主義者であることに気づかず，共産主義者と見て，敵と判断したのだ。さらに，これら諸国のほとんどすべてが西側からの離脱を求めたために，ソ連がその同盟国として立ち現れたのも，皮肉である」（『ネクスト・センチュリー』浅野輔訳，TBSブリタニカ，1991年）。

こうして，もともと民族独立が目的だったベトナム解放運動に，「共産主義革命の輸出」（米），「帝国主義の侵略」（ソ連）のレッテルが貼られ，「民主主義支援」，「民族解放支援」の名のもと，東南アジアに泥沼の戦場をつくるのである。ドミノ理論にもとづく

介入は中南米やアフリカでも試みられ、地域対立に悲惨な流血を強いることとなった。幻影におびえた点はソ連にしても同様で、アフガニスタン侵攻はじめ、ハンガリーの民族運動に弾圧を加えた介入（1956年）やチェコスロバキアの民主化要求「プラハの春」への戦車派遣（1968年）など、自由と公正を求める民衆の立ち上がりに、社会主義圏擁護を大義とする「制限主権論」（ブレジネフ・ドクトリン、Brezhnev Doctrine）を振りかざし容赦ない武力介入に踏みきった。冷戦期地域紛争には、このような超大国の利害が作用していることにも注目すべきである。「9.11以後」におけるブッシュ（G. W. Bush）政権の武力行使が、冷戦期と異なる文脈で把握されるべきはもとよりだが、とはいえ「テロとの終わりなき戦い」や「中東民主化構想」などの戦略目的に、あらたなドミノ理論が描かれていた側面にも注意をはらう必要がある。

### 武器の影

地域紛争に超大国が介入すれば、武力行使の引火点は低くなる。派遣された「軍事顧問団」の手に主導権が移り、「紛争抑制文化」の役割は後退する。摩擦から対立へ、対立から紛争へ、安易に挑発され、（当事者の意図とは）不本意に拡大させられる。そこに近代兵器が導入されると、残酷きわまりない様相となるのは容易に想像できる。第2次大戦後の地域紛争で死者の数が1995年までに2300万人にも上ったのも、戦線の定かならぬ狭い区域に、破壊力の大きな武器が過剰にもちこまれた「戦場と武器」の不均衡によるところが大きい（→巻末資料〔6〕）。じっさい、冷戦期の地域紛争には核爆弾以外、あらゆる兵器が使われた。ナパーム弾、クラスター爆弾、劣化ウラン弾、化学剤まで投下された。使用武

器のほとんどは，紛争国で「生産された」のでなく，外部から「供給された」ものである。ここでは，もっともありふれた兵器である地雷を例に，地域紛争と武器供給のつながりをみてみよう。

地雷廃絶日本キャンペーン編『地雷と人間』(岩波ブックレット，2003年) によると，世界各地に残されている対人地雷の数は，94ヵ国でおよそ2億3000個におよび，毎年約2万人の死者ないし負傷者を生みつづけているという。また，地雷廃絶日本キャンペーン編『対人地雷廃絶運動15年 1999–2014』では，1999年から2013年までの死者だけで31ヵ国1万4569人，負傷者4万3069人に上ると報告されている。手や足を失った生存者数は同時期22万3345人から35万7826人と推定される。過去20年間に100万人以上が地雷の犠牲になったとされ，カンボジア，アフガニスタン，アンゴラ各1000万個以上，モザンビーク200万個，ソマリア100万個……。地域紛争の古戦場には，おびただしい残留地雷がいまも「生きたまま」眠っている。こんな状態では，戦争が終わっても農民は畑に入ることができない。

カンボジアの場合，27種類の地雷が発見されているが，すべて外国製である。一番多い対人地雷は，プラスチック製で直径約8センチ，重さ150グラム，火薬量34グラムにすぎない。しかし農民の足1本吹きとばすには十分だ。犠牲者はすでに3万人。(単純に計算すると) 国民30人に1人が死ぬか障害者になっている。

1999年に「対人地雷禁止条約」(オタワ条約) が発効した結果，対人地雷は製造，貯蔵，使用の全段階で禁止された。2015年2月までに (日本を含む) 162ヵ国が条約を批准した。しかし保有地雷数が1億8500万個に達する36ヵ国は，いぜん「非締約国」で，禁止条約の枠外にいる。国連の常任理事国5ヵ国のうち中国，ロ

シア，アメリカは条約に加入していない。カンボジアにかぎらず世界94ヵ国で，地域紛争の置き土産が，今日も牙をといでいるのである。日本は，自衛隊保有の対人地雷すべてを廃棄したが，(アメリカが非締約国なので) 在日米軍基地に対人地雷が貯蔵される余地がある。

### 難民という犠牲者

地雷の例でわかるように，地域紛争は国土を荒廃させ経済発展を停滞させる。若い有能な人材が徴兵され，生産活動に従事できないばかりか，経済に占める軍事費の増大もまた国民生活を圧迫する。戦費調達のため基本作物であるコメや小麦よりココア，アーモンド，コーヒーなど国際商品が奨励され，国民は食物にさえ不足する。社会福祉や保健衛生に手が回るはずもない。「日本に生まれるということは77年間生きられることを意味するのに対し，エチオピアに生まれることは41年間しか生きられないことを意味する」(R. L. Sivard ed., *World Military and Social Expenditures*, 1989)。この指摘は，地域紛争によって人間の寿命に構造化された「飢えと兵器」の関係を表している。

また，難民の大量発生ほど地域紛争の悲劇を強く印象づける光景もないだろう。戦火を逃れさまよう人びとは，存在そのものによって理不尽な内戦に抗議しているかにみえる。ボート・ピープル (boat people) となって南シナ海に漂いでたベトナム難民，UNHCR (国連難民高等弁務官事務所) が支給した青いビニールシートのテントに身を寄せあう数十万のルワンダ難民，ハイチやキューバからアメリカをめざす「カリブ海の難民」，地中海の波打ち際に漂着した幼児の死体……。これらの光景が，地域紛争の終

着点を示す。UNHCR は，2016 年 6 月，15 年末時点での難民・避難民の総数が 6530 万人にのぼったと発表した。同時期，IOM（国際移住機関）は，2015 年中に中東などからヨーロッパに流入した難民・移民が 99 万人に達したと報告している。「難民の世紀」は，まだ始まったばかりなのかもしれない。21 世紀難民の典型例を，シリア内戦（2011 年〜）にみることができる。NGO のシリア政策研究センターの調査によれば，内戦で生じた難民の数は 419 万人，死者 33 万人とされる。ほかにも，2011 年，チュニジアの独裁政権崩壊を契機にした「アラブの春」と，そのゆりもどしともいえる混乱でエジプト，リビア，イエメンなどから多数の難民が国外に逃れ，ヨーロッパをめざした。

　もともと難民とは，「政治的迫害から避難する人」をさしていた。フランス革命で近隣諸国に逃れでたエミグレ（émigré，亡命者）が近代難民の始まりとされる。20 世紀に入って，ロシア革命による亡命者，ナチスの恐怖政治から逃れた人びとによって「亡命の現代史」が綴られた。これら人種，宗教，国籍，または政治的信条を理由に迫害される者を保護するため，「難民条約」が結ばれたのは 1951 年である。UNHCR はその救済を目的に設立された。しかし，冷戦下の地域紛争が生みだしたのは，難民条約が庇護を想定していなかった内戦難民や飢餓難民という受難者だった。数が桁違いに大きいだけでなく，紛争終結後も，生活再建の困難さや地雷への恐怖などの事情により帰国できない場合が多い。ここに，アルカイダ（al-Qaeda）や IS（Islamic State）といった「非国家主体」（non-state actors）武装勢力からの危害を逃れる，あらたな難民が加わった。これらの人びとと国際社会はどう向きあうのか。人道上の見地はむろんのこと，構造的な視点か

ら解決策が提示されなければ、地域紛争の再発防止には役立たない。

## 4 冷戦後の地域紛争

### 社会主義共同体の崩壊

米・ソ（ロ）による核軍拡競争の停止が「人類絶滅」の脅威を減少させたのは確かである。しかし、イデオロギー対立の枠組みが、社会主義共同体の崩壊により消滅した裏面で、それまで隠されていた主権国家内部の"小さな摩擦"が表面化することとなった。いま火を噴いている地域紛争の多くは、東西冷戦という氷河に閉じ込められていた矛盾が"解凍"され、南側世界で"ガン化"、うごめきだした結果だと理解できる。権威主義的なイデオロギーの求心力が失われ、国家の統制力が弱まったことが影響していよう。すでにみたように、地域紛争の多発は冷戦後特有の現象ではない。おびただしい死者と難民を20世紀国際社会はつくりだしてきた。その観点に立てば、全面核戦争の脅威が遠ざかったことで、地域的な紛争が"相対的に"大きく映るようになったにすぎないともいえる。だから、あらたな状況を過大評価して「文明の衝突」などと危機をあおることは避けなければならないが、といって、そこから目をそむけることが危険であるのもいうまでもない。従来なかった紛争要因がそこに表出しているからである。アルカイダやISの出現が、それを示している。

冷戦後の地域対立は、民族紛争の内部化、原理主義（fundamentalism）および「非国家主体」という当事者の台頭というキーワードに還元できよう。国民国家に対する、固有の宗教や文化的基

盤に立つ民族集団側からの反乱であり，かつ反近代，反西欧の価値観および，（おもに）イスラム教の価値岩盤を有している点に特徴がある。前に「自立への希求」でみたナショナリズムへ向かうエネルギーが，今日，より細分化，個別化され，「エスノ・ナショナリズム」(ethno-nationalism) となって「北側世界」に噴出しているのである。まず冷戦後の"余震"からみていこう。

ユーゴ連邦共和国の解体過程——クロアチア内戦からボスニア・ヘルツェゴビナ内戦をへてコソボ紛争にいたる1991年から99年の流れ——に，その典型例が見出せる。ここでは社会主義政権時代に推進された複合民族（セルビア，クロアチア，ボスニア，スロベニア，マケドニア，モンテネグロ）を「社会主義イデオロギー」にもとづき統合してきた一元体に，民族集団から離脱要求が突きつけられ，そこに宗教的な自己再認識（キリスト教，イスラム教，ロシア正教）が絡まりあって，混沌状況が形成された。旧ユーゴの建国指導者チトー（J. B. Tito）は，多民族国家の維持にあたり，ソ連に対しては「自主管理社会主義」，西側に向けては「非同盟中立」路線を掲げ，国家統合のアイデンティティとしてきた。だが，チトーの死（1980年）とそれに続く冷戦の終焉により，体制統合の求心力が失われた結果，人為的な国民国家は内側から瓦解へと方向づけられたのである。

旧ソ連＝ロシア各地でも，国家と民族の関係は流動化した。それは表層の現象にとどまらず，マグマ活動にも似た地殻変動をともなっているがゆえに，"液状化"と表現したほうがよいかもしれない。バルト三国（ラトビア，リトアニア，エストニア）に続き，ウクライナとベラルーシが，さらに南部イスラム共和国（トルクメン，キルギス，ウズベク，カザフなど）へと分離の流れは拡大，

1991年，15共和国からなる「ソビエト社会主義共和国連邦」は崩壊した。解体はその後さらに進み，ロシア共和国内のチェチェン自治共和国にも自立要求は波及した。国民国家の正統性に民族集団の文化的・宗教的復権を対置させた旧ソ連における破壊活動は，ロシア各地に火薬庫さながらの爆発力をもたらした。

こうした動きに，ソビエト連邦の後継国家・ロシアでは，2000年にプーチン（V. Putin）が「大国ロシアの再興」を掲げ大統領に就任し，ロシア国民の愛国感情をあおりつつ，チェチェン紛争に仮借ない軍事介入を行う一方，2014年には，ウクライナ南部クリミア半島を自国領に編入するなど"逆流"も続いている。ここには「再併合」，ないし「再植民地化」という兆候がみえる。

旧ユーゴや旧ソ連の事態は，冷戦期，超大国と国連体制がともに依拠し，さらに20世紀国際社会の土台ともなってきた国民国家という概念に，より小さな民族集団からの異議申立てと受け止められる。また，イラクとトルコで進行中のクルド人による独立国家樹立闘争も"液状化"現象の例であるが，とりわけ注目すべきは，当事者としての「非国家主体」勢力の登場だろう。

### 原理主義の挑戦

「イスラム原理主義」は，国際政治の周辺地帯から，国民国家に「祭政一致」を復権させる運動として提起された。そうした価値観の最先端に立つISやアルカイダの出現は，国際関係にとって寸刻を許さない解決課題として眼前にある。「非国家主体過激派組織」とよばれるISは，みずからを「イスラム国」と名乗り，シリア・アサド政権に対する交戦当事者となる一方で，人質の斬首をインターネットで公開し，ロシア旅客機を爆破，パリでの無

差別テロを実行して世界を震撼(しんかん)させた。ナイジェリアで活動するボコ・ハラムも含めた，これら非国家主体過激組織の活動は，それまで通用してきた領域・人民・主権からなる「国民国家」に挑戦する「神権的権力」(theocracy)であり，従来の統合原理により解明することはできない。IS によるシリア内戦と無差別テロ，その結果生じた，"民族移動"にもたとえられる難民の欧州流入は，EU 諸国の域内政治にも衝撃をあたえ，国際政治全体に対する新しい問題提起の場となっている。

　イスラム原理主義の発祥はイラン革命にさかのぼる。1979 年，シーア派指導者ホメイニ(R. Khomeini)に率いられたイラン革命(イラン・イスラム共和国成立)の成功以来，原理主義運動は中東から北アフリカを基盤に着実に地歩を占めた。アルジェリアやエジプトで「アラブの春」を引きおこす勢力となり，パキスタン，トルコにおいても無視できない力に成長した。この一帯がエネルギー資源の産地であることを考えると，その消長は世界を揺るがす影響力をもつ。同時に，イスラエル建国(1948 年)後，生地を追われたパレスチナ人の苦境が，イスラム原理主義者に共通の目標を与え，結束の養分となったこと，また，フセイン政権崩壊後のイラクにおける占領米軍の存在が，「ジハード」(jihād, 信仰のための戦い)に格好の標的とされたこと，これらが，本来局地的・土着的であったイスラム原理主義を世界化・都市ゲリラ化させる結果を招いたという背景も観察しなければならない。

　イスラム原理主義のなによりの特徴は，激しい反近代，反西欧感情であろう。聖俗一致を信条とするイスラム教徒にとって，もともと世俗国家への忠誠心より，コーラン，アラビア語，部族への帰属意識のほうが強い。20 世紀に入ってトルコのアタチュル

ク（M. K. Atatürk）がはじめた聖俗分離にもとづくイスラム近代化路線は，トルコでは成功しエジプトでもある程度定着したが，アラブ地域社会全体に受けいれられたわけではなかった。ホメイニが率いたイラン革命は，イスラム原理主義再結集の合図となった。イスラムの教義が，国家の枠組みより宗教や部族との絆を優先するものであることも，原理主義運動に国境横断的な広がりを促進させる基盤となった。その意味で，米軍によるイラク占領後の"脱土着・世界化現象"は予告された事態であったということができる。

原理主義者の体制攻撃は，アフガニスタンにおける侵攻米軍への執拗な攻撃として現在つづいており，さらにアジアにおいても，最大のイスラム人口をもつインドネシアで，外国人に対する襲撃や爆弾テロ（バリ島 2002，05 年，ジャカルタ中心部 16 年 1 月）が起こるなど，社会緊張を生んでいる。この「反米」というシンボルを得た原理過激派の運動が，今後，サウジアラビア，アラブ首長国連邦などの王制国家——改革を嫌う親米保守派の領域ではあるが，敬虔なイスラム教徒が多数を占める国々——に波及すれば，イスラム諸国の地域対立は頂点に達し，かつ国際紛争としての性格を帯びずにはおかないだろう。

### 核 の 拡 散

21 世紀国際関係で（引きつづき）懸念されることに「核の拡散」がある。冷戦終結により，全面核戦争＝人類共滅の恐怖が去ったとはいえ，「地域核戦争」や「核テロ」の恐怖は，より現実の問題となっている。核兵器製造が，どの国にも手の届く技術となり，また，多くの国でエネルギーのため原子炉を稼働させているため

だ。そこでは次の「核時代の公理」が働く。すでに70年前から「原爆」と「原発」が表裏の関係にあると指摘されていた。「原子力を爆弾のために開発することと，原子力を平和目的のために利用することとは，その大部分において交換可能であり，かつ相互に依存している」(「アチソン・リリエンタール報告」*The Report on the Internationl Control of Atomic Energy*, 1946)。

核爆弾が核保有国から第三国に供与されることはありえない。しかし，発電用原子炉の輸出は積極的に行われる。つまり「間接的な核拡散」による潜在核武装能力の増大はつねに続いている。受け入れ国の意図しだいで，原子炉は電気をつくるにも，核爆弾の原料生産にも利用できる。平和目的を明確にするには，政府の公明正大さと情報公開が不可欠であるが，独裁政権の場合，信義，透明性どちらも欠けている場合が多い。そのことを実証したのが，朝鮮民主主義人民共和国（北朝鮮）の核開発過程である。この国は1980年代中期，当時のソ連から発電用原子炉を輸入したのだが，韓国やアメリカの眼にはそれが核武装への着手と映った。北朝鮮は，原爆，原発2枚のカードを操りながら国際世論を翻弄し，核兵器保有の目的を達成した（2016年までに4回の核爆発実験を実施）。以後，運搬手段（弾道ミサイル）の開発を急いでいる。

核軍縮についての保有諸国の不熱意も，「持たざる国」を刺激する要因である。NPT（核兵器不拡散条約，1970年発効）は，核保有への新規参入を禁止する一方，条約締結以前の「核兵器国」（米・ロ・英・仏・中）には継続保有を認めた。この二重性が，核秩序形成の実現をそこねる結果につながった。領土問題で対立するインド，パキスタン両国は，NPTへの加盟を拒否，1998年に相いついで核実験を実施，「核保有宣言」した。おなじ非締約国の

イスラエルが核保有国であることも公然の秘密とされる。

イラク戦争のきっかけとなった「核開発疑惑」(事実無根であった)，また，イランの核保有（2015年，国際査察の基本合意がなされた）にしても，根底にあるのは2つの二重基準──「先発国＝OK，後発国＝NO」「原爆＝NO，原発＝OK」──という大国側の矛盾したふるまいである。

新興国の核への接近は，当然，地域紛争時における使用機会を増大させる。そればかりでなく，冷戦終結とともに大量にあふれ（とくにロシアにおいて）管理体制に緩みを生じた小型核兵器が，第三国の手にわたる事態も起こりうる。核と地域紛争，核とテロリズムの合体は，国際社会が直面する最大の悪夢だといえる。

米オバマ大統領は，就任直後，「核なき世界演説」を行い，核廃絶に大きな希望を与えた（2009年，同年ノーベル平和賞受賞）。しかし，『SIPRI年鑑2013年版』が「5大核保有国はすべて，新型核運搬手段を配備し，核兵器を無期限に保有することを決意しているようにみえる」と分析していることを知ると，「核なき世界」実現には，さらなる努力が必要だといわざるをえない。


## 5　解決への展望

### 構造的暴力の視点

地域紛争の視点から国際関係をみるとき，まずそこに映るのは，紛争原因の根底にある「貧困と格差」という現実だろう。個々の紛争に個別の理由があるのはいうまでもないが，地球儀を回してみてまず目に入るのは，「豊かな国」と「貧しい国」のあいだに立ちはだかる急激な斜面である。その不平等構造を理解すること

が，地域紛争認識の第一歩となる。戦争なしにすんだ「東西冷戦」と，2300万人の死者をもたらした「南北熱戦」が20世紀後半に同時進行したのは，南側世界の貧困と抑圧が「下部構造」となっていたからにほかならない。地域紛争の多くは，"冷戦のガス抜き"ともいえる「強いられた戦争」であった。

ノルウェーの政治学者ガルトゥング（J. Galtung）は，平和について考えるさい，暴力の定義に「構造的暴力」という概念を加えた。彼は，暴力の直接的行使＝戦争（したがってその反対概念が平和になる）という狭い意味にとどまらず，暴力の間接的・消極的作用（貧困，差別，抑圧，検閲，不正）も暴力概念に組みいれるべきと主張する。「構造的暴力が存在する状態を社会的不正義と呼ぶ」とガルトゥングはいう（高柳先男ほか訳『構造的暴力と平和』中央大学出版部，1991年）。地域紛争の根源に，大状況としての「国際的な不正義」＝南北格差，内的要因としての「間接・消極・心理的暴力」＝独裁・非民主的政権，貧困・差別などが介在しているのはまちがいない。いずれも根は国際社会全体にあり，矛盾の累積が紛争原因を形づくるのである。そこで，地域紛争について研究するとき，個々の事例分析や原因追究とともに，背景や構造に着目することが大切な視点となる。それ抜きに解決への展望は語れない。植民地主義の遺制，資源戦略，冷戦の遺産など「本質的に地域に属さない」側面の研究も重要である。そこにはおのずと「経済大国日本」のさまざまなすがたも現れるであろう。

### 国際関係と国民国家・民族

国民国家と民族の関係も，ますます大きなテーマとなる。世界のなかで，日本のような，明確な領域（海で国境区分された国家）

に，おもに1つの民族が居住し，同じ言語を使う国のほうが「異常」なのだという前提をわきまえておく必要がある。アジア諸国もほとんどが複合・多民族国家である。移民や難民，労働力の国際移動も国家と民族関係を揺さぶる。さらに，東アジアには分断国家（南北朝鮮，中国と台湾）という地域問題も存在する。スプラトリー諸島や尖閣諸島なども無視できない。それらが発する摩擦と緊張を紛争や武力行使にいたらしめないためには，「安全保障環境の厳しさ」や「集団的自衛権の必要性」といった安易な言説に寄りかかるのでなく，根源的な問題探求――文化の多様性（diversity），共通の安全保障（common security）や人間の安全保障（human security）――の観点が必要になってくるだろう。

　国際関係は，世界貿易の拡大や国境を越えた企業活動などにより，さらには瞬時の情報伝達や大量交通手段の発展によって相互依存をいっそう深め，緊密化と統合化へ進んでいる。EU（欧州連合），ASEAN（東南アジア諸国連合）がその例である。逆に，だからこそ，埋没の危機感に駆られた小さな国家や民族集団が自己存在の確認からの異議申立てをするのであろうし，またそれゆえに，かつて植民地宗主国に「民族自決」の理念で相対した若い国民国家が，こんにち国内の「少数民族抑圧」に転じるという歴史の逆説も生まれる。国民国家への疑問＝ethnocentrismの台頭と，経済・情報の国際化が推し進める国境の消滅＝borderlessの同時進行……。現在の国際関係と国民国家は，この2つの相反する潮流にもまれて揺らいでいるのである。21世紀の地域紛争研究は，これら新しいテーマを見据えながら問題解決の方法を探っていくところに新領域があると思われる。

# 第5章

# 国際政治と国際経済の連動

## 1 国際政治と国際経済

　現代の国際関係をみてみると，どの側面に焦点をあてるかによって異なる見方ができる。軍事的な安全保障をめぐる各国間協議や国連での討議などでは，依然として主権国家が国際関係の主要な主体であり，国際関係は主権国家間の関係として映ることだろう。他方，ヒト（移民，外国人労働者，留学生，難民など），モノ（原材料，消費財，サービスなど），カネ（株，債券，援助資金など），情報などの国境を越えた交流は，ますます増大している。とくに，貿易や資本移動などの経済的交流は活発であり，市場は世界的に拡大し，個人，企業，社会は市場をとおして互いに深くかかわっていることがわかる。すなわち，「経済のグローバル化」といわれる経済的側面に着目して国際関係をみると，国境が消滅し世界は1つの市場にまとまっているかのようにみえる。

　しかし，現実の国際関係は国家間関係のみでとらえることができるほど単純ではないし，また，国際社会において国境が意味をもたなくなり，主権国家が消えさって，世界が一体化しているわ

けでもない。現代の国際関係は，主権国家によって区切られた国際政治と国境を越えて広がる国際経済という異なる側面をあわせもっているのである。したがって，現代の国際関係をよりよく理解するためには，国際政治と国際経済がどのように連動しているのか，そして，連動がどのような問題を国際関係に提示しているのかを知ることが必要なのである。伝統的な国際関係の見方では，国家間の関係，国家と国家間組織の関係が国際関係とみなされていたが，第2次世界大戦後，国境を越える経済的交流が増大するにつれて，国際経済と国際政治が密接に関係することが明らかになり，国際関係はあらたな様相を呈するようになった。とくに1960年代後半以降今日にいたるまで，経済的な相互依存といわれる状況が急速に進展し，経済的交流が伝統的な国家間関係に変容をもたらしていることが明らかになった。

　本章では，まず，経済的な交流の増大が国際関係にどのような変容をもたらしたのかを具体的にみることにする。つぎに，経済的な交流が主権国家間の関係にもたらす変容を説明する主要な理論的枠組みを紹介し，最後に，経済的交流が国際関係にどのような政治的な課題を提示しているのかを考察することにする。


## 2　連動の実態

### 戦後国際経済体制

　貿易や金融といった経済的な交流は，現代の国際関係にのみ生じているわけではなく，近代主権国家システムが17〜18世紀にヨーロッパに成立する以前から存在していた現象である。しかし，主権国家システムの成立後，国際的な経済交流は国境により国家

が管理するようになった。国際的な経済交流を阻む国家の障壁を下げることを多国間で協調的にめざしたのは，第2次大戦後に構築された国際経済体制（ブレトンウッズ体制）においてである。

ブレトンウッズ体制*は，1930年代の保護主義的なブロック経済が第2次大戦を引きおこした要因の1つであるとの反省に立ち，「自由，無差別，多角的」な経済交流をめざした自由主義経済体制として，英米が主導して設立された。国際関係の安定には国際的に自由な経済交流の保障が不可欠である，との認識が生まれた結果であった。

> ＊　連合国通貨金融会議が開催されたアメリカのニューハンプシャー州ブレトンウッズの地名にちなんだ，IMF（国際通貨基金），IBRD（国際復興開発銀行，世界銀行グループの最初の機関），GATT（関税と貿易に関する一般協定）を中心とする体制の通称。

ブレトンウッズ体制には2つの特徴があった。1つは，圧倒的な経済力を有するアメリカを中心にして構築され，米ソ間の冷戦が深刻化するにつれて，共産圏諸国に対抗する資本主義諸国間の経済体制として発展したことである。資本主義諸国は，アメリカの主導のもとに，IMFやGATTなどの国際機構に加盟し，関税の引下げ，為替管理・資本移動制限の緩和などを推進した。アメリカの強大な経済力に支えられた体制であった。

もう1つの特徴は，自由主義経済体制といっても，雇用の確保，物価の安定，経済成長などの各国個別の経済目標の達成のためには，政府が国内市場に介入することが容認されたことである。各国政府は，国際的には財や資本の自由な流れを保障する多国間の制度の構築に関与しながら，国内的には経済政策を独自に決定し，時には市場に介入して福祉国家の樹立に専念することができた。

このような特徴をもつ国際経済体制において，日本や西欧諸国は，1960年代までには戦災からの復興をとげ，経済成長を達成することができた。また，さまざまな国家間の障壁の低減により，モノとカネの国際的な流れは，戦後急速に増大した。たとえば，工業品に対する平均関税率は1947年には約40％であったのが，GATTの多国間の関税交渉の結果，60年代後半にはすでに10％以下になり，90年代には4％台にまで低下した。世界の貿易額は，1990年代のはじめには60年の6倍以上に増加した。国際的な資本移動も，為替や金融の自由化などによって促進され，その伸び率は1980年代には世界貿易の伸び率を大きく上まわるまでになった。

### 国際経済の政治化現象

　1960年代なかば頃まで，国際関係での重要な問題は，冷戦構造における軍事的な安全保障であり，経済的問題が国際関係で問題化することはほとんどなかった。なぜなら，国際経済は順調に発展し，貿易・通貨関係は各国間で比較的調和していたからである。国際関係において経済は政治から切り離され，実務的に処理されることが多く，深刻な国際問題となることはなかった。

　しかし，1960年代の後半以降，国際関係において経済的問題が政治とは不可分であることを示すできごとが次々に起こった。第1に，1971年のニクソン・ショックとよばれる，アメリカによる金とドルの交換停止措置である。これは，国内でのインフレと国際収支の赤字に直面したアメリカが，ブレトンウッズ体制の根本的な原則であった金とドルを中心とした固定為替相場制（為替レートの変動をほとんど認めない制度）を，みずから崩す行為であ

った。これは，アメリカの圧倒的な経済力に陰りがみえてきたことを示すものであった。第2のできごとは，1973年の石油危機（オイル・ショック）である。アラブ産油諸国が，第4次中東戦争（1973年）に関連して，イスラエル寄りの国に打撃を与えることを目的に原油価格の引上げや原油の輸出禁止措置を一方的に行い，原油という商品の供給を政治的な目標達成のための手段として用いたものであった。

　ニクソン・ショックや石油危機にみられる一方的な政治的措置は，経済的な結びつきを強めていた他の諸国の国内経済に深刻な影響を与えたため，各国の経済が緊密に関係していること，すなわち，相互に依存している状況を明らかにした。また，通貨や貿易などの経済問題が，政治・外交問題と同様に国際関係の安定にとって重要な要素であることが認識されるようになった。

　これらのできごとは，戦後国際経済体制の安定，協調のために自由な経済的交流の拡大がめざされてきたにもかかわらず，経済的交流が増大するにともない，主権国家間に対立が生じるのではないかという疑問を生んだ。

### 経済的交流をめぐる対立——経済摩擦・格差問題

　経済的交流の増加が対立をもたらした例としては，まず，1960年代後半以降，たびたび生じた先進諸国間の経済問題をめぐる摩擦があげられる。日本や西欧諸国が経済復興を果たし，アメリカを上まわる経済成長をとげるようになり，アメリカの経済力が相対的に低下したことが背景にある。摩擦の典型的な例が，1990年代にピークを迎えた日米間の経済摩擦である。アメリカの対日貿易赤字が拡大するなかで，日本の対米輸出が増加したため，日

米間には恒常的に摩擦が生じた。1990年代には,市場開放や金融などの貿易以外の分野の自由化をめぐる対立までに至った。2000年代に入ると,アメリカの最大の貿易赤字相手国は中国となり,米中間でも知的財産権の保護や人民元のレートをめぐる経済摩擦が生じるようになった。

　経済的格差の問題も,経済的交流が増大するにつれて国際関係における対立の原因とみなされるようになった。1960年代に指摘されるようになった先進工業国と発展途上国との間の経済的格差,いわゆる「南北問題」は,当初,世界経済の発展によって是正されると考えられた。しかし2度にわたる石油危機や途上国の累積債務問題の発生により,格差は縮小せず,途上国側から先進国中心の戦後国際経済体制への不満が増大した。

　途上国のなかでも,1970年代以降の石油産出国,90年代以降の香港,シンガポール,韓国,台湾などのNIES(新興工業経済地域),2000年代以降のBRICs(ブラジル,ロシア,インド,中国)など,高い経済成長をとげる国が増えた。これらの国々が台頭してくると,環境や自由貿易をめぐり,環境対策や自由化を促進する先進国と開発を優先する途上国との間で政策は対立することが多くなってきた。

　また,先進工業国と最貧国(サハラ砂漠以南のアフリカの国が多い)との格差は拡大している。冷戦後,内戦が増加しているが,貧困国で内戦が勃発する傾向にあるため,貧困と紛争との関係が国際関係の安定という点から重視されるようになり,開発が重要な国際的課題となった。

### 経済的交流をめぐる協調——国際制度・地域統合

　経済的交流が活発になると国家間関係に対立や摩擦が生じることが明らかになったが，他方，国家間の協調的な関係も促進してきた。国際制度や経済的な地域統合は，その例といえる。

　1960年代後半以降，戦後国際経済体制が動揺し，経済関係の安定を多国間で図ろうとする動きが生じた。1975年には，国際経済全体の問題を主要先進国間で話し合うためにサミット（主要先進国首脳会議）が開催され，現在にいたるまで毎年開かれている。冷戦後にはロシアが加わり，G8となったが，2014年のロシアによるクリミア併合・ウクライナ介入に反対したG7諸国は，ロシアを招待せず，G8からG7に回帰した。

　貿易に関しては，GATTを中心にして1990年代のウルグアイ・ラウンドにいたるまで，自由貿易体制の制度化が進んだ。関税障壁の引下げだけでなく，GATT設立時の例外規定（農産物保護やセーフガードなどの保護主義的措置）にも自由化原則が適用されるようになった。1995年には，GATTにかわりWTO（世界貿易機関）が設立され，GATTに比べて紛争処理手続きがより明確に定められた。自由貿易に関する国家間の協力は強化されたが，2001年に始まったドーハ・ラウンド*の交渉は，それまでの交渉に比べ長引いている。

> ＊　GATTではウルグアイ・ラウンドまで8回の多国間貿易交渉が行われた。ドーハ・ラウンドは，WTO初の多国間貿易交渉である。正式にはドーハ開発アジェンダとよばれ，貿易を通じた途上国の開発が最重要課題の1つであり，鉱工業，農産物，サービスの自由化に加え貿易円滑化等のルールについての協議が進められている。

　ニクソン・ショックにより大きく動揺した国際通貨関係に関し

G7伊勢志摩サミット　記念撮影におさまる各国首脳
（2016年5月26日）（朝日新聞社提供）

ても，1970年代以降，多角的な協調体制ができた。変動相場制への移行後，各国経済が金融の相互依存関係を強めるなかで国際通貨関係の安定を図るためには，各国間の協調的な政策が不可欠であるとの認識が各国で共有されたからである。その結果，G5（先進5ヵ国〔日本，アメリカ，ドイツ，イギリス，フランス〕蔵相・中央銀行総裁会議），G7（先進7ヵ国〔G5とイタリア，カナダ〕蔵相・中央銀行総裁会議）などの定期的な協議が定着するようになった。2008年に起こった世界金融危機後は，世界経済に影響を与えるようになった新興経済諸国を含むG20が国際制度として重視されるようになり，あらたに首脳会議を開催することになった。先進諸国間だけでなく，高成長をとげる途上国を含めた枠組みでの協調が国際経済の安定に必要であることを示している。

　地域統合の動きも，経済的交流の増大により政治的協調関係が

推進された事例と考えられる。地域統合は世界のさまざまな地域で試みられているが，EU（欧州連合）の統合がもっとも進んだ。1950年代からめざされたEC（欧州共同体）の市場統合は，60年代なかばに頓挫しながらも，90年代初めにはヒト，モノ，資本などの移動が自由な単一市場が設立され，欧州中央銀行の設立（98年），単一通貨ユーロの流通（2002年）が実現した。経済における統合は，政治的な協調関係を促進し，1993年のマーストリヒト条約（欧州連合条約）の発効により，共通外交・安全保障政策，司法・内務も含む協力の枠組みが構築され政治統合を進めた。

1990年代にはヨーロッパ外でも，北米自由貿易協定（NAFTA），南米南部共同市場（メルコスール）などの経済協力の地域的枠組みがつくられた。世界的に自由貿易協定（FTA）は急増し，多数の国を含むメガFTAとよばれる枠組みがめざされている。アジア太平洋地域では，TPP（環太平洋パートナーシップ）やRCEP（東アジア地域包括的経済連携）などがある。

## 3 連動をとらえる枠組み

国際関係では経済と政治が連動するようになり，あらたな問題をもたらすようになったが，この連動はどのようにとらえることができるのだろうか。連動をとらえる主要な見方をみてみよう。

**自由主義経済**

自由主義経済は，戦後の国際経済体制（ブレトンウッズ体制）の前提となった考え方である。スミス（A. Smith, 1723～90年：イギリスの経済学者で主著は『諸国民の富』）やリカード（D. Ricardo, 1772～

1823年：イギリスの経済学者で比較生産費説を唱えた。主著は『経済学および課税の原理』）などが構築した古典派経済学にはじまり，自由な市場と経済交流に対するできるだけ少ない国家の干渉を理想としている。自由主義経済の主要な考え方は，自由な市場が保障されれば，希少資源から最大の生産物を得ることができるため，市場に参加する者は市場に参加する以前に比べなんらかのより多くの利益を得ることができるというものである。このため，参加者は利益を得られる関係を維持しようとするため，参加者間の関係は「予定調和的」に協調していくとみなされる。この見方では，経済関係は参加者のだれもがなんらかの利益（絶対利得）を得ることができる関係である。貿易などの国際的な経済交流が自由に行われれば，国家は相互に利益を得ることになり，国家間関係は協調的になるとみなす。すなわち，自由な経済交流が増大すれば，協調的な国際関係が築かれると考える。

戦後国際経済体制のもとで，モノや資本移動に対する障壁を取りのぞく努力がなされたのは，根本的には自由な経済関係が国家間に協調，ひいては平和をもたらすという自由主義経済の考え方が支持されたからであった。しかし，1970年代以降の経済摩擦の発生，国家間や国内での経済格差の拡大にともなう対立の局面が現れると，自由主義の見方が，富の分配の不均等性から生じる問題に十分な関心を払っていないとの批判が生じている。

**新機能主義**

新機能主義は，機能主義から波及した考え方である。機能主義とは，国家主権と抵触しない非政治的な問題領域（たとえば保健衛生，通信など）において，国家間の協力関係が形成されやすい

という点に着目し、経済や社会などの分野での機能的な国際組織の設立をとおして、機能的な協力関係ができるとする見方をとる。新機能主義は、ハース（E. B. Haas）らが提唱し、国際組織の役割を重視する機能主義の考え方に立ち、非政治的な分野での協力関係（国際組織、国際的取決め）がいったんできあがると、他の領域に自動的に波及するという「スピル・オーバー」（波及）という概念を生みだした（*The Uniting of Europe*, 1958）。

　新機能主義の考え方は、経済的な統合が政治的な統合を促進するという統合論を導くものであり、国境を越えた経済的交流の増大が契機となって、政治的な協力関係に発展する可能性を積極的に評価する。しかし現実には、経済的統合が政治的統合を促進している事例は、現時点では EU など数少ない。EU においても、スピル・オーバーが現実的に生じているかどうかは議論が分かれるところである。

### 新重商主義

　自由主義経済や新機能主義の見方は、経済的交流が増大することによって国家間関係に相互利益にもとづく協調が生まれる可能性を重視したが、国家間関係の対立の局面を説明しようとするのが新重商主義の見方である。重商主義は、18 世紀の絶対主義国家が富を追求するために行った国家主導の政策をさすが、現代では、国家が国家の目標を達成するために経済的交流に介入する政策は新重商主義とよばれている。国内産業を輸入から保護する保護主義的政策はその典型である。新重商主義は、経済的関係を、だれかが利益を得れば必ず他者が損失をこうむるというゼロ・サム関係としてとらえることに特徴がある。政府は自国の経済的利

益を守るために市場に介入し，独自の政策を追求するので，経済的関係は本質的には対立的であるととらえる。国際関係において経済的交流が増大すると，国家は他国よりできるだけ多くの利益（相対利得）を経済的交流から得ようとして行動するため，保護主義的な政策をとることが多くなる。その結果，国家間関係は対立的になっていくと考える。

このような国家を中心とした見方は，世界経済が発展しているときには抑制されてきたが，世界経済の成長が鈍化し，各国の経済が停滞するようになると，広くみられるようになる。アメリカの経済力が相対的に低下するにつれて，自由主義経済の主要な推進国であるアメリカにおいても，国内的に新重商主義の見方が台頭したのは，その例である。途上国では，政府が経済成長を強く主導することがあり，政府が市場に介入する度合いが高い重商主義的政策をとることがみられる。

## 4 連動が提起する問題

国境を越えて経済活動が広がると，国家間では経済的交流をめぐって協調的な側面と対立的な側面の双方が現れることを指摘した。では，経済的交流の増大が国際関係において，どのような政治的課題を提示しているのだろうか。

### 国際関係の多様化

経済的な交流の増大が国際関係にもたらした変容として，第1に，国際関係の主体が多様化したことがあげられる。経済的交流が活発であっても重商主義の時代のように，国家が交流の主体で

あった時代もあるが、現代の経済交流の主体は、国家にかぎられるのではなく、企業や個人も主体である。国家が後景に退いたわけではないが、国家以外の主体、すなわち、企業、個人、政府間組織、地方自治体、非政府組織（NGO）なども、経済的交流を支えるあらたな担い手として国際関係に登場するようになった。このような非国家主体の活動は、ますます活発化している。

国家以外の主体の活動が活発になるにつれ、国際関係は政府と政府の関係にかぎられるものではなくなり、多元的になった。すなわち、政府と企業、企業と企業、企業と個人などのあらたな関係が国際関係に現れるようになったのである。企業を例にとってみると、もともと国内で活動していた企業も、経済的交流に対する障壁が低下するにしたがって、海外により有利な立地条件を求めることが可能になった。日本企業も、従来、多国籍企業とよばれるものは一部の大企業にかぎられていたが、現在では、中小企業もふくめて生産拠点を海外にもつ企業は多く、企業がある特定の国家に帰属するものとは考えにくくなってきた。

そして、このような多元的な関係が「経済的相互依存」とよばれる状況をもたらしている。経済的相互依存とは、経済的交流をとおして国際関係の主体がそれぞれ連動し影響しあう状況である。より具体的にいえば、経済的相互依存とは、多元的な経済的交流により、国際経済における変化に国内状況が敏感に反応し、また、ある国の国内経済で生じたことが他国の国内経済、経済政策に影響を与える状況をさす。経済的交流の増大により、国家と国家はより多面的に関係するようになったのである。コヘイン（R. O. Keohane）とナイ（J. S. Nye, Jr.）は、先駆的な研究において、このような状況を「複合的相互依存」という概念を用いて指摘した

(*Power and Interdependence*, 1977)。

　国際政治の伝統的な見方では，国家は領土や軍事的優位を求めてゼロ・サム的に対立するものとしてとらえられていたが，経済的な相互依存状況が進展すると，それぞれの主体間の関係は複雑になり，非国家主体が国家間関係に影響を与えるようになった。非国家主体が，利害の一致をみることができれば，国家間関係を協調的に導く可能性がある。自由主義経済や新機能主義の見方は，この点を強調している。また，非国家主体が経済的交流から相互に利益を得ることが困難になると，利益の保護を政府に求めることも考えられ，この場合は非国家主体が国家間に摩擦を生じさせる。

　このように現代の国際関係は，国家と国家以外の関係が多様化している。経済的交流をめぐる国家間関係を理解するには，多様化した主体間の関係を解き明かしていくことが必要になる。

### 経済的相互依存と国家

　経済的交流が増大するにつれ，国家そのもののあり方にも変化が現れている。第1に，経済的摩擦や対立の管理，調整に政府が果たす役割が高まっていることである。1970年代以降の経済摩擦の頻発は，相互依存状況が進展すると摩擦の発生が避けられないことを示している。摩擦を調整し，協調的な関係をどのように築くかが，国際関係において重要な政治的課題となっている。国際関係には，前述したように多様な主体が登場しているが，国境で経済的交流をコントロールできる正統的主体は，依然として国家である。

　経済的な交流をめぐり頻繁に摩擦が生じると，交流を管理し，紛争を処理するための国際的な枠組みの活用や整備がますます重

要になってきた。GATTやWTO，IMF，世界銀行などの国際機関，EUやASEAN（東南アジア諸国連合），NAFTAなどの地域的制度の役割は増大している。このような制度の構築に大きく関与しているのが国家である。経済的交流が増大すると，国際関係が「ボーダーレス」となり，国家の存在は希薄化するという見方があるが，経済的な交流の管理，調整という点において，国家は消えさるどころか，かえって大きな役割を担っている。

　他方，経済的相互依存状況では，短期資本の移動などの経済交流の管理を一国単位で行うことはしだいに困難になっている。円高期に，日本一国の外国為替市場への介入がほとんど円高を食いとめられなかったことをみても，このことは明らかである。したがって，経済的交流の増大が摩擦を引きおこさないようにするには，各国が共同して交流の管理を行う必要がある。ここで重要なことは，国家間での摩擦の調整が行われる場合，調整の対象は，経済的交流が増大するほど国家独自の機能にかかわる分野に移っていき，国家の自律的な機能を制限する方向に向かうことである。GATT・WTOを例にとると，元来は関税障壁を対象としていたのに，1980年代以降は非関税障壁や国内の制度の規制緩和をも対象とするようになってきた。

　経済的相互依存が国家にもたらした変容として，第2に，国家にとって自国の政策決定の自律性を維持することがむずかしくなってきたことが指摘できる。戦後の国際経済体制において，各国は福祉国家をめざし，国内の経済目標（雇用の確保，物価の安定，経済成長など）を達成するために市場に介入することができた。国家は自国の福祉のみを考えて自国の政策を決定することができたが，このことが他国とのあいだに摩擦を生むことはほとんどな

## ☆EUの課題——ギリシャ危機とイギリスの離脱　コラム ❺

　EUは、そもそも、第2次大戦で敵対していたドイツとフランスなどの周辺国との間で地域の安定のために経済的な協力を構築する（欧州石炭鉄鋼共同体の設立，1952年）ことから始まった。経済協力から域内経済の自由化が促進され，1980年代には単一市場，人の移動の自由化などが合意され，93年にEUが成立した。その間，加盟国は6ヵ国から28ヵ国に増加した。単一通貨ユーロの導入，共通安全保障政策など，経済的相互依存の深化により政治的協調関係が推進された事例とみなすことができるが，その統合の過程は平坦ではなく，世界金融危機以降の各国経済の停滞により，EUは主権国家の統合にともなう数々の問題に直面している。

　第1に、ギリシャ危機が明らかにした南・東欧の加盟国増加によるEU内の経済的格差の問題である。EUでは，加盟国は財政赤字をGDPの3%以内に抑えるルールがあったが，ギリシャの財政赤字が発覚し（約13%）欧州債務危機が発生した。EUの対応は経済力のあるドイツにかかっていたが，ドイツ国内では経済運営に失敗したギリシャを援助することに不満が増大し，ドイツ政府は難しい対応を迫られた。また，低成長国では財政規律を守るために緊縮政策を強いられることになり，EUへの反発が国民の間で生じた。

　第2に、イギリスの国民投票がEU離脱を支持したことにより，イギリスがEUから離脱したことである。これはEUからの最初の離脱となり，他国でのEU離脱支持派の増大を引き起こすのではないかと懸念されている。EUの統合には大きな打撃となる。イギリス国内でのEUへの不満には，東欧加盟国の増加による東欧からの移民の増大，難民の流入，EUでのルールに縛られることなどへの反発（イギリス独自で政策を決定すべきとの意見）があげられる。このことは、深化する経済の自由化から利益を得る者とあまり利益を得ることができない者との間の対立の解消が，政治統合を進めるうえでは大きな課題であることを示している。

かった。

　しかし、国境を越えて経済交流が増大すると、各国が国内の経済的目標のために個別の政策を遂行した場合、他国の経済的利益を損なうという状況がしばしば現れるようになった。1980年代前半、プラザ合意にいたる日本、西ドイツ、アメリカのとった経済政策は、各国独自の政策の実施が国家間摩擦を引きおこした典型的な例である。

　福祉国家は外部からの制約や影響をできるだけ排除して、自国の経済を管理しようとするが、貿易や金融などの国境を越えた経済交流の増大は、政府の国内政策に対する自律性を制限するように作用する。すなわち、現代の国際関係では、国家は経済的交流の増大と国内政策に対する自律性との相剋に直面している。

### 政策協調の前途

　各国が国内的な政策目標の達成と自由主義国際経済体制の維持を両立させるためには、経済交流を管理する国際的なルールを定めるか、各国がマクロ経済政策や通貨・為替政策に関して協調することが必要と考えられる。後者は政策協調とよばれ、1985年のプラザ合意において本格化した。

　国際的ルールの設定も政策協調も、ともに各国の国内政策の自律性をある程度制限するものである。とくに政策協調は、基本的には国際経済の目標を国内政策より優先させることを要求するものであるため、国内的な支持を得ることはきわめてむずかしい。各国は国内政策の自律性を確保したいと考えているので、自律性を制限することを受け入れるには、政策を協調することに各国が利益を見出すことが必要である。利益を見出すことができないと

みなす人々が国内で多くなると,国際的な協力を維持できなくなる。

経済的相互依存が進展している現代の国際関係において,自由主義経済体制を維持し,国際経済の安定を図ることができるかどうかは,各国が国内政策の自律性をどれだけ国際協調のために制限できるかにかかっているのである。この点において,政府が果たす役割は重要になっている。

## 5 国際経済と国際政治のさらなる連動の加速化

経済の自由化の進展により,戦後の国際経済体制の2つの特徴——アメリカの圧倒的な経済力に依存していたこと,各国が市場に介入することにより国内政策の自律性を確保できたこと——が崩れるにつれ,国際経済と国際政治の連動がいっそう明らかになった。冷戦体制という第2次大戦後の国際政治を規定していた構造が崩れたことが,この傾向を促進した。冷戦の終結により,西側陣営に限られていたブレトンウッズ体制は,自由市場経済を原則とした国際経済体制として1990年代以降世界大に広がった。ロシアをはじめとして多くの旧社会主義国が市場経済へ移行し,中国やベトナムのような社会主義国もWTOへの加盟を果たすなど,自由主義国際経済体制は拡大した。

また,冷戦の終結は各国の軍事的安全保障中心という国際関係に対する認識に変更を促し,経済関係への関心を高めた。1990年代以降のEU,APEC（アジア太平洋経済協力会議）,NAFTAなどの地域主義の進展や多くのFTAの成立は,対外政策において経済が重要になったことを示している。他方,9.11の同時多発

### ☆世界金融危機　　　　　　　　　　　　　　コラム ❻

　2008年9月，アメリカの大手投資銀行リーマン・ブラザーズが破綻したことにより，主要国の株価は軒並み下落した。また，欧米や新興国の金融市場も大混乱に陥り，「100年に1度の危機」とよばれるほど危機が広がった。発端はアメリカのサブプライム・ローン（信用力の低い債務者向けの住宅ローン）が不動産バブルの崩壊により不良債権化したことにあるが，危機は，証券化された金融商品が大量に国境を越えて売買されていたため，ヨーロッパをはじめとして各国に短期間で広がった。各国は，金融市場の安定を目的に金融機関への資本注入などを行ったため，財政赤字が拡大した。また，ヨーロッパでは，ギリシャの財政赤字の粉飾の発覚に端を発し欧州債務危機が起こった。世界金融危機後の大規模な信用収縮が構造的に脆弱な国に影響を与えたのである。EUは対応に苦慮し，結束に陰りが出た。

　世界金融危機後，G20は金融システムの安定と保護主義の台頭の阻止での協力に合意した。G20での対応が重視されたのは，世界経済に占める割合が大きくなった新興経済諸国の協力なくして金融システムの安定を図ることが困難になったからである。実際，危機後の世界経済の回復には，中国などの新興経済諸国の経済成長が貢献した。このことは新興経済諸国が国際経済のガバナンスに影響力を増大しつつあることを示すものであった。

---

テロや内戦の増加により，武力紛争の背景にある経済格差の是正がグローバル・イシューとして，その重要性が国際社会で認識されるようになった。地球温暖化などの環境問題も，経済成長にともなう弊害として認識されるようになった。

　1980年代以降，金融の自由化にともない短期資本の移動が急増したため，よりいっそう経済的相互依存（経済のグローバル化）

が進展した。他方，1990年代以降，アジア通貨危機（1997年）や世界金融危機（2008年）などの大きな金融危機が頻発するようになった。これらの危機は，経済的相互依存状況下では短期間に危機国から他国へと波及した。このため，G20では短期資本の移動を扱う金融機関の規制・監督が協議されている。金融危機の防止や危機の拡大の阻止が国際社会の課題となっている。

また，2016年のパナマ文書の暴露により，富裕層が課税を逃れるために租税回避地（タックス・ヘイブン）を利用していることが明らかにされ，経済の自由化を利用した租税回避行為への批判が高まった。租税回避行為に規制を設けることも課題である。

国際経済体制の中心的国際機関であるWTOやIMFが先進国主導であるとの批判が途上国やNGOを中心に増えているように，自由主義経済体制をどのように運営し，どのように経済の自由化を進めていくのかという点について，新興国をはじめとして多様な国々の考え方は相違している。WTOのドーハ・ラウンドにみられるように，多国間での合意形成はしだいにむずかしくなっている。

通信技術の発達，各国の規制緩和の進展，中国をはじめとする新興経済諸国の成長により，国際的な経済活動はますます活発化すると考えられる。多様な主体に担われた経済的交流の増大が，国際関係に協調をもたらすのか，あるいは対立を深刻化させるのかは依然として明らかではない。摩擦や対立を抑制し，国際関係を協調的に導く方策を考えるためには，国際関係における経済と政治の連動をさらに具体的に解明していくことが必要なのである。

# 第3部
# 国際関係の諸課題

今日,国際社会が私たち個々人に突きつけている課題は深刻である。そして私たち個々人が国際社会にその解決を迫っている課題もまた重い。こうした課題のなかでもっとも切実なものは,少なくとも3つある。第1は私たちの生命を種々の物理的暴力(戦争など)からいかに守るか,第2は地球規模で進む環境破壊ないし汚染を食いとめて,私たちの健全な生活をいかに確保するか,そして第3は飢餓と貧困に苦しむ世界の人びとを救済して,どのように人類共生の道を打ちたてるのか,ということである。私たちはこれらの課題を歴史的に,そして理論的に解明する努力を怠ってはならない。

# 第6章
# 安全保障と国際関係

## 1　20世紀と安全保障

### 安全保障研究の誕生

　国際政治は 20 世紀という時代の強い影響を受けている。19 世紀後半から 20 世紀にかけてヨーロッパから世界に広がった産業，交通，通信，兵器の革命的変化によって，政治，経済，そして戦争の意義や形態が大きく変わり，20 世紀はあらゆるものを国家がかりの競争に巻き込んだ。ハワード（M. Howard）が「デモクラシーとナショナリズムは互いに養分を与え合った」と書いたように，大衆の政治参加とマス・アーミーの生み出す国民意識の高揚が国家に力を与えた結果，戦争は軍人が前線で行う業務から前線と銃後とが一体となった国家全体の大事業へと変貌した。

　1000 万人以上の死者を出した第 1 次大戦は，それまで欧州列強のあいだの勢力均衡の上に築かれてきた国際秩序を崩壊させた。同大戦の後，勢力均衡から訣別して，力の集中（国際連盟）や戦争の違法化（パリ不戦条約）によって平和を築くことに期待が高まった。そうしたなか，後にシカゴ大学教授となる政治学者のラ

イト（Q. Wright）は1926年，大著『戦争の研究』（*A Study of War*, 1942）として結実する戦争研究に着手した。また，すでにシカゴ大学にいたラズウェル（H. Lasswell）は，ヒトラー（A. Hitler）やスターリン（I. V. Stalin）らを対象に，戦争を精神病理学上のテーマとして研究していた。こうして，学問としての安全保障研究が誕生し，ここに政治学，軍事史，戦略論，心理学，経済学，統計学，そして国際法など多くの分野が引き込まれた。

しかし，第1次大戦後の国際政局は，イギリスを中心とする民主主義勢力，革命ロシア，そしてファシズム勢力という3つの力の対立に発展し，ふたたび世界大戦を引き起こした。第2次大戦は，原子爆弾2発の犠牲者をふくむ4000万人以上の死者を出した。しかし，それでも国際秩序は回復せず，米ソ戦争を想定した第3次世界大戦に備える臨戦体制──冷戦──が起こり，ベルリン，朝鮮，キューバ，ベトナムでの危機や戦争が繰り返された。その間，国際政治の焦点につねに安全保障問題があったから，多くの国際政治学者が安全保障問題に取り組み，現代国際政治学の基礎をなすことになった優れた学術研究が生まれた。

しかし，1989年の末，米ソ冷戦が唐突に終わり，その2年後，今度はソ連自体があっけなく崩壊した。国際政治をみてきたもののなかには，たとえばケナン（G. F. Kennan, *At a Century's Ending*, 1996）のように，20世紀は第1次大戦の勃発とともに始まり，冷戦の終結とともにその幕をおろしたと考えるものもいる。もっとも，冷戦が終わった後にも9.11，イラク戦争，中国の軍事的台頭，北朝鮮の核実験，国際テロなどいろいろなことが国際社会で起きている。尖閣諸島をめぐる中国との対立や北朝鮮の核・ミサイル問題に苦慮する日本は，2014年に国家安全保障会議

(NSC)を新たに設立し初めて国家安全保障戦略をつくったし，2016年に集団的自衛権の行使を認めた安全保障関連法を施行した。今日の国際社会には，かつてあった両超大国間で核戦争が起きるような恐怖感はないが，依然としてさまざまな緊張や紛争が起きる可能性がある。そういう意味で，今日の世界は大戦争が起きそうにない分，小規模紛争が多発する「スタビリティ・インスタビリティ・パラドックス」（スナイダー〔G. Snyder〕）のような状況にある。

　はたして，これまでの国際政治の意味や性格の何が変わり，何が変わらなかったのか。本章ではこれらのテーマを念頭に，これまでの安全保障の理論と政策を理解するとともに今後の安全保障についても論じることにしたい。

**冷戦と安全保障**
　第2次大戦が終わると，それまで同盟国同士だった米ソ両国の関係は東ヨーロッパでの戦後処理をめぐって冷えこみ，リップマン（W. Lippmann）が「冷たい戦争」とよんだ臨戦体制が徐々に形成されていった。なぜ国際連盟は「疾病」の再発を防げなかったのか。しかもなお，なにゆえ「戦争は起こりえないのに，平和もまた不可能」（アロン〔R. Aron〕）なのか。一方で両大戦に対する慚愧の念と，他方で現出しつつある米ソ冷戦をいかに「戦う」かという時代の要請のなかで，「リアリスト」（現実主義者）とよばれる国際政治学者がアメリカを中心に優勢となった。

　もっとも，現実主義，すなわちリアリズムの萌芽は1930年代にある。たとえば，やはりシカゴ大学のシューマン（F. L. Schuman）は，パワー概念を導入して，*International Politics*（1933）〔長井

信一訳『国際政治（上・下）』東京大学出版会，1973年〕を著し，法律的・制度的政治学を批判して，リアリストの先駆けとなった。イギリスでは歴史家のカー（E. H. Carr）が『危機の二十年』（*The Twenty Years' Crisis, 1919-1939*〔原彬久訳，岩波書店，2011年〕）を著した。カーは，1931年9月にセシル（E. A. R. Cecil）卿が国際連盟総会で「戦争が現在におけるほどに起こりそうに思えない時期は，世界の歴史においてかつてなかった」といったすぐその8日後に日本の満州事変が始まったことを取りあげて，卿らを「ユートピアン」と批判した。「願望と現にあるものについての分析とを区別するだけの謙虚さがなければ学問とはいえない」と書いている。

また真珠湾攻撃からわずか数ヵ月遅れて *America's Strategy in World Politics*（1942）を世に問うたイェール大学のスパイクマン（N. J. Spykman）が，これから制覇すべき日本に対して，その力をつぶさずに将来の対中ソ勢力均衡のために保護せよと主張していたことは刮目に値する。いうまでもなく，かれのリアリズムの延長線上に後の対ソ封じ込め政策があったが，人びとがスパイクマンの主張に耳を傾けるようになったのはその出版から数年たってからだった。

### 亡命ユダヤ人と国際政治

国際政治のリアリズムを理論化するのにもっとも力のあったのは，ナチスを逃れてヨーロッパからアメリカに亡命した輝くばかりの知識人たちだった。ヨーロッパの悲観とアメリカの楽観，ヨーロッパの知性とアメリカのパワー，そしてヨーロッパの過去とアメリカの未来とを結びつけたのがかれらであり，まさしく「異

花受精」(永井陽之助)によって今日の国際政治学が結実したのである。そのなかには,モーゲンソー(H. J. Morgenthau)のほかに,ウォルファーズ(A. Wolfers),ハーツ(J. Herz),クノー(K. Knorr),ドイッチュ(K. W. Deutsch),リシュカ(G. Liska),そして後のキッシンジャー(H. Kissinger)やホフマン(S. Hoffmann)がいた。かれらの多くは,当然ユダヤ人だった。

600万人の同胞をホロコーストで失うことになったかれらにとって,国際秩序,正義,国家,そして民族などの問題はまさしくかれら自身1人ひとりの問題だった。後にホフマンが「国際政治学を選んだのは私ではない。国際政治がすべての段階で私にそうしむけたのだ」("A Retrospective," J. Kruzel and J. Rosenau eds., *Journeys Through World Politics*, 1989)と書いているように,かれらを抜きに国際政治学,とりわけ安全保障を語ることはむずかしい。

リアリストたち,わけてもモーゲンソーは,国際政治を動かしているものは正義でも,道義でも,心理でも,世論でも,また法でもなく,それは他国より「余分の安全」(マージン・オブ・セーフティ)を得ようとしてパワーを求める人間と国家の欲にあるとみた。しかし,そのなかで国家の安全を約束するものはやはりパワーしかなく,パワーは他国との勢力均衡とみずからの慎慮(プルーデンス)によって抑えるほかはないと考えた。他方,やはりドイツから来たハーツは,モーゲンソーほどにはパワーに信をおかず,一国の安全強化は他国の不安を生み,他国の不安はひるがえって自国の安全を損なうのだといい,これを「セキュリティ・ディレンマ」と名づけた。

ハーツもモーゲンソーもツキジデス(Thukydidēs)を高く評価したが,モーゲンソーがツキジデスの「強者はその意思のままに行動し,弱者はその悲運を甘受しなければならない」(メーロス島

民との対話）という字句を強調したのに対し，ハーツはペロポネソス戦争が台頭するアテネへのスパルタの不安によって起こったとするツキジデスの分析を重くみた。いいかえれば，モーゲンソーは人間の邪悪な側面を，ハーツは人間の弱い側面を重視した。

　これら戦後の国際政治学の第1期をリードした学者たちがとくに心を奪われた問題は3つある。それらは冷戦，ソ連，そして核の問題である。これらの問題に対処すべく，ステイトクラフトとしての国際政治学が急速にクローズアップされていくのだが，ここでそのカギとなるのが安全保障と戦略であり，それらは，ともにあのライトの壮大な戦争研究に希薄だった問題意識である。

　安全が国民の生命や社会生活への危険のない状態だとすれば，作為的につくられたそういう危険——脅威と恐怖——をなくすことが安全保障である。すなわち，ウォルファーズが定義したように，安全保障とは，獲得した価値（パワー，安全，地位など）に対する脅威の不在のことをさす（土山實男『安全保障の国際政治学〔第2版〕』有斐閣，2014年）。そのためにリアリストが重視したのは，いかに軍事力やその脅威を政策の道具として使い，さらにそれらをいかに規制するかであった。そこで，以下に安全保障の中軸をなした核戦略，同盟，そして危機管理について概観する。

## 2　安全保障の核心

### 核革命と核戦略

　パワーがみずからの意図する方向に他者を動かすための手段だとしたら，その究極のかたちは核兵器なのであろうか。*There Will be No Time*（1946）を著したボーデン（W. Borden）はイエ

スといい，同じ年 *The Absolute Weapon*（1946）を世に問うたブローディ（B. Brodie）はそれを疑った。ボーデンにとって，ヒロシマ，ナガサキがそうであったように，最強の爆弾である核は戦略目標追求のための手段であり，「いかに早く，そしていかに多く相手本土を叩けるかだけが問題である」（Borden, *op. cit.*）と説いた。つまりかれは核を敵からの攻撃による被害を限定し，国民や国土を保護して，敵の目的達成を阻止する手段としてとらえた。

他方ブローディは，核使用によって勝利するためのコストが勝利によって得られるものよりはるかに大きいとき，もはや勝利の意味はないと主張した。もし核使用の代償を払うだけの価値があるとすれば，それは唯一核戦争を起こさせないこと，そして不幸にして核戦争が起こった場合は，それを速やかに終わらせることにしかないと説いた。この論理が後に核抑止論となった。

核の出現は国際政治に革命的変化をもたらした。すなわち核は，3メガトンの核爆弾1発（1960年代から配備されたアメリカのミニットマンⅡは1.2メガトンの核弾頭を搭載。ソ連は60メガトンの核弾頭を実験したことがある）でTNT火薬に換算すると，第2次大戦中に使用された全火薬力に匹敵する桁違いの破壊力をもったから，核攻撃に対して都市を防衛するなどの広域防御は事実上不可能となった。しかも，1949年にはソ連が核実験に成功し，やがて大陸間弾道ミサイル（ICBM）が登場すると，互いに相手の攻撃に要する時間が約25分に短縮されたから，生身の人間が核攻撃に対処するための意思決定時間は事実上奪われてしまった。また相互抑止の状態では，一方の核使用は単に過剰殺戮をもたらすのみならず，両者の相互自殺となる公算が強まった。いいかえれば，核

は戦争を「他の手段を以てする政治」(クラウゼヴィッツ〔K. von Clausewitz〕) たらしめることを不可能にしたのである。「核革命」とよばれるゆえんである。

しかし，現実の核戦略はブローディらの抑止論をいわば顕教に，ボーデンらのそれを密教として展開した。すなわち核抑止とは，もし相手方が核を使用した場合には核報復があることを伝えることによって，相手方の核使用を未然に思いとどまらせることをいうが，そのためにはただ核があれば十分とする考え方（存在的抑止）と，抑止に失敗した場合のことを想定して，効果的な報復力（第2撃力）をもつことが抑止の信憑性を高めるという考え方（計算的抑止）が並行して存在した。後者の論理はベルリン封鎖や朝鮮戦争を契機としてしだいに軍部を中心に有力となった。

1950年代から60年代にかけて，北大西洋条約機構 (NATO) はワルシャワ条約機構 (WTO) の通常兵力に対して劣勢に立たされていると考えられていたし，西ベルリンのもつ地勢上の不利を相殺するためと西側の戦略的脆弱性を補強するためには核の脅しに依存するほかはないと考えられるようになった。すなわちNATOの「核中毒」(シュワルツ〔D. Schwartz〕) がはじまったのである。こうしたなか，1960年代に入ると東側の通常兵力による攻撃を抑止するための西側の核先制使用が公然と語られ，アメリカの核戦略が相手の（核）攻撃に対して，その規模に関係なく大規模な核報復をかけるべきだという「大量報復戦略」から，相手の出方に応じて核報復をかけるべきだという「柔軟反応戦略」へと移行するとともに，核兵器の通常兵器化（小型化，精緻化）が一段と進んだ。

こうして「核のディレンマ」問題が深刻化した。つまり相手

(東側)の西側同盟国に対する核使用を思いとどまらせる(拡大抑止,または核の傘という)ためには,西側に核攻撃能力とそれを使用する意思がなくてはならないというのだが,しかしまさにその核使用こそ本当は西側が回避したいものなのである。だが,NATOはあえて戦術核による核先制使用ができる態勢をとることによって抑止を強化しようとしたから,銃をもって向きあった2人の場合に似て,撃つつもりがなくとも撃ってしまう危険のあるきわめて不安定な対立となった。なぜなら,双方とも相手が先に核攻撃をしかけてくるのではないかと恐れるようになったからである。そうした不安があるなかでキューバ危機(1962年)が起こった。

ソ連の人工衛星(スプートニク)打上げ(1957年)のショック以来,アメリカは核ミサイル開発競争で遅れをとったとの不安(ミサイル・ギャップ)を抱き,その不安は1960年の大統領選挙で煽られた。こうしたアメリカ側の不安を背景に,アイゼンハワー(D. D. Eisenhower)政権で考案され,ケネディ(J. F. Kennedy)政権で実行されたのが,イギリス,イタリア,そしてトルコへの中距離核ミサイルの配備である。

とくにトルコに配備された15基のジュピター・ミサイルは,モスクワを数分で叩ける射程に入れていたから,ソ連はこれを重大な現状の変更とみた。そこでソ連はキューバに全部で36基の準中距離ミサイルR12,24基の中距離ミサイルR14,36基の短距離ミサイル(ルナ),およびそれぞれの核弾頭96発などを配備するアナディル作戦を立て,1962年の夏から秘密裡に実行に移した(このうちアメリカ全土を射程内に入れるR14はアメリカの海上封鎖が発表されたときにはまだ公海上にあり,ソ連に引き返した)。アメ

リカはこれを現状の変更とみ，アメリカ本土への重大な脅威と受けとった。互いに相手方が攻勢に立っていると反発して，戦争突入一歩手前まで対立がエスカレートしたのである。

　同危機は，米ソ双方がそれぞれのミサイルの撤去に合意（アメリカ側はそれを公にはしなかった）することで終息したが，この危機の教訓の1つは核兵器が相手方に与える恐怖について，双方があまりに無神経だったことである。相手の弱さを知ることが，戦争をするため以上にそれを回避するために必要なのである。核戦争の淵を垣間みた米ソ首脳はこの危機を境にして核戦争回避に共通の利益を認識し，兵力の質，タイプ，数量，あるいはその使い方などに共通の規制を加えて戦争の可能性を下げるための軍備管理へと駒を進めた。

　キューバ危機の翌年，第3章でふれられたとおり，両国は地上での核実験を禁止する部分的核実験停止条約に調印し，その後すでに核を保有している5ヵ国以外の核保有を禁じた核拡散防止条約（1968年），迎撃ミサイルの開発と配備を禁じたABM制限条約とICBMの数を規制したSALT I（第1次戦略兵器制限交渉，1972年）などの合意に達するのである。しかし，軍備管理は，戦争ではなく交渉によって相手方の力を削ぐものでもあるから，一面で熾烈なだましあいが展開されることになった。

　このように1950年代後半から60年代なかばにかけて，安全保障研究は黄金時代を迎えた。アメリカではシカゴ学派（コラム❼参照）を多く登用したランド研究所といくつかの有力大学が核戦略を中心として安全保障研究をリードし，イギリスでは国際戦略研究所（現在，IISS）が設立された。その機関誌が『サバイバル（生残り）』（1958年発刊）と名づけられたことは，当時の関心事が

なんであったかを物語っている。

　この戦後第2期の安全保障研究者、あるいは国際政治学者のなかから、G. スナイダー、オズグッド（R. Osgood）、カウフマン（W. Kaufman）らすぐれた現代の戦略家が登場した。しかしこの時期の研究者のなかで後にもっとも大きな影響を残したのは、ランド研究所にもいたことがあり、2005年にノーベル経済学賞を受賞したシェリング（T. C. Schelling）である。かれは核戦略に「囚人のディレンマ」や「弱者の恐喝」などゲームの理論の概念をもちこんで、抑止や強要（敵がすでにとった行動を阻止し、力で原状に戻させる）などをもっとも洗練されたかたちで分析した。キューバ危機直後、独房に入れられた2人の囚人のあいだにコミュニケーション・チャネルを開けばディレンマが緩和されるのと同様の論理に立って米ソ間にホット・ラインが敷かれたのは、かれのアイディアがもとになっている。

### 同盟研究

　この時期、核戦略とならんで安全保障の中核となったもう1つは同盟である。同盟はヨーロッパ外交の古い手段とみなされていたから、ワシントン（G. Washington）の離任演説をあげるまでもなく、元来アメリカは同盟に冷やかな態度をとってきた。そのアメリカが第2次大戦では枢軸国に対抗するためにソ連と同盟を組み、戦後は一転してソ連と対抗するために旧枢軸国をふくむ国々と同盟を組んだのは歴史の皮肉である。そのため、戦後、アメリカでは同盟ではなく、国連による集団安全保障を補完するかたちとしての「地域的集団安全保障」という言葉を使うことが多かった。核戦略がベルリン問題を1つの争点として発展したよう

に，同盟もまた米欧安全保障関係，とくにNATOを正面の問題として展開した。

そしてこの問題でも，同盟という事実がまず先にあったが，それらに理論的基礎を提供したのは，やはり亡命政治学者たちだった。たとえばモーゲンソーは同盟を勢力均衡の函数とみた。つまりヨーロッパ大陸でソ連にバランスするための仕組みがNATOだった。またチェコ出身のリシュカは同盟についての優れた体系的研究を著し，そのなかで，同盟は，だれか，あるいはなにかに敵対して結ばれるものであると書いていた。また，スイス生まれのウォルファーズは，同盟を国家間の相互的な安全保障協力の約束だと定義した。

一般に，同盟の目的は戦争の起こる可能性を予期する国家が，それを抑止するためか，あるいは戦争に入った場合に国家を防衛するために他国と公式の国家間協力——とくに共同防衛行動——をとることにある。そして，多くのリアリストは同盟形成の必要条件の1つを共通の外的脅威に求めるから，もしソ連の脅威がなかったなら，NATOはおそらく結成されなかったと考える。もっとも，同盟は内なる脅威に対しても形成される。たとえば途上国の為政者が同盟を結ぶとき，その指導者たちの脅威は，しばしばかれらの国内の反対勢力であることが多い。その場合，同盟は第三世界の人権やモラルの問題と絡まり，同盟相手国は同盟とモラルのあいだでディレンマに陥ることがある。

またリアリストは，安全を保障される国（通常は中小国）と安全を保障する国（通常は大国）とのあいだで「同盟のディレンマ」問題が起こることに注意を払ってきた。守られる側は，たとえば同盟相手国の基地を受けいれてでも相手国に同盟公約を守らせよ

うとする一方，同盟国（大国）の戦争に巻き込まれないようリスクを最小限にとどめようとする。しかし，中小国が同盟公約を確かなものにしようとして，同盟を強化しようとすればするほど，大国の紛争に巻き込まれやすくなる（これを「巻き込まれる恐怖」という）。逆に，同盟国の戦争に巻き込まれないようにするために同盟の公約を弱めようとすれば，今度は必要なときに同盟が機能しない恐れが出てくる（これを「捨てられる恐怖」という）。

この両者のあいだのトレードオフを「同盟のディレンマ」とよぶが，このディレンマを抜きにNATOや日米同盟における日本やヨーロッパ諸国の対米態度を理解することはほとんど不可能である。

## 3 安全保障研究への批判と回復

### 安全保障研究批判

しかし1960年代後半になると，安全保障問題への関心は低迷した。その原因の1つはアメリカのベトナム介入の失敗である。それは費用対効果を基礎とした戦略論の破綻を意味した。より直截(ちょくせつ)にいえば，敵がとるであろう選択肢より一段コストの高い選択肢をとることによって，敵の事前の屈服をねらういわゆる「エスカレーション戦略」の失敗であった。そもそもコストそのもの（たとえば人間1人の命の重さ）がアメリカとベトナムでは違ったし，かりに同じだったとしても相手が高いコスト（たとえば多くの人命や長い時間，すなわち痛み）を受けいれて，なお一段コストの高い戦いに挑んでくるとき，力の政策は機能しなくなる。

こうして安全保障の名においてはじまったベトナム介入は，結

局アメリカの信頼を傷つけ，冷戦コンセンサス（アメリカは正義，共産主義は悪，共産世界の拡大は自由世界の衰退をもたらすという合意）を崩壊させ，アメリカの安全保障政策をその根底から揺るがした。いったい，アメリカの目的はなんだったのか，その手段（たとえば枯葉剤の使用）は目的に合っていたのか，そして北ベトナムがゲリラ戦をしかけていたとはいえ無辜(むこ)の民を殺すことが許されるのかが問われたのである。

　安全保障の低迷の理由はほかにもあった。それは安全を脅かすものが，核や戦争だけではないことに気づいたからである。ベトナム戦争やアメリカ企業の海外進出（多国籍企業化）などに起因する国際収支の赤字によって，アメリカは経済が国家の安全を脅かすことをおそまきながら知ったし，第4次中東戦争（1973年）が勃発すると，アラブ諸国の多い石油輸出国機構（OPEC）が石油の禁輸をかけたために，西側経済は激しいインフレを起こして，多くの国でマイナス成長を記録した。エネルギーもまた国家の安全を揺るがすことがわかった。

　こうして，リアリズムにそれまで批判的であったグループのなかから経済的相互依存論が現れ，それと並行して国際金融や貿易の領域で，パワーではなく制度（共通の期待，慣行，法，手続きなどの束。通常それに機構，人，予算などがつく）を重視する国際政治学が台頭した。1980年代にこれらは国際レジーム論や新自由主義（ネオ・リベラル）制度論となって花開き，まず技術や環境問題に，やがて軍事問題の領域に波及してきた。こうして安全保障研究はその手法や領域を拡大した。一国の安全保障をグローバルなシステムのなかでとらえる時代が到来したのである。ハーバード大学から発刊（1976年）された安全保障研究専門誌がナショナ

ル・セキュリティではなく『インターナショナル・セキュリティ』（国際安全保障）と名づけられたことは，その端的なあらわれだった。

### 安全保障問題の理論化

ベトナム戦争後，このように安全保障への関心が変化したとも，あるいは他の領域に拡大したともいえるが，この間に理論化がとくに進んだのが，外交政策の視角から安全保障を分析するものである。ここでとりわけ大きな影響を与えた2人——アリソン（G. Allison）とジョージ（A. L. George）——についてふれておきたい。両者ともベトナム戦争そのものについて研究したわけではないが，研究の背後にベトナムがあったことはまちがいない。また，かれらに共通しているのは，1950年代から60年代にかけて起こった国際関係論ないし国際関係学における行動主義革命——意思決定論，認知科学，組織論，コンピュータ・サイエンス，そしてシミュレーションなどの導入——を反映していることである。

ベトナム戦争がアリソンにとって従来の戦略論（かれはこれを合理的行為者モデルとよんだ）では説明のつかない失敗例だったのと同じく，キューバ危機もまた戦略論では説明できないものだった。かわりに政策決定を組織のアウトカムとみる「組織過程」モデルと，大統領やその側近たちのパワーゲームの結果とみる「官僚政治」モデルを用いて，この危機を分析した（*Essence of Decision : Explaining the Cuban Missile Crisis*, 1971〔宮里政玄訳『決定の本質』中央公論社，1977年〕）。「プレーヤーの立場は（組織の）地位によって決まる」というアリソンのもっとも重要な命題が，アメリカの意思決定の説明にはほとんど当てはまらないことをはじめ

として，これまでに同書について多くの理論的・歴史的誤りが指摘されている。だが，アリソンの分析は安全保障研究に外交政策論や組織理論をもちこんだ画期的研究だった。

ジョージが1960年代にランド研究所で「国際政治学の理論と実践」プロジェクトに着手したときも，かれの念頭には当然ベトナム戦争があったであろう。そして1970年代に入ると，次々と危機管理や抑止失敗についての研究を発表したが，かれの議論も従来の戦略論を批判あるいは補完するかたちでなされている。

たとえば，従来の戦略論が抑止を演繹的モデルで説明してきたのに対し，ジョージは歴史的事例を使って帰納法的にいかに抑止が機能する（しない）かを分析した。かれは核抑止と，地域紛争，そして危機の抑止を区別すべきだと主張した。なぜなら，抑止が機能するための変数（彼我の目的，手段，選択肢やエスカレーションの可能性など）が核抑止の場合きわめて少なくかつ明確なのに対して，ほかの2つの場合は誤算，誤認，誤判断を伴いやすく単純な損得計算では説明がつかないからである（たとえば，1941年，日米の国力の差もアメリカの対外公約も知っていた日本が，なにゆえ南進し，そのうえなぜ真珠湾まで叩いてしまったのかを単純な抑止論では容易に説明できない）。

そこでジョージは，抑止が機能するためのいくつかの命題をあげているが，ここでも政府が損得勘定をしていれば抑止は効くはずだという既存の抑止論の説くところとは反対に，現状維持に挑戦する国がみずからの選択肢とそれをとった場合のリスク計算が可能なときではなく計算不可能なときに抑止が効くと指摘している。いいかえれば，危機や戦争が起こるのは，少なくとも一方の側が彼我の戦略やパワーの強さや大きさを見誤ったときである。

そういう意味では，抑止を思いとどまるか挑戦するかの二分法的な見方ではなく，その2つのオプションのあいだに多くのバリエーションをふくむ複雑な心理的バーゲニングとみたほうがより現実的である。

同様に抑止が失敗した後の危機管理についても，ジョージは相手のパーセプション（認識）に焦点をおいて，たとえばソ連のキューバからの撤退の理由は，アメリカが核で圧倒的優位にあった（5000発対300発）からだという従来の戦略論の主張を退けて，むしろ米ソ間の動機の非対称性，ソ連側の焦りとエスカレーションの恐怖にあったと分析する（こうした推論は最近旧ソ連から得られはじめた証言からも裏づけられている）。ジョージ以後，こうした心理学的抑止論はジャービス（R. Jervis）やルボウ（R. N. Lebow）らによっていっそう吟味され，さらに1980年代なかば以後，米ソ間の相互安全保障や協力的安全保障（危機防止体制）の理論的基礎となっていったのである。

これら一連のジョージの抑止論や危機管理・防止論は，シカゴ学派の流れを忠実に受けつぎながら，先にスタートした核戦略論に，意思決定理論や人間の理解と認識の仕方を分析する認知科学を中心とするアメリカ行動科学を融合したものでもあった。また，かれの分析は一般理論の応用ではなく事例を議論の基礎としたから，歴史学が国際政治学に取り戻されるきっかけともなった（A. L. George and A. Bennett, *Case Studies and Theory Development in the Social Sciences*, 2005〔泉川泰博訳『社会科学のケース・スタディ』勁草書房，2013年〕）。

また，ジョージの貢献は単に政策論だけでなくその方法論にもある。とりわけかれの恩師にあたるレイツ（N. Leites）がはじめ

A. L. ジョージ

て使った信条体系分析の手法「オペレーショナル・コード」（意思決定者の政治・世界観や敵イメージなどの信条体系）や，多数ではなく少数の類似した側面をもつケースを比較する「焦点を絞った構造的比較法」や，意思決定者が状況をいかに定義していかなる理論にもとづいて行動を起こしたかをみる「政策決定過程の追跡法」による分析手法は，その後広く国際政治学の分野で用いられ，多くのケーススタディを生んだ。それゆえかれの研究は，その方法と研究対象の一貫性と信頼性から高い評価を受けたのである。かれの研究は，核時代，とくにベトナム戦争以後，国際政治における力と国家意思との間隙をいかに埋めるかというアメリカの苦悩を負いながら，なおステイトクラフトとしての国際政治を社会科学のなかに取り込もうとした努力でもある。

### 安全保障研究の回復

1960年代後半から一時低迷した安全保障への関心は，1970年代後半になってよみがえった。すなわち，アンゴラやソマリアでの地域紛争などを契機として米ソ緊張緩和（デタント）外交に陰りが生じはじめ，さらにイランでアメリカ大使館員が人質にとられているさなか，1979年12月にソ連がアフガニスタンに侵攻したので，米ソ間で締結されたSALT II（第2次戦略兵器制限交渉）

## ☆シカゴ学派　コラム ❼

　安全保障研究，あるいは広く国際政治学にもっとも大きな理論的影響を与えた研究者集団としてシカゴ学派がある。両大戦間，中西部の一新興大学がラズウェル，ライト，シューマンらをはじめ，なぜかくも独創的かつ多彩な政治学者を集めまた輩出したのか，いま考えるとほとんど奇跡というほかはない。かれらは必ずしも協力しあったわけではなかったが，それでもいくつか共通点がある。

　第1に，政治学に隣接科学を導入した分析手法である。とくにリーダー格のメリアム（C. E. Merriam）にはじまり（1900年就任），ラズウェルで開花したフロイト流精神分析の手法は，その後レイツを経てジョージらへと継承発展する。

　第2に，分析の中心に権力があることである。メリアムもラズウェルもドイツ留学の経験があったから，ヒトラーの台頭に敏感に反応した。実際，メリアムの『政治権力』は，ヒトラーの権力掌握目前の1932年，ベルリンで6週間で一気に書きあげられた。他方，ラズウェルは自我のこうむった心の傷（価値剥奪）を補償するものとして権力をとらえたが，この検証可能性こそ政治を科学たらしめたかれの貢献なのである。

　第3に，東部の大学で主流だった制度的アプローチへの不信がある。後にシカゴに移るビアード（C. Beard）が『合衆国憲法の経済的解釈』（1913年）で行ったのは，憲法制度と現実のギャップを経済的利害から分析することだったが，メリアムらが制度を信じなかったのも，当時完璧といわれたワイマール体制のなかからヒトラーという鬼子が生まれたからである。

　第4に政策科学の重視である。かれらの多くは第2次大戦中にワシントンの政府機関に入った。たとえば，CIAの前身OSS（アメリカ戦略局）でナチスのプロパガンダ分析をしたジョージがいる。戦後，かれらはランド研究所や有力大学に移り，安全保障研究に従事したから，シカゴの伝統はやがて全米に広がることになった。

は米国議会の批准を得られず、結局、流産に終わったことなどによって、いわゆる「新冷戦」とよばれる東西緊張が再燃した結果、安全保障問題が戻ってきたのである。ここでも、焦点はやはり核問題だった。

1977年、ソ連は西ヨーロッパ全域を射程内に入れる中距離核戦力（INF）SS20を配備したが、これを西側は欧米間の「ディカップリング」（米・西ヨーロッパの引離し）をねらったものと受けとめ、1979年12月、NATO理事会はパーシングⅡ（INF）と巡航ミサイルの配備を条件付で決め、結局1983年、配備に踏みきった。また同年3月、レーガン（R. Reagan）政権がSDI（戦略防衛構想）を発表したことから、ヨーロッパを中心に激しい反核運動が広まった。さらに同じ頃、核兵器が使用されれば、大気中の煙や塵などで気温が下がるといういわゆる「核の冬」についての議論も高まった。

こうしたなか、ソ連は核戦争を抑止するのではなく、核戦争を行い、そして勝利することをねらっている（パイプス〔R. Pipes〕）というソ連の核戦争勝利戦略や、相手のミサイルが発射されたら、そのミサイルが着弾する前にそのミサイルの標的になっている米側のミサイルを発射させようというLUA（攻撃即発射）などが、欧米で議論された。

理論面ではウォルツ（K. N. Waltz）が国際政治をもっぱらパワーの配分（国際構造）だけで説明する *Theory of International Politics* (1979)〔河野勝・岡垣知子訳『国際政治の理論』勁草書房、2010年〕を、ついでギルピン（R. Gilpin）が覇権戦争が国際構造を変えると説く *War and Change in World Politics* (1981) を出したことなどから、後に「ネオ・リアリスト」（新現実主義者）と

よばれるグループが影響力をもつにいたった。ネオ・リアリストと1980年代の安全保障政策とが直結しているわけではないが、かれらはたとえば覇権の存在を国際秩序形成の条件とする覇権安定論や、覇権が何十年かごとに波を打って交替するというサイクル論などを論じて、アメリカの力の衰退に注意を向けさせた。

またネオ・リアリストのなかには、同盟に関心をもつ者が多く現れた。たとえばウォルト（S. M. Walt）は同盟が脅威に対抗するときだけではなく、脅威国に同調するときにも形成されるとの「バンドワゴン（勝ち馬に乗る）理論」を示して、1930年代の中央ヨーロッパの中小国がヒトラーに与していったことを説明し、あわせて戦後の中東諸国の同盟政策などにこの理論を応用した。他方、ウォルツは「バンドワゴン」を中小国が1930年代のドイツのような脅威国にではなく、大国や覇権国に相乗りすることと定義した。そういう見方に立てば、日本の日英同盟、日独伊三国同盟、そして日米同盟いずれの場合にも、日本の同盟政策のなかに勢力均衡だけではなく、バンドワゴンの論理が存在することに気づくであろう。

核戦略については大きな変化はなかったが、ネオ・リアリストのなかには核ではなく、通常戦争の原因や通常戦争の抑止、均衡あるいは奇襲攻撃について研究する者が多く現れた。ウォルトはこれらを「安全保障研究のルネッサンス」とよんだ（"The Renaissance of Security Studies," *International Studies Quarterly*, 35, 1991）。

しかし、この勢いも長続きはしなかった。1985年にゴルバチョフ（M. S. Gorbachev）が登場して矢継ぎばやに「先制譲歩」政策を打ちだし、INFミサイル全廃条約に合意すると（1987年12月）、文字どおり国際政治の「地殻変動」が起こった。その後米

ソ冷戦が氷解し，ワルシャワ条約機構は解体し，そしてついにはソ連そのものが崩壊した（1991年12月）。この変化のスケールとテンポとを予見した者はだれもいなかったし，ことが起こった後でもそれらをうまく説明できる者はいなかったから，以後しばらく国際政治学者の沈黙が続いた。

## 4 冷戦後から21世紀の安全保障へ

### 伝統的安全保障と非伝統的安全保障

　冷戦が終わり，ソ連が崩壊して「西側」が共通の「敵」を失ってから核戦略や同盟の問題が新聞の第一面を飾ることは少なくなった。だから，「安全保障研究は死んだ」とさえいわれたことがある。それと前後して，従来の軍事的安全保障にかわり内戦，テロ，難民，飢餓，エイズなどの疾病，あるいは地球温暖化など環境問題が安全保障のテーマとして浮上してきた。その見方にたてば，飢餓やエイズで何百万人もの犠牲者が出ているときに軍事面を重視する国家安全保障は大きな意味をもたないということになる。これまでの安全保障（伝統的安全保障）と対比してこうした主張を代替的安全保障(オールタナティブ・セキュリティ)とか非伝統的安全保障という。環境安全保障や人間の安全保障(ヒューマン・セキュリティ)などがそういう例に入る。

　こうした安全保障の見方が冷戦後に支持を得たのは，大国間で戦争が起きる可能性が小さくなったことや，国家安全保障が冷戦時代に比べて脅かされていないからである。国家のサバイバルが脅かされているときには人びとは多少の経済的不利益や不正義を受け入れてでも軍事的な安全保障を求めるが，しかし，そう考えられていた冷戦体制は終わったから，その分，安全保障の需要は

減った。そう考えると，冷戦後の安全保障が冷戦時代のそれと同じかどうかを問うことよりも，何が21世紀の脅威であり，それらにどれくらいの代償を払うのかを問うことのほうがより重要だ。

この問題をボールドウィン（D. Baldwin）は「限界効用逓減の法則」と「機会費用」の概念を用いて次のように説明している（"Security Studies and the End of the Cold War," *World Politics*, 48, 1995）。すなわち，所与の資源をたとえば核ミサイルというかたちで安全を得る場合の限界効用と，きれいな空気を得るためにつかう場合の限界効用とを比べてみた場合，後者の限界効用が高ければ，後者に資源を回したほうが全体にとっての効用は高くなるということである。

もちろん，こういう論理だけですべてを説明できるものではないにしても，たとえば，ヨーロッパ戦域にピーク時には7400発も配備されていた戦術核のほとんどが冷戦後に撤去されたのをはじめ，ICBMなど戦略核兵器が大幅に削減されてきたのも，そういう理論的背景をもっている。

1980年代には米ソ双方が1万発以上の核弾頭を配備していたが，START I（第1次戦略兵器削減交渉，91年）では米ソ双方とも上限を6000発に，ついでSTART II（93年）には2003年をめどに双方とも3000〜3500発に削減することに合意し，その後モスクワ条約（2002年）では2200発，さらに米ロ核軍縮条約（2010年）では1550発にまで下げられた。米核戦略の第1の目的が核抑止にあるのなら，数百発のレベルにまでさらに削減することが可能だと専門家は考えているし，限られた国のあいだではNFU（先制核不使用）が採用されることもありえよう。その先には，2009年4月にオバマ（B. Obama）米大統領がプラハで行った演

説のようにニュークリア・ゼロをめざす考え方があるが，核兵器の全廃が一挙に進むことはない。というのは，核なき世界では核1発の戦略的効果がきわめて高くなるから，誰が先に核をもつかあるいは隠してもっているかをめぐって現在よりも深刻な囚人のディレンマ状況になることが予想されるからだ。

冷戦後の先進民主主義国のあいだでは核に否定的なイメージが広がっているが，中東，印パ，北朝鮮，そして中国では，かつてアメリカがそうしたように核を政治外交のブラフの手段にしている。これらの国々の核政策に危機感をいだく専門家のなかには，世界が「第2次核時代」に入ったと注意を促す者もいる（P. Bracken, *The Second Nuclear Age*, 2012）。したがって，いま論じられなければならないのは，核の全廃よりも，いまの国際システムの核リスクをより小さくするために，どのようなかたちで核を配備し（たとえば，ICBMと戦略爆撃機搭載の核配備をやめてSLBM〔潜水艦発射弾道ミサイル〕のみにするなど），どれくらいの数の核を誰が保有するかを詰めていくことである。

### 同盟の再定義と深化

同盟についても同じことがいえる。冷戦の終焉後旧ソ連の脅威は大幅に低下したからNATOや日米同盟の存在意義が問われたが，大方の予測に反して，両同盟をなくすよりも存続させたほうが関係諸国間にリアシュアランス（再保障）をもたらすと考えられ，両同盟は残った。1994年に米ロ間にはPfP（平和のためのパートナーシップ）協定ができ，その5年後にポーランド，チェコ，ハンガリーの3ヵ国，その5年後にバルト三国やルーマニアなど7ヵ国，さらにその2年後に2ヵ国がNATOに加盟した。その

結果,旧ソ連圏ではロシア,ベラルーシ,ウクライナ,モルドバ以外のすべてがNATOに入っている。また,NATOがコソボ危機 (1994年) やイラク戦争 (2003年) に派兵したように,NATOは域外対処 (非5条事態) にその重心を移してきた。

こうしたNATOの同盟の役割変化に歩調をあわせるように,日米同盟は1997年に「日米防衛協力の指針(ガイドライン)」を改め「周辺事態」とよばれる日本周辺における危機の際に自衛隊が米軍の「後方支援」(兵站(へいたん)業務) を行えるようにし,さらにその18年後の2015年に,厳しい東アジア情勢,テロ,サイバーなどの国際環境の変化にあわせて指針を再度見直した。このように日米同盟でも解体ではなく,同盟の再定義と深化が進んだ。

### 21世紀の安全保障とリアリズム

冷戦終結や9.11によって安全保障が軍事から人間の安全保障やテロにすべての争点を移したわけではないにしても,安全保障の考え方はたしかに変わってきている。たとえば,これまで核戦略理論をリードしてきたアメリカの大学でも核戦略はだんだん研究されなくなったし,核兵器をマネージできる軍の専門家の数が減って核兵器の扱いをめぐってこれまでにはありえなかった事故が起きている。だから,とくに核の安全保障の分野では,ブラッケン (P. Bracken) によればアメリカは「戦略的休日」をとっているといった状況にある。

そのうえアメリカは21世紀に入って早々外交・安全保障で失敗した。9.11の衝撃を受けたブッシュ (G. W. Bush) 政権は,その1年後にブッシュ・ドクトリンを発表して抑止よりも先制行動を重視し,「対テロ戦争」を唱えてアフガニスタン侵攻とイラク

戦争を行ったが，こうした政策は本章が述べてきたリアリストの議論とは逆のもので，ブッシュ政権が誤った安全保障政策をとったことによってアメリカはアメリカ自身の安全保障を弱めるという「セキュリティ・パラドックス」に陥った（土山實男，前掲書, 2014年）。

その外交・安全保障の失敗の教訓からスタートしたオバマ政権は，当然，軍事力の行使に慎重だった。しかし，アメリカが出なければ出ないことが問題をつくる面もある。アメリカはその外交姿勢について，選択的関与，（アジア）リバランス，オフショア・バランスなどのあいだで議論が揺れており外交姿勢が定まっていないが，今後，アメリカの外交安全保障政策がうまく機能するかどうかは，どういう脅威に対して，どのタイミングで，何をすべきかを米政府が正しく判断できるかどうかにかかっている。

20世紀の落し子である現代の国際政治学の中心にある安全保障の考え方や政策が21世紀にもそのまま続くとは思えないにしても，安全保障の理論や政策の多くが20世紀につくられたものを継承していることもまた事実である。すでにわれわれは後ろ向きのまま未来に足を踏み入れている。未来を構想することは必要だが，それが可能かどうかにも注意を払わなくてはならない。なぜなら，20世紀の危機や戦争は意思決定者が判断を誤ったとき——すなわち，かれらがリアリズムを失ったとき——に起こったからである。

# 第7章

# 地球環境と国際関係

## 1 地球環境の悪化

　私たちのまわりの生活をみてみよう。人びとは車に乗り，夏はクーラーをいれ，冬は部屋を暖かくして暮らし，肉や魚をたっぷり食べ，ゴミを山と出す。農地，雑木林は切り開かれ，道路，駐車場，住宅用地になり，灰色の風景が広がる。海岸や小川はコンクリートで覆われ，そこを住処とする生物が消えてしまった。

　19世紀末より活発化した産業活動から発生した二酸化炭素，メタンガス，フロンガスの大気中の濃度が上昇し，地球の平均気温の上昇が観測されている。IPCC（気候変動に関する政府間パネル）は，1983～2012年の30年間の気温が過去1400年のうちもっとも高いと発表した。1880年から2012年に北半球では0.85℃の気温上昇がみられる（IPCC第5次報告〔総括編〕，2014年）（図7-1参照）。

　第2次世界大戦後，アメリカとソビエト連邦は敵対し，世界はつねに核戦争の脅威にさらされてきた。この2超大国の対立は冷戦とよばれてきた。ソ連の解体により，冷戦は終わったが，地球

図7-1 世界の人為的二酸化炭素排出量

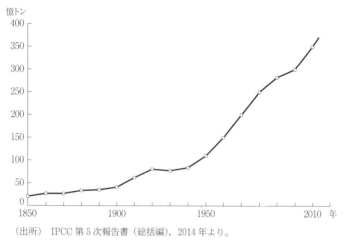

（出所） IPCC第5次報告書（総括編），2014年より。

の温暖化は静かに進行している。温暖化は地球の環境変化の1つのあらわれにすぎない。海洋の汚染，砂漠化，森林の減少，大気汚染，オゾン層の減少，動植物の絶滅，有毒化学物質の拡散などの現象がみられる。国際社会はこれらを「環境問題」として認識し，解決のための方策を探し求めている。国家間の関係をみると，軍事力による脅しなど闘争的な行動がある一方，環境を守るための対策を互いの利害を調整しつつとっていこうとする動きがある。

本章では第1に，1970年以降，環境問題に関して，国際社会がいかなる取組みをしてきたかを振りかえる。第2に問題解決のために考えられた「持続可能な開発」（sustainable development）を検討する。第3に最近の多数国間環境条約の締結と履行の動きを紹介する。最後に21世紀の環境問題を展望する。

## 2 環境外交の展開

### 国連人間環境会議——スウェーデンの提案

1960年代,日本は経済成長を続けていた。国民所得が増え,車,クーラー,カラーテレビが普及していく。一方,水俣,四日市など各地でひどい公害病が広がっていた。スウェーデンでは森林が枯れはじめ,湖から魚が消えていった。スウェーデン政府は,その原因を酸性雨とにらみ,発生源をたどった。そして,それらが外国の工場群よりもたらされるものとわかった。そこで問題の解決は一国の努力だけではどうにもならず,国際的協力によるのが一番という判断をしたのである。

かくしてスウェーデンは,1968年5月の国連の経済社会理事会において,国連人間環境会議の開催を提案,全会一致の賛同を得た。同年12月の国連総会では,55ヵ国の共同提案として開催をよびかけ,全会一致の賛成を得た。ただちにこの会議のための事務局がつくられ,1972年のストックホルムでの開催をめざして準備が開始されたのである。

### 開発途上国の主張

ストックホルム会議の準備にあたっての最大の問題は,開発途上国の関心をどう高めるかであった。当時,環境問題は一部の先進工業国の汚染の問題であって,貧困に苦しむ開発途上国はこれには関係がないとする考え方が強かった。そこで途上国の主張を大幅に取りいれることに事務局は心をくだき(長谷敏夫『国際環境論〔増補改訂版〕』時潮社,2006年),各地で作業部会を開いた。途上国の主張は,開発の遅れこそが環境問題であるというものであ

った。汚染の責任は先進工業国にあり，途上国の開発を妨げるような環境会議は認めないというのが，かれらの主張であった。

　1970年の経済社会理事会は，ストックホルム会議の議題決定にあたっては途上国の開発問題を考慮することが不可欠であると決議した。これを受けて，国連総会は途上国の開発の必要性を考慮することを求めた。1971年2月の第2回準備委員会は，途上国の主張を主要議題「開発と環境」として取りあげることを決めた。こうして「開発と環境」がストックホルム会議の取りあげる6つの議題の1つとなったのである。

　1971年11月，77ヵ国グループ（途上国グループ）はリマに集まり，翌年開催される第3回UNCTAD（国連貿易開発会議）総会に対する共同戦略を検討し，そのときストックホルム会議でも共同の行動をとることを確認した。このグループは，同年12月の国連総会において，「開発と環境」決議案を提出した。その趣旨は次のようなものであった。先進国が汚染を起こしているので先進国が汚染対策の費用を支払うべきこと，および途上国の低開発問題は開発により解決されるべきこと，先進国の環境政策は途上国の開発の可能性を奪うものであってはならず，また貿易拡大の妨げにならないこと，以上である。

　この「開発と環境」決議案に対し，イギリス，アメリカは反対し，日本，西欧，東欧諸国は棄権（合計34票）した。ここにいたりはじめて票が割れ，来るべきストックホルム会議にも南北問題の影がさすであろうことが予想された。1968年の開催決定時には，だれにもこのような対立など想像できなかったのである。

**国連専門機関の活動**

　このころ，国連の各専門機関，その他の国際組織はすでに環境問題に取り組みはじめていた。しかし，その取組みは，専門的・技術的な側面において進められており，国連総会を舞台とする政治的な取上げ方と対照をなしていた。1972年前後の国際組織の取組みを若干例示しておこう。

　IMCO（政府間海事協議機関）：船舶による海洋の油汚染の防止。

　UNESCO（国連教育科学文化機関）：環境教育，人間と生物圏保
　　存計画，文化遺産や自然遺産の保護。

　FAO（国連食糧農業機関）：水産にかかわる海洋汚染の防止，農
　　薬問題。

　WHO（世界保健機関）：都市の大気汚染調査。

　WMO（世界気象機関）：気候変動や温暖化の調査研究。

　UNCLS（国連海洋法会議）：海洋環境の保護一般。

　IAEA（国際原子力機関）：放射性物質の海洋投棄の規制。

　第1次大戦後，国際連盟とアメリカ政府は国際会議を共催し，油による海洋の汚染防止策を検討した。しかし条約を成立させるほど問題は深刻ではなかった。1954年，イギリスは主要海運国をロンドンに招請し，油濁防止のための外交会議を開いた。この会議では，全世界の船舶の95％が代表されていた。おりしも巨大タンカーによる原油輸送が盛んになっていた時代であった。この会議は，船舶による油の排出規制について条約を採択することに成功した。冷戦のさなかではあったが，社会主義国も参加した。1958年にはIMCOが設立され，船舶による海洋汚染防止条約の事務局となる。IMCOは，1982年に国際海事機関（IMO）と改称した。

1967年，トーリー・キャニオン号は，クウェートから原油を満載し，南イングランド沖の公海を航行中，セブン・ストーンズの暗礁に乗りあげ，11万8000トンの原油が流出した。イングランドとフランスの海岸に漂う油は多くの被害を与えた。この事件を契機に，IMCOは臨時総会を開き，国際法の整備を検討した。1969年11月，IMCOは海洋油濁損害に関する国際会議を主催，2つの国際条約を成立させた。さらに，1969年12月3日，国連総会は全会一致で，海洋汚染の管理と防止のために効果的な措置がとられることを要求する決議を採択した。

### ストックホルム会議

　1972年6月5日，いよいよストックホルムで国連人間環境会議が開催された。113ヵ国の政府代表，諸国際機関，諸民間団体が参加した。1972年という時代状況としては東西対立，南北対立という政治上の対立軸を見逃すことはできない。この会議には，ソ連，ポーランド，ハンガリー，チェコスロバキア，ブルガリア，キューバ，モンゴル，ウクライナ，白ロシア（ベラルーシ）が欠席した。東ドイツの会議参加の権利をめぐり，国連内で紛糾したためである。ソ連側は，欠席戦術によりその存在を印象づけようとした。これらの国は，同年12月の国連総会でのストックホルム会議の決議の確認の票決には棄権で臨んだ。しかし，いったん国連環境計画などの組織が設立されると，ソ連は積極的に参加した。

　南北グループの対立は，すでに述べたように，ストックホルム会議の準備過程で明らかになっていた。この会議の議題として，途上国の低開発問題を検討する「開発と環境」が入れられたのは

当然の成り行きであった。はたして、「開発と環境」は、議題を付託された第2委員会のみならず、ストックホルム会議の総会の一般演説、人間環境宣言の起草・制定過程でも途上国により執拗に議論されたのである。とくに6月6日、19ヵ国の行った一般演説では、環境か開発かという認識をめぐり先進国と途上国の対立がめだった。インドからガンジー（I. Gāndhī）首相が参加し、貧困こそが最大の環境問題であり、先進国の環境政策が弱小国家の負担を増すものであってはならないと訴えた。政府首脳の出席はインドと会議誘致国のスウェーデンのみであり、他の参加国は環境担当大臣クラスが代表として参加した。日本からは大石武一環境庁長官が出席した。

　ストックホルム会議は、人間環境宣言、行動計画、国連環境組織に関する決議を採択した。人間環境宣言（「宣言」と26の原則）の「宣言」、原則8〜14は開発と環境に言及している。とくに「宣言」4では途上国の環境問題が、食糧、衣料、住居、教育、保健衛生の不足にあり、その努力を開発に向けなければならないとうたっている。

　行動計画は、ストックホルム会議参加国、国際組織が具体的にとるべき措置の勧告である。この行動計画は、「開発と環境」に関する8つの勧告を含んでいる。それは、行動計画の審議過程で途上国グループがなした主張を盛り込んだ結果である。すなわち、「行動計画」が途上国の開発と貿易に対してマイナスの効果をおよぼさないようにと、歯止め規定を挿入したのである。1972年に開かれた第3回UNCTADが貿易をめぐる南北問題の交渉の場であるとするなら、ストックホルム会議は環境をめぐる南北諸国の交渉の場であった。

ストックホルム会議での東西対立は、先に述べたように、ソ連およびソ連友好国の会議不参加というかたちではっきり現れていた。南北対立は、会議の議題、会議中の議論、決議採択過程、決議内容にその痕跡を残した。しかし、ストックホルム会議は国連および国連専門機関の組織的対応に関しての合意を形成し、各国政府に環境問題に対する具体的取組みの必要性を自覚させた点に意義がある。各国政府に環境行政組織の設置を勧告したことから、各政府に環境省が創設されていった。ストックホルム会議開催は国際社会における環境時代の幕開けを象徴するものと考えられる。

### 国連環境計画の設立

　1973年に国連はあらたにストックホルム会議の勧告にもとづいてUNEP（国連環境計画）を総会の補助機関として設けた。小さな事務局（300人程度）と事務局長、58ヵ国より構成される管理理事会、自発的拠出金からなる環境基金が設けられた。国連事務総長が総会の承認を得て事務局長を任命する。事務局予算は国連本部の編成による。UNEPは、このように予算面でも、独自の組織ではありえなかった。その予算はアメリカの一部の環境保護団体の予算より小さい。

　その役割は、もっぱら、国連の環境に関する政策調整をすることとされた。独立の強い権限をもつ国連環境機関ではなかったのである。自分より大きな予算をもつ他の国連機関に対して影響力の行使ができるのかという疑問がなげかけられている。

　UNEPがかかわった条約としては、次のようなものがある。
（1）　1972年の海洋投棄禁止条約（ロンドン条約）。
（2）　絶滅のおそれのある野生動植物の種の国際取引に関する

条約(ワシントン条約, 1973年), 生物多様性条約(1992年)。
(3) 各地域の海洋汚染防止条約(たとえば, 地中海汚染防止条約, 1976年)。
(4) オゾン層の保護のためのウィーン条約(1985年), モントリオール議定書(1987年)。
(5) ノールトヴェイク宣言(1989年), 国連気候変動枠組み条約(1992年)。
(6) 有害廃棄物の越境移動禁止条約(バーゼル条約, 1989年)。
(7) 残留性有機汚染物質に関する条約(ストックホルム条約, 2001年)。

トルバ(M. Tolba) UNEP事務局長は, 交渉に直接かかわることにより上記の条約締結に大きな影響力を行使できた。しかし77ヵ国グループは, 1990年頃から, トルバやUNEPが先進国の問題により関心を払っていると判断しはじめた(G. Porter and J. W. Brown, *Global Environmental Politics*, 1991〔信夫隆司訳『地球環境政治』国際書院, 1993年〕)。すなわちUNEPが気候変動, オゾン層破壊, 生物多様性の保護には熱心で, 途上国の貧困の問題に冷淡とみたのである。そこで77ヵ国グループは国連総会決議(1990年)において, 気候変動に関する条約締結の交渉の場を, UNEPとWMOから, 国連総会に直属する政府間交渉委員会に移すにいたった。

### 環境外交の攻勢

1988年は, 国連総会で環境問題がより大きく取りあげられた年であった。9月27日, ソ連のシェワルナゼ(E. Shevardnadze)外相は環境に対する脅威を強調, 軍事手段による安全保障が過去

のものになり，UNEPを環境保障理事会に改組して生態学的安全保障を確保すべきことと，国連環境会議の開催を提案した。他の演説でも，環境を取りあげるものが相次いだ。さらに12月7日，ソ連のゴルバチョフ（M. S. Gorbachev）大統領が一般演説に立ち，50万人の軍事要員の削減を柱とする一方的軍縮を発表した。かれは地球環境問題が安全保障に深くかかわっていることに言及した。このような1988年の国連総会は環境総会とよばれた。これは，米ソの冷戦状況が急速に弱まったことと無関係ではない。1988年になって国際政治が地球環境問題に向かったとされる（米本昌平『地球環境問題とは何か』岩波新書，1994年）。

1988年6月には，カナダ政府主催の「変わりつつある大気，地球安全保障の意味に関する国際会議」がトロントであり，46ヵ国と国連機関が参加している。また9月末，ベルリンでの世界銀行，IMFの総会を前に，8万人が市内をデモ，環境破壊的投資を非難した。会議では，開発援助と環境破壊をめぐり，激しい議論となった。この会議では環境への配慮を世銀の融資に盛り込むことが合意された（斎藤彰編『地球が叫ぶ』共同通信社，1990年）。

1989年1月2日号の『タイム』は地球を「年男」にした。地球が表紙を飾り，各地の汚染が特集された。ブッシュ（G. H. Bush）アメリカ大統領は，1月の就任演説でみずからを環境保護論者と宣言した。3月5日，サッチャー（M. Thatcher）イギリス首相はUNEPと共催でオゾン層保護に関する会議をロンドンに誘致，123ヵ国が参加した。この会議はフロンの生産・消費の全廃の合意形成に貢献した（米本，前掲書）。同年3月10日，フランスはオランダ，ノルウェーと諮り，ハーグで温暖化を議題とした首脳会議を開いた（24ヵ国が参加）。米中ソの3ヵ国は，大国の対立が

もちこまれるというので招待されず，サッチャー首相は，不快感を表すため，欠席した（斎藤，前掲書）。この会議で採択されたハーグ宣言は，地球温暖化の国際政治的解決をめざし，問題解決のための組織づくりを提案した。

それまで酸性雨，自動車排気ガス規制に消極的であったイギリス，フランスが，1988年になって突然，政策転換をしたのは重要である。先進国は地球環境問題をめぐり，主導権争いを演じているのではないかといわれるまでになった（米本，前掲書）。

1989年7月に開かれたG7によるアルシュ・サミットでは，フランスのミッテラン（F. Mitterrand）大統領の強い意向で地球環境問題が主題となり，経済宣言の3分の1が環境に関するものとなった（環境庁地球環境経済研究会『地球環境の政治経済学』ダイヤモンド社，1990年）。その後のサミットでも毎年，環境に関しての宣言が織り込まれることになった。1991年12月にはパリで，リオ会議のための国際非政府団体（NGO）の会議がフランス政府の後援で開かれた（朝日新聞「地球サミット」取材班『「地球サミット」ハンドブック』朝日新聞社，1992年）。

1989年11月，オランダは，ノールトヴェイクで大気汚染と気候変動に関する環境大臣会議（69ヵ国）を主催した。オランダでは，国内政治で環境が最大の課題となっており，外交面でも環境問題に関して積極的な指導力をみせた。この会議は，温暖化防止にむけて二酸化炭素（$CO_2$）などの排出を安定化させるための合意をめざして開かれた。この会議の合意はつぎのようなものであった。温室効果ガスの排出を抑える必要性を参加諸国は認め，1990年に開かれる「気候変動に関する政府間パネル」（IPCC）の会合と第2回世界気候会議の検討をふまえたうえで，先進国がで

きるだけ早くガスの排出規制を行うべきであるというものであった（米本，前掲書）。

### リオ会議へ向けて

1987年の「環境と開発に関する世界委員会」（ノルウェーの首相ブルントラント〔G. H. Brundtland〕が率いる委員会）報告書「地球の未来を守るために」の公表，88年の環境国連総会の議論，そして先進国の環境外交の攻勢などが続くなかで，89年にはリオデジャネイロでの「国連環境開発会議」の開催が決まった（89年12月の国連総会決議による）。

1990年9月に開かれたIPCCは，地球温暖化防止のために国際条約を締結すべきことを勧告した。同年10月29日から11月3日にかけて，第2回世界気候会議がジュネーブで開かれ，$CO_2$の排出削減の可能性を検討した。この会議の科学技術部会は，先進国が2008年までに20%の$CO_2$の排出を削減できると宣言した（米本，前掲書）。

さらに，同年12月の国連総会は，温暖化防止条約の締結交渉を国連総会の設置する政府間交渉委員会で行うことを決議した。政府間交渉委員会は国連全加盟国により形成されているので，国連総会の多数派たる77ヵ国グループの強い影響を受けることになった。ブラジル，インド，メキシコ，インドネシアなど主要途上国が指導力を発揮したが，この交渉は難航した。とりわけ$CO_2$の排出削減目標を条約に盛り込むかどうかで議論が続いた。1992年5月9日の明け方になってやっと合意に達することができ，リオ会議での条約署名に間に合った。条約に$CO_2$削減目標の数値を明記しないこと，先進工業国の責任を明記することにより，妥

協が図られた。

　1991年1月には，OECD環境大臣会議があり，6月には，中国が44ヵ国の途上国を招き，北京で開発と環境の会議を開いた。同年12月には，OECDが環境と開発に関する閣僚会議を開いた。このほかリオ会議の準備会議（4回），気候変動枠組み条約（5回）や生物多様性条約（6回）の交渉会議などがリオ会議に向けて開かれた。このように先進国グループ，途上国グループがそれぞれ集まり，また全国連加盟国が集うなど，多種多様な交渉が展開された。

G. H. ブルントラント

　なお，以上の流れにリーダーシップを発揮したブルントラントはノルウェー労働党を率い，環境大臣，首相を歴任した。1998年から2003年まで，WHOの事務局長を務め，タバコ規制枠組み条約の交渉を促進，2003年5月にこれを採択させた。

## 3　持続可能な開発をめざして

### リオ会議の開催

　1992年6月3日，ブラジルのリオデジャネイロで「環境と開発に関する国連会議」（リオ会議：地球サミット）が開幕した。国連全加盟国をふくむ183ヵ国が参加した。103ヵ国は政府首脳を派遣した。そして同会議には123ヵ国から1400以上のNGO，

表 7-1 ストックホルム会議とリオ会議の比較

| 名　称 | 国連人間環境会議<br>(ストックホルム会議) | 環境と開発に関する国連会議<br>(リオ会議：地球サミット) |
|---|---|---|
| 期　間 | 1972年6月5日〜6月16日 | 1992年6月3日〜6月14日 |
| 参加国 | 113ヵ国<br>(首脳はインド首相・スウェーデン首相のみ出席) | 183ヵ国（103ヵ国政府首脳出席） |
| 標　語 | 「かけがえのない地球」<br>(Only One Earth) | 「持続可能な開発」<br>(Sustainable Development) |
| 宣　言 | 人間環境宣言 | 環境と開発に関するリオ宣言 |
| 決議等 | 行動計画<br>国連環境計画の創設<br>商業捕鯨10年禁止勧告<br>海洋汚染防止条約案の交渉 | アジェンダ21<br>地球環境基金の改組<br>持続可能な開発委員会の設置<br>森林原則声明<br>生物多様性条約の署名<br>気候変動枠組み条約の署名<br>砂漠化防止条約の交渉 |

111ヵ国から8000人の報道関係者が集まった（米本，前掲書）。20年前のストックホルム会議では，参加国が113ヵ国で，出席した政府首脳がスウェーデン首相とインド首相のみであったことを考えれば，リオ会議の盛会のほどがわかる。リオ会議の盛り上がりは，環境問題が国際政治のなかでどう変化したかを物語っている（表7-1）。

　リオ会議は，「環境と開発に関するリオ宣言」や，今後全世界

が取り組むべき課題をまとめた「アジェンダ21」、そして森林資源を保全するための「森林原則声明」を採択した。さらに、先に交渉を進めて合意に達していた「国連気候変動枠組み条約」「生物多様性条約」の署名を行った。

しかしブッシュ大統領は、生物多様性条約の署名を拒否した。拒否の理由は、アメリカ企業の保有するバイオテクノロジーに関する特許が脅かされるというものであった。また、アメリカが気候変動枠組み条約の交渉過程で$CO_2$削減目標の明記に反対を貫いたこともあって、リオ会議での孤立がめだった。

### 「持続可能な開発」の提唱

「持続可能な開発」はリオ会議の合言葉であった。そもそもこうした考えの源流は、国連総会の設置したブルントラント委員会（環境と開発に関する世界委員会）が、1987年に提案したものであった。その中心的理念は、途上国における多くの貧しい人びとの生きるための最低限の物的要求を満たすことがまず必要であるというものである（The World Commission on Environment and Development, *Our Common Future*, 1987〔大来佐武郎監修『地球の未来を守るために』福武書店、1987年〕）。つまり、そのためには開発が必要というわけである。

こうした見解は、途上国の貧困が最大の環境問題であるというガンジー首相（インド）のストックホルム会議（1972年）での主張と共通している。「開発」はストックホルム会議で取りあげられた後も、UNEPにより引きつづいて追求されてきた。途上国は、広がる一方の経済格差の是正を求めてきたのである。

国連総会は1961年、60年代を「開発の10年」と指定し、南

北問題に積極的に取り組みはじめた。さらに国連総会は1970年代，80年代，90年代をそれぞれ第2次，第3次，第4次「開発の10年」としてきた（野瀬久美子『国連』尚学社，1992年）。また途上国はUNCTADをとおして，貿易の改善を求めた。そして，ストックホルム会議から10年たっても環境と開発の問題がなにも解決されていないことを反省し，国連総会のもとに1983年，「環境と開発に関する世界委員会」を設置したのである。

　一部の産油国が石油収入を確保し，東アジアや東南アジア諸国が工業化に成功したものの，他の大多数の途上国は，貧困から逃れられない状態が続いている。途上国にとっては，地球環境が悪化したからといって余分の財政負担，国際義務の履行を求められるのは心外であった。途上国は，地球汚染を引きおこした先進工業国がその責任をとるべきであるという主張を展開した。

　人間が生存できる状態をつくり維持することこそ，貧困に苦しむ途上国の強い欲求であった。貧困をなくすためには開発が唯一の方法である。まして環境保護を理由に援助が減額されたり，貿易に制限が加えられ，開発資金が減らされることなどは認められないのである。1985年，途上国から先進工業国へ，差し引き400億ドルの資金が流れているとブルントラント委員会の報告は指摘する。この支払いは，おもに南の諸国の天然資源を調達して支払われている。これは自然を売却したことを意味する（E. U. v. Weizsäcker, *Erdpolitik*, 1990〔宮本憲一・楠田貢典・佐々木建監訳『地球環境政策』有斐閣，1994年〕）。

　ブルントラント委員会の報告が，途上国の貧困の解決のための開発を正面から取りあげたのは，途上国が多数派を占める国連総会の意向を十分くんでのことであった。委員会の23人の委員も，

個人の資格でしかも専門家として選出されたものの、途上国出身者が過半数を占めた。この構成は、委員会設置にあたっての国連総会の決議によるものであった。この委員会の報告書は、UNEPの管理理事会に報告されたのち、国連総会に提出されたのである。

　1987年の国連総会は、この報告に関する決議を採択する（朝日新聞「地球サミット」取材班編、前掲書）。「持続可能な開発」が各政府の指導原則となるべきことが宣言された。この決議は「持続可能な開発」をつぎのように定義する。「環境の悪化と天然資源の枯渇により、開発への影響が懸念されるようになってきた。開発により現在の必要性を充足することが望まれるが、現代の世代が資源を枯渇させるような方法は許されない。開発は将来の世代の必要性を考えたものでなければならない」。

　そのうえで決議は「持続可能でありかつ環境上健全な」開発をめざすべしと訴える。貧困を解決するためには、経済成長は必要であるが、資源を失うまで使ったり、また環境を悪化させてはならないのである。すなわち同決議は、究極的には平和の維持、成長の回復、貧困問題の改善、人間の必要性の充足、人口増加の問題への取組み、資源の保全、技術の改革、危機の管理などを目標とすべきことを主張する。政策をつくるときは、環境と経済を統合せよというわけである。

　この国連総会決議は、ブルントラント委員会の報告に同意を与えたものであった。したがって、この報告書は前述のリオ会議を方向づけたといえよう（Weizsäcker, *op. cit.*）。リオ会議において、環境と開発に関する行動計画（アジェンダ21）が採択されたのは、じつはこうした経緯があったのである。

### ☆南北問題と環境　　　　　　　　　　　　　　　コラム ❽

　人間としての最低の生活水準すら達成できない諸国と，食べきれない食料を毎日ゴミとして捨てつづけている諸国がある。国際社会には，大きな不平等が存在するのである。地球規模の環境問題の解決のためには，この不平等性の問題を素通りできない。

　貧しい諸国にとっては，まず開発の実現が最優先課題とならざるをえない。飽食の諸国は，その生活水準を引き下げることなく，汚染と資源枯渇の問題を解決したい。貧しい諸国と先進国で合意できることは，成長を続けつつ汚染問題を同時に解決しようというものである。「持続可能な開発」はこのような合意を表現した標語であり，1990年代の国際環境政策を決定的に方向づけたといえよう。

## アジェンダ21の実現可能性

　リオ会議が採択した上記の行動計画案は準備会議の段階で，「アジェンダ21」とよばれるようになった。21世紀に向けての具体的な行動計画を意味したからである。4回にわたる準備会議で合意への最大の努力が重ねられた。全文は800頁におよぶ。貧困の克服から汚染の解決まで，あらゆる内容が盛り込まれている。

　「アジェンダ21」を実施するためには，年間6000億ドルの資金が必要と見積もられている。先進国はこのうち全体で100億ドルの拠出を求められている。「アジェンダ21」に関しては，アメリカを除く先進工業国は，国内総生産の0.7%を政府援助とすること，および地球環境基金により多く出資することを約束した。

　「アジェンダ21」に対しては，成長の推進と環境保護を織りまぜた大風呂敷であるとする評価がある (Weizsäcker, *op. cit.*)。また，先進国の持続不可能な生活様式にはふれていない。むしろ先進工業国の生活様式が途上国の人びとの目標となっている。しか

し，73億人（2015年）の世界人口が全部先進国の生活水準を採用すれば，地球の資源はたちまち枯渇し，汚染は壊滅的なものになる。先進国の生産形態や生活様式は，持続可能な開発の理念に合致するとは考えられない。先進国は，資源の食い潰しと汚染の増大にもっと大きな責任を負わなければならないとされるゆえんである。

### 「持続可能な開発に関する委員会」と「地球環境基金」

1992年12月の国連総会は，リオ会議での合意にもとづき，「持続可能な開発に関する委員会」（CSD）を国連の経済社会理事会の機能委員会として設置した。この委員会は，53ヵ国の代表（3年任期）と国連専門機関代表から構成される。その任務は「アジェンダ21」の実施を監視し，国連の環境と開発機関の調整を行うことにある。CSDは，毎年会合するが，自己資金を有していない。CSDの設立については，リオ会議の生んだもっとも重要な組織であるとする説と，不適切な土産であるとの評価が対立している（長谷，前掲書）。2012年に開かれたリオ＋20はハイレベル政治フォーラムを設立し，CSDを廃止する決議をした（植田洋三監修『入門国際機構』法律文化社，2016年，162頁）。

「地球環境基金」（GEF）は1989年，フランスの提案により世界銀行内に91年から設置された。オゾン層保護のための資金と地球環境保護のための資金を用意した。リオ会議でこの基金の改革が決まり，組織拡充，増資と対象事業を広げた。現在183ヵ国が参加するGEFは生物多様性，気候変動，国際水域の環境保全，オゾン層破壊，砂漠化，残留性有機物質汚染対策のために，資金を途上国に提供する役割を担っている。1991年から2015年まで

に135億ドルを無償供与した（www.mofa.go.jp，「地球環境ファシリティ」2016年1月15日）。2014〜2020年の第7次予算は44.3億ドルである（www.mofa.go.jp，同上）。

**ヨハネスブルグ地球サミットとリオ＋20**

2002年8月末，ヨハネスブルグで「持続可能な開発に関する地球サミット」が開催された。新しい方策を討論するのでなく，先にリオ会議で採択された「アジェンダ21」の勧告を実行するために開催された。191ヵ国が参加した。環境問題は後景に退き，途上国の開発問題に議論が集中した。貧しい国と先進国の格差は開く一方であり，グローバリゼーションの恩恵を受けていない，という途上国の主張が多数を占めた（M. S. Soros, "Global Institutions and the Environment," R. S. Axelrod *et al.* eds., *The Global Environment*, CQ Press, 2005）。

リオの地球サミットから20年後の2012年6月に再びリオデジャネイロで国連主催の首脳会議（リオ＋20）が開かれた。192の参加国は地球サミット（1992年）での約束を再確認し，「我々が望む未来」を採択した。

## 4 多数国間環境条約の発展

**京都議定書の成立と2015年のパリ協定**

リオ会議で国際社会の環境問題への関心は頂点に達した。リオ会議以降は，新しい環境問題に対応するために条約交渉が行われてきた。また，リオ会議で署名された条約が発効し，締約国会議で議定書の交渉や締結が行われた。国際司法裁判所（ICJ）は

1997年9月，ドナウ川のダム建設をめぐるスロバキアとハンガリーの紛争（Gabcikovo-Nagymaros事件）に関して判決を下した。これは，ICJが環境問題に関して初めて下す判決であった(S. Maljean-Dubois, "L'Affaire Gabcikovo-Nagymaros," AFDI, 1997)。

IPCCが，地球の気候変動を防止するために50%から70%の温室効果ガスの削減を勧告したにもかかわらず，1997年の京都会議（COP3）でなされた合意は，先進国のみがまず5%の削減に取り組むというものであった（D. ゴドレージュ〔戸田清訳〕『気候変動』青土社，2004年）。これは先進国の排出がほとんどであり，途上国のガス排出量がわずかであった（これまでの排出量の90%は先進工業国による排出）ことから，「差異ある責任」を先進国がとるべきであるとの合意があったのである。しかし，2007年中国の$CO_2$排出量がアメリカを上回り，インドの$CO_2$排出量も2006年に日本を超えた（環境省総合環境政策局「環境統計集」平成22年版）。それにもかかわらず，途上国は削減義務に反発している。

京都議定書は2012年に期限切れとなった。その後の削減について，毎年COPで交渉を続けた。先進国の途上国への支援の義務づけ，途上国の削減義務について，交渉は2015年までまとまらなかった。

2015年12月パリで開かれたCOP21で「パリ協定」が全会一致（196ヵ国・地域）で採択された（『朝日新聞』2015年12月15日）。2020年以降の温室効果ガスの削減等について，すべての参加国が削減に自主目標を定め実行するという内容の合意である。途上国に対して，先進国は2020年までに1年で1000億ドルの援助を実現し，2025年までこれを続け，以降さらに増額する。長期目標として気温上昇を工業化以前より2度より低く抑えることに合

意した。

### 砂漠化防止条約，WTO の設立とカルタヘナ議定書

リオ会議での合意をもとに砂漠化防止条約の交渉が続けられ，1994年に国連砂漠化対処条約が採択された。この条約はアフリカの砂漠化が著しいことから，とくに砂漠化するアフリカへの支援を強化する規定を設けた。

1995年には，世界貿易機関（WTO）が設立された。WTO は貿易の自由化に取り組む国際組織である。WTO において環境がもっとも微妙な問題の1つとなった。環境条約と自由貿易の関係が問題となるためである。2000年1月に採択されたカルタヘナ議定書（生物多様性条約の生物安全性に関する議定書）によれば，輸入国は科学的根拠がなくとも遺伝子操作生物の輸入禁止措置をとることができるという規定を設けた（議定書第10条6項，同11条8項）。このカルタヘナ議定書と WTO の自由貿易の規定が衝突する事態も考えられる。どちらの規定が優先されるのか不明瞭である。

### 有害化学物質の規制，放射性物質の規制

1998年に採択された「ロッテルダム条約」（PIC 条約）は有毒な化学物質，殺虫剤の貿易について締約国間の事前通報，事前同意を定めた。この条約は輸入国が有害な化学物質の輸入を禁止し，また輸入品の危険表示を義務づける権利を認めた。そして27の化学物質を規制対象とし，2004年2月に発効した（D. L. Downie, "Global Policy for Hazardous Chemicals," Axelrod *et al.* eds., *op. cit.*）。2001年には，「残留性有機汚染物質に関するストックホルム条

約」(POPs条約)が採択された。本条約はDDT，PCB，ダイオキシンなど12の難分解性の有機毒性物質の地球全体への拡散を防止するため，生産，使用，貿易を規制しており，2004年5月に発効した。

　これら2つの条約は，「有害廃棄物の国境を越える移動及びその処分の規制に関するバーゼル条約」(1989年)を補完するものである。この「バーゼル条約」「ロッテルダム条約」「ストックホルム条約」の事務局はUNEPのジュネーブ事務所に置かれ，3事務局は共同事務局である。人事権はUNEPが保有する。締約国会議は同時期に開かれ，3条約合同会議も開かれる。アメリカはこれら条約に加入していない。有毒化学物質の生産を減らし，化学物質のライフサイクルを通じた管理体制がつくられることが必要である。

　1993年，ロンドン海洋投棄条約の締約国会議において，すべての放射性物質の海洋投棄の禁止が決まった。1994年，IAEA（国際原子力機関）で「原子力安全条約」を作成，締約国の原子力施設の安全確保を求めた。1997年，IAEAにおいて「使用済み燃料，放射性廃棄物管理安全条約」が作成された。

### 事務局，締約国会議の役割

　新しい多数国間環境条約がリオ会議以降も数多く結ばれている。これらの条約が発効するに伴い，各条約の事務局が設置されてきた。環境条約の継続的な執行を確保するための行政組織である。条約事務局は，加盟国はもちろん，関連の国際組織，NGOと連絡を取りあい，情報を交換し，条約の履行のために事務を行っている。

条約によっては国連専門機関，国連の補助機関が事務局を務める場合がある。船舶による海洋汚染防止条約（マールポール条約）は国際海事機関（IMO）を事務局としているし，生物多様性条約は当初 UNEP に事務局を置いた。

　条約の締約国会議は定期的に開かれる。たとえば温暖化防止条約および京都議定書の締約国会議は毎年開かれ，生物多様性条約は 2 年に 1 回開催される。締約国会議では，各国政府の代表が顔を合わせ，条約の履行・改正について議論を進める。今日，多くの多数国間環境条約が結ばれているので，締約国会議が毎年どこかで開かれている。

　「オゾン層の保護のためのウィーン条約」は，事務局，締約国会議を設置し，具体的規制はそこでの交渉に委ねた。そして締約国会議において，「モントリオール議定書」を採択し，規制物質の特定と数値目標を決めたのである。さらに，この議定書は開発途上国のために資金援助と技術移転の制度をつくり，途上国の参加をうながした。2014 年現在,「ウィーン条約」と「モントリオール議定書」には，197 ヵ国が参加している（UNEP Ozone Secretariat, 2014）。「モントリオール議定書」による素早い，効果的な規制は，国際社会を驚かせた（Downie, *op. cit.*）。このウィーン条約とモントリオール議定書は他の環境条約のモデルとなったほどである。

## 5　21 世紀の環境問題

　環境問題は 1970 年代より国際政治の主要な課題の 1 つとなった。1980 年代末，冷戦の影が薄くなると環境問題はいっそうそ

の重みを増した。「環境」は国連の第4の目的となっている（富田，前掲書，159頁）鋭敏な政治家は環境問題を取りあげることによって大衆的支持を受け，指導力を誇示しうることを知っていた。1988年から89年にかけてのゴルバチョフ・ソ連大統領，サッチャー・イギリス首相，ミッテラン・フランス大統領，ブッシュ・アメリカ大統領がその例である。2000年12月の時点では，ドイツ，フランス，ベルギーでは環境政党が連立政権に参加していた。アル・ゴア（A. Gore）元アメリカ副大統領は，2006年映画『不都合な真実』（*An Inconvenient Truth*）をつくり，世界を巡回，温暖化対策を訴えた。ノーベル委員会は，2007年，アル・ゴアとIPCCに平和賞を授けた。2009年オバマ・アメリカ大統領は「グリーン・ニューディール」を発表，再生可能エネルギー開発促進と雇用拡大を約束した。

　環境問題の側面からみれば21世紀は，人類の生存にとって容易ならざる世紀となろう。異常気象，海面上昇は，その一例である。2010年4月，メキシコ湾の海底油田（Deepwater Horizon）からの石油流出は，深刻な汚染を起こした。2015年の世界人口は73億人を超え，2050年には91億人に達する見込みである（UNFPA, "State of World Population 2015"）。さらに生物種の絶滅が加速化している。

　原子力発電所の建設・操業・事故，核兵器の製造・廃棄により放射性廃棄物は増大する。しかし核廃棄物の処理方法はいまだ確立されていない。化学工業により生産される有毒物質は増産を重ね，生物と環境に重大な影響を引き起こしている。遺伝子操作の技術が生物の進化に重大な影響を及ぼす心配もある。マイクロ波を使う携帯電話は劇的に増加，その電磁波が人体に被害を与える

と警告されている。また高圧電線,電気製品の低周波も同様の問題をもつ。人類がかつてないほどの電磁波に曝露されている(萩野晃也博士談,2008年10月)。科学技術のいっそうの発展が地球環境に破壊的に働くであろう(A. Schnaiberg and K. A. Gould, *Environment and Society*, 1994〔満田久義ほか訳『環境と社会』ミネルヴァ書房,1999年〕)。1972年,ローマクラブが予測した汚染の増大,鉱物資源の枯渇が現実化するのが21世紀である。

　国際社会では諸国家が交渉により環境問題に関する対策を立て,国際環境法や国際組織が発展してきた。そこでは非政府組織(NGO)がより重要な役割を果たしつつある。現世代による生産・消費活動により将来の世代に負の遺産を押しつけることは許されない。「環境」は21世紀の国際政治でいっそうその比重を増し,各国政府,国際組織,民間団体の協力のもとに解決策が模索されなければならない。

# 第8章

# 第三世界と国際関係

## 1 第三世界と国際関係学——世界地図の実相

都市型戦争たるテロ，ギリシャ危機や移民・難民問題がポピュリズム（大衆迎合主義），民族主義と共振することで世界の枠組みが根底から軋みはじめている。

2016年4月4日，世界に普及させた人権，民主主義，自由，難民保護の理念を自ら踏みにじるかのように，ヨーロッパはシリア難民を送還し，国境を閉じた。ヨーロッパの偽善を強く非難するIS（イスラム国）は，2015年11月パリ，翌年3月ブリュッセル連続テロ事件を引き起こし，ヨーロッパ社会の市民を恐怖に陥れた。ISは，第1次大戦中に英露仏によって結ばれた「サイクス・ピコ協定」を無効とし，既存の主権国民国家体制への異議を宣した。さらに，2015年，世界の貧困解決のために「国際社会」が取り組んだ「ミレニアム開発目標」が破られ，貧困と疎外の現実に直面する圧倒的多数の人びとを解決の道筋から締めだしたことにISは応答している。新しい包摂の道をつくりだす努力が喫緊の課題であることを警告している。北世界が南の声に無関心で

あることは許されない。欧米主導の国際秩序に対する南の世界の挑戦は，歴史に根を張る一方で，地域社会から排除され，格差を余儀なくする現代社会の問題の踏み絵となっている。世界は歪み，軋み，そして瓦解寸前の暗い闇に閉ざされるかのようである。

### 第三世界の源流

「第三世界」の起源は第1次大戦下の1927年ブリュッセルで結成された「反帝国主義連盟」に由来するといわれるが，むしろ20世紀になってからは欧米世界の支配に抗する，非ヨーロッパ世界（extrawestern world）が互いに精神を鼓舞しあう共同体として解されるようになった。「第三世界」（Tiers Monde）が世界的に認知されたのは，1955年に同名の著書がフランスで公刊されて以後のことである。時代の変化を印象づけたこの Tiers Monde は，フランス大革命の「第三身分」にその語源があり，時代変革の担い手となる民衆(ピープル)によって「1つの世界」が形成されるという政治的含意を埋め込んでいる。すなわち，植民地主義によって抑圧され，奴隷化されてきた世界的規模の「人民(ピープル)」がその影響力を昂揚させ，グローバルな多数派を形成したことを意味している。

また，第三世界は冷戦の文脈のなかで明確に位置づけられ，超大国とそのイデオロギーによる支配の拒絶と，新たに解放された諸国が資本主義と共産主義の双方に取って代わる新たな道を模索する蝟集(いしゅう)的なものであった。第三世界は植民地化と脱植民地化による周辺化の過程（またそれへの抵抗）を表し，大国と対極に位置する市井の民衆(ピープル)の心性に着床した言葉である。それゆえ，第三世界は周囲からうち捨てられ，自らの未来を形作る力をもたない

民について語る言葉であり，強者と弱者とのあいだにある不平等な関係を問う隠喩であることにかわりはない。これは，アジア，アフリカ，ラテンアメリカの三大陸横断的な共通認識でもある。

　1960年代の中頃まで，アジア，アフリカの指導者らはみずからの国家をふくめて「新興国」と称したが，英語表記には「国家」を意味するstateやnationを使用せずに，「勢力」(forces)と記し，領域も国民も確定していない世界各地の民族解放勢力による民族の抵抗と解放運動を交通させる実践的な主張を掲げた。しかし，しだいに資本主義国家群を第一世界，社会主義国家群を第二世界，いずれの陣営にも属さない諸国家を第三世界（Third World）とする用法が登場する。1970年代中国は「3つの世界論」を唱え，アメリカとソ連を第一世界，アジア，アフリカ，ラテン・アメリカの途上国を第三世界として，みずからの対外行動の理念の中心に位置づけた。

　この政治的な用法とは別に，アメリカ大統領トルーマン（H. S Truman）は1949年のポイント・フォー演説で第三世界を「低開発国」(underdevelopment)と置きかえた。かれは，経済発展の段階に応じて順位づけられる単線的な発展認識のスペクトラムのなかにこの「低開発国」を位置づけ，開発援助の歴史に幕を開けたのである。これはなによりも19世紀アメリカが国家の近代化と領土拡張へと進んでいく価値として，前進と発展を掲げたことに由来する。アメリカ的豊かさをめざし，GNPという尺度で国家と人びとを測り，その優劣を「開発」のパラダイムのなかに忍ばせたことを意味する。第三世界は国際協力や開発援助の施策のもと，先進工業国と対比されるかたちで「低開発」/「発展途上」や「最貧国」などに類型化されていくことになる。

しかし，1990年代，グローバルな世界構造の不均等性が顕在化したことで，ふたたび第三世界の政治的用法が息を吹きかえすことになる。第1は，資本のグローバルな拡張のもとでそれぞれの文化や領土的身体としての「地域」の普遍性が重要になったからであり，第2は，植民地化された社会は「近代化をせまる」構造にいずれ同化するか死滅するかの運命にあるとされる歴史への反駁である。第三世界が植民地体制のもとで経済的に立ちおくれ，経済の対外依存性や構造的ボトルネックを余儀なくされてきた歴史的文脈を看過してはならないゆえんでもある。世界の不均等発展のなかで，欧米世界が説くような近代化論による自由民主主義社会に必ずしも向かわず，むしろ反対に，自由民主主義の理念は第三世界国内のエリート層と外国勢力とが一体化する権威主義的独裁政権をつくりだした。

既存の国際秩序を維持しようとする権力者がつくりだした「歪んだ鏡」は，第三世界を「遅れ」た「野蛮」な「他者」として描く。そこにヨーロッパ優位の自己像がある。400年間に1200万人の奴隷を運んだ太西洋航路の暴力と恐怖の実態を黒人や水夫の視点で活写したレディカー（M. Rediker）の『奴隷船の歴史』（2016年）は，資本主義中枢の利潤追求と北世界の人びとの無関心が世界の末端で暴力を生みだすという構図をみごとに描いている。

### 第三世界と国際関係の社会学

ヨーロッパ公法秩序にもとづく国際関係は，国家を構成主体とする国家間関係とみなし，主権国民国家の相互作用過程としての外交に焦点をあててきた。この西欧的国際関係の認識枠組みを第三世界の視点から問い直せば，国際社会体系の構造およびその秩

序変動の落差が主題となる。これが国際関係の社会学（Sociology of International Politics）である。それは第1に，植民地主義の形態をとる西欧的に階層化された秩序編成と，「客体」化された自己の回復である。第2に，国際社会における第三世界の〈拮抗力〉ないし〈対抗力〉，たとえば核対抗力としての「弱者の恐喝」「テロの脅威」に代表される反発力である。すなわち民族ナショナリズムや代替的地域統合（ベネズエラのチャベス〔H. Chávez〕大統領が2004年に提案したALBA）の社会正義である。第3に，重要な主題は国際秩序における〈公正〉〈連帯〉という価値志向的な国際関係の構築である。

これらの主題は欧米型現実主義的国際関係学への批判的視座ばかりでなく，国際社会学派のような，非西欧的思惟と対話する国際関係学の台頭と連関する。いわば人間不在の国際関係から人間存在の国際関係への視座転回である。

第三世界が問う近代の歴史，なかでも国際関係学はみずから進歩の歴史の先端に立つと嘯きながら，好戦的支配と帝国的な侵略をくり返す大国の横暴を，正統性をもって語りまた国際法も同様に，価値中立的な装いのもと先進国が主導する国際秩序を正当化し，そこから「女性」「民衆」「第三世界」を「他者」として排除し，社会的な無関心を装ったのである。第三世界を国際関係の視軸に据えることは，西欧中心の世界史を違った視座から，かつ「国家」や「国民」という中心からはみえない問題を提起する。

国際関係と第三世界を構造的に連結させた理論に，世界システム論，「中心─周辺」（center-periphery）論や「従属」（dependencia）論がある。これら理論は，ともに差別的かつ階梯的（階層的）世界の秩序認識を前提にして，その国際秩序変革を志向し，

1960年代後半の新国際経済秩序（NIEO）の経済的自立，国際分業体制改編の理論的支柱を形成し，南北間に新しい国際協力関係の模索をうながした点で特筆に値する。

　また，〈南・北〉という方位認識は，近代的世界像が世界を国境によって区分し，領有すべき領土や植民地，市場と地域を支配し，人びとと社会を組織し関係づけることを事実化する方法である。その発端は，15世紀以降西欧に勃興した国家の一群が組織的に送り込んだ冒険者たちによって非西欧世界が探査され，資本主義的市場と国家が非ヨーロッパ世界を領土化したことにある。それは，19世紀から20世紀にかけて完成をみる国民国家とその植民地，そして資本主義的な世界市場からなる「近代世界システム」（ウォーラーステイン〔I. Wallerstein〕）に統合される過程でもあった。

　他方，同じく20世紀に生みだした覇権的言説に「冷戦」がある。冷戦は，第1に，米ソ超大国が軍備拡張競争を通じた権力政治闘争であった。第2に，米ソ両陣営間で政治体制の正統性をめぐるイデオロギー対立（自由主義，資本主義対共産主義，社会主義）であった。第3に，核兵器の登場によって世界戦争にいたることなく，米ソによる第三世界への介入戦争が展開された。第4に，第三世界の脱植民地化運動と米ソ対立が連動し，世界的な広がりをみたことで，植民地支配と開発政策の所産としての国内格差や貧困が放置された。第5に，第三世界民族主義はカリスマ指導者を正当化することで，内在的土着的な亀裂をうみ，権力失墜後には政権と反政府勢力との武力闘争が軍事化によって促進させた。

## 2 20世紀と第三世界——脱植民地化のプロセス

歴史としての20世紀は秩序と混乱,民族間人権間の差別と対立,支配層であるブルジョワ階級の腐敗と貧困にあえぐ人びと,植民地統治がもたらす多民族国家の矛盾と緊張によって特徴づけられる。その植民地統治を正当化するのが「文明」の論理であり,ついで植民地政策が消滅した第2次大戦後の理念として託されたのが「開発」であった。

戦中・戦後を連ねる連合国と国連との一体性はその名称 United Nations に顕著に示されている。連合国のもと植民地主義の継承装置となった国連は,敗戦国の植民地解放を信託統治制度にそのまま引き継がせていった。そもそも信託とは「文明の神聖なる付託」という考え方を土台としている。優れた文明をもつ国がそうでない国を導き援助するなかでの解放であった。それゆえ創設当初の国連では加盟国8ヵ国から74の植民地が「非自治地域」として登録されたにすぎなかった。被植民地人民の意思と権利による「人民の自己決定権」が保障され,脱植民地化問題の解決がはじまるのは,1960年の植民地独立付与宣言以降である。元来,民族自決とは植民地人民の自決権であると同時に,みずからが属する国家から分離したいというマイノリティや特定のエスニック集団,文化集団固有の集団的権利をめぐる主張であった。だからこそ,もっとも頻繁に発生する紛争要因の1つとなり,いまなお国境の再編や新国家建設要求の論拠となっている(表8-1参照)。

その展開史をみれば,民族の権利はナショナリズムと結びつく自律的な決定や干渉の排除の強力な基盤となる一方,ショヴィニズムに転化しやすい陥穽も宿しているのは明らかである。この人

表 8-1 民族自決をめぐる武力紛争とその結末 (1956-2006年)

| 期　間 | 新たな武力紛争 | 期間末の継続 | 抑制された紛争 | 決着ないし解決した紛争 |
|---|---|---|---|---|
| 1956年以前 | — | 4 | — | — |
| 1956-60年 | 4 | 8 | 0 | 0 |
| 1961-65年 | 5 | 12 | 0 | 1 |
| 1966-70年 | 5 | 15 | 2 | 0 |
| 1971-75年 | 11 | 23 | 0 | 3 |
| 1976-80年 | 10 | 31 | 2 | 0 |
| 1981-85年 | 7 | 37 | 0 | 1 |
| 1986-90年 | 11 | 43 | 2 | 3 |
| 1991-95年 | 20 | 45 | 9 | 9 |
| 1996-2000年 | 6 | 38 | 7 | 7 |
| 2001-06年 | 8 | 26 | 15 | 6 |
| 合　計 | 87 | — | 37 | 30 |

(出所) J. J. Hewitt, J. Wilkenfeld and T. R. Gurr eds., *Peace and Conflict 2008*, Center for International Development & Conflict Management, 2007, p. 34.

民の基本的権利としての自己決定権は，コロンブスの大航海（1492年）500年目の「偉業」への反旗でもあった。1993年，国連で採択された先住民権利宣言は，人民の基本的権利のほか，先住民の権利，復権のための国際的国内的な制度的枠組み，「民の集団的生命権」として位置づけられた。2001年には人権主義，人種差別，外国人排斥および不寛容廃止を求める世界会議（ダーバン会議）が開催され，第三世界は植民地支配の歴史からの回復と謝罪を要求するまでに至った。

第2次大戦期，帝国主義の支配下にあった諸民族が解放，自決，独立を求めて，みずからの国家建設に邁進した結果，世界にはかつてないほどの独立国家を誕生させていく（表8-2）。その多くはアジア，イスラム世界，アフリカなどの植民地体験をもつ地域で

表 8-2　発展途上国の独立時期（年代別の国の数）

| | 途上国の数 | 植民地経験無 | 1940年代 | 50年代 | 60年代 | 70年代 | 80年代 | 90年代 |
|---|---|---|---|---|---|---|---|---|
| アジア | 20 | 5 | 8 | 3 | 2 | 1 | 1 | 0 |
| 中南米 | 33 | 20 | 0 | 0 | 4 | 6 | 3 | 0 |
| オセアニア | 12 | 0 | 0 | 0 | 2 | 6 | 3 | 1 |
| 中東・北アフリカ | 19 | 7 | 4 | 3 | 2 | 3 | 0 | 0 |
| ヨーロッパ・中央アジア | 27 | 6 | 0 | 0 | 0 | 0 | 0 | 21 |
| サブサハラ・アフリカ | 48 | 3 | 0 | 3 | 31 | 8 | 1 | 2 |

（注）　途上国の定義は，基本的に DAC の援助受取り国リストによる。
（出所）　小浜裕久・浦田秀次郎「途上国経済の 20 世紀」『経済セミナー』2000 年 10 月号，92 頁。

あったために，第三世界としての連帯感も醸成された。国際社会に第三世界が統合され，登場するのは 20 世紀後半のことである。独立国家として「後発」であるがゆえに，国際社会からさまざまな不利益をこうむる実態が浮上する。その淵源は「人種」という概念に帰着する。近代的人種観はやがて「民族」「国民」「言語」あるいは「宗教」に還元され理論化された。そのなかで民衆(ピープル)は文明化されていない民族として規定されたのである。

　冷戦は，①米ソによる介入が第三世界の政治的・社会的・文化的変化を制約する国際的・国内的枠組みを決定づけたこと，②第三世界のエリート層は国家主導的な施策を米ソが提示する開発モデルに意識的に対応させたこと，③西欧近代の後継であると自認した米ソの対立に組み込まれた第三世界は，みずからのイデオロギーの普遍的妥当性を示すために世界を変革する必要に迫られる一方，あらたに独立した諸国のエリートが米ソ間競争の場を提供した（O. ウェスタッド）。したがって，第三世界と冷戦は，イデオ

ロギー対立の産物のみならず，米ソ覇権下の勢力圏形成という地政学的な対立と結びついている。冷戦はもっぱらヨーロッパを主戦場とする超大国間の権力政治ととらえることができないのであり，「近代性」にかかわるイデオロギーをもって米ソが第三世界に介入し，その政治的社会的変容を作りだしたのである。

だからこそ，政治・経済システムが，強権化した軍事体制と連動して第三世界への援助を強めたのである。この米ソによる援助競争が第三世界にあって「開発モデル競争」として展開した。

## 3 国際秩序と第三世界——主権と介入の攻防

### 開発と軍拡の連関

冷戦の産物としての南北問題が歴史的必然となるのは，なによりも米ソ両陣営にとって新興独立国を引きよせる必要があったからである。したがって南北問題の認識も西側世界から最初に発せられた。元外交官のイギリス・ロイド銀行会長フランクス（O. Franks）は，1959年，ニューヨークで「新しい国際均衡」と題した講演ではじめて「南北問題」に言及した。それは，西側にとって新興独立国が東側に属することへの危機感の表明であり，戦略的な援助の必要性であった。「東西問題」という論理のもとで「南北問題」は，新興独立国を自陣営に押しとどめるため「開発」問題に置換された。開発輸入が双方に利益になる経済開発の方式であったのは，先進国が援助を通じて資金と技術を提供し，途上国が安い土地や労働力，資源を提供することで実現されるのである。この開発輸入が盛んになったのは，なによりも第三世界における国際冷戦（米ソ対立）と国内冷戦（国内権力闘争）とが連結し

たからであり，世界軍事秩序の形成過程と軌を一にしていた。しかも，多くの途上国では開発と権威主義的な独裁体制との協働関係が形成される誘因ともなった。

冷戦体制を支えた世界軍事秩序のもとで第三世界の国内経済は従属的な経済構造に変形し，貧富の格差解消以前に軍部中心の文化にもとづいた「開発独裁」が推進された。このような「歪んだ発展」に国民の不満が募ると，移転された最新兵器をもつ軍や警察が力をもって弾圧にかかり，社会全体が抑圧機構と化す。市民社会の形成を拒んだ政府は，不満を抱く国民を反乱分子として烙印（らくいん）し，対内的・対外的脅威をあおることでナショナリズムをことさら強調する開発独裁の出現である。その背後では外国勢力と結びついた支配層の経済的権益を最優先させる政策が推進され，従属的な開発戦略を結果的に維持・強化したのである。

ドイツ・ハンブルグ大学の「戦争と兵器開発研究グループ」（AKU）によれば，1945年以来世界各地でくり広げられた武力紛争の数は212件で，民族対立，宗教対立，社会的・経済的不平等，政府の統治の失敗，環境劣化などが引き金となって第三世界を主戦場とする紛争が続くこととなった。

### 脱植民地化の政治

第2次大戦後，第三世界の政治指導者たちは独立の旗印を掲げながら，他方で国際社会を支配していた冷戦に翻弄（ほんろう）されつつ第1に，政治経済上の複雑な関係を植民地宗主国とのあいだで維持し，第2に，独占と独裁で民衆を抑圧しつつ自己利益の増殖を追求した。ここに，第三世界諸国が独立当初から抱え込んだディレンマを垣間見ることができよう。第三世界の国家行動の特徴は，「政

治的独立」「経済発展」「国内の政治構造」という3つの共通した要因の相互作用から生じている。第三世界諸国は，なによりもまず経済的後進性からの脱却を共通の目標に掲げ，社会経済発展が至上命令となる。しかし，経済発展を急速に成しとげるためには外国からの援助や外資の導入が必要となり，外国への依存度を深めれば政治的・経済的な独立性が問われることになる。さらに，世界資本主義への参入の前提となる国民経済の構築は単に産業基盤の整備だけでなく，議会制民主主義制度の達成を必要とする。複数政党制や民主的選挙制の導入は，エスノ・ナショナリズムを生みだす誘因となり，それが皮肉にも少数派民族を議会から締めだし，分離と弾圧による「民族間対立」に油を注ぐことになる。

　このディレンマは，当該国家の国内政治構造の関数（つまりは，政治エリートの正統性，民族構成比，政党や選挙の制度化，軍部や官僚機構の熟練度，利益集団の存在など）によって克服の手法が左右され，独裁的な政治運営かあるいは民主的な政治運営か，さもなければ個人的な政治指導者のカリスマ性に依存するという問題を生じさせる。第三世界が独立を達成する初期の段階ではカリスマ性をもつ指導者が多く輩出された。とりわけ，カリスマ的な指導者はナショナリズムを先導するとき，社会的・文化的な背景に大きく依存する傾向にある（南アフリカのマンデラ〔N. R. Mandela〕元大統領やイランのホメイニ〔R. Khomeini〕がこの列に加わる）。

　1955年4月，インドネシアのバンドンで開かれたアジア・アフリカ会議は，29ヵ国と30の反植民地勢力から1000人以上が集まり，世界規模の「全国三部会」の様相を呈した。いわばフランス革命の全世界版であった。インドのネルー（P. J. Nehru），インドネシアのスカルノ（A. Sukarno），エジプトのナセル（J. A.

Nāsir)らはみずからを「第三世界」とはじめて名乗った。かれらは米ソ冷戦の枠組みと距離をおいた会議を開催することで，いずれの陣営にも属さず，国家統合に専心するために「中立」という意思表示をした。その背景には，国家建設のために援助が必要であり，米ソ両陣営に働きかけて軍事費よりも緊張緩和による費用捻出を説得しようとする意図があったとはいえ，国際秩序に公正を求めようとした側面も無視できない。

以後，冷戦構造を揺さぶる大きなうねりとなる。スエズ運河国有化（1956年），キューバ革命（1959年），資源ナショナリズムと第1次石油危機（1973年），新国際経済秩序樹立宣言（1974年）はこうした文脈と無関係ではない。なかでも，スエズ運河国有化は，エジプトが運河会社の大株主であったイギリス，フランスを追いだし，運河経営の主導権を握り，米ソの国際圧力をはねのけてアラブ・ナショナリズムを高揚させた。また資源ナショナリズムと第1次石油危機は，自国資源に対する恒久主権と経済自立を求めることで，国際市場に翻弄されつづけた歴史に一石を投じ，国際秩序変革の大きな方向性を切りひらいた。

この一連の動きに象徴されるのは，第三世界がしだいに国家建設と政治経済の近代化に取り組む集団として認知され，さらに国連総会で多数派を形成し，冷戦や核の脅威とは異なる別の新しい国際環境をつくりだそうとする決意を示したことである。他方，1951年，国連では経済発展のための特別資金制度が採択され，60年には産業開発委員会が設置され，同年から「国連開発の10年」計画がスタートした。冷戦における「中立」という消極的な立場から一転して，第三世界国家は発展をめざす「途上国」へと脱皮するための動きを鮮明にしたのである。

1970年代に入ってからはベトナム戦争の終結に象徴されるように，反帝国主義運動から「新国際経済秩序」樹立へと第三世界は，その運動の目標を移行させ，経済的な地位の改善をめざした。そして，これと軌を一にして設立された国連貿易開発会議（UNCTAD）開催の主要構成メンバーを核に「77ヵ国グループ」が結成された。しかし一方で，第三世界は地域的・経済的多様化と国家間関係の分裂によって低迷を余儀なくされていく（NICs論の登場）。とくに，経済発展の差異から南の内部での格差が拡大し，南のなかの南北問題としての「南南問題」があらたに生じたことで，よりいっそう混迷することになったのである。

　他方，新興独立諸国の華々しいナショナリズムに加えて，きわめて個性的なリーダーシップをもつ指導者たちによって，初期の非同盟運動が支えられたこともたしかである。なかでも国際冷戦下で異彩を放ったのは毛沢東，周恩来らが展開した中国外交であり，新しい国際政治秩序たる平和5原則の提唱であろう。

　平和5原則（①主権と領土保全の相互尊重，②相互不可侵，③相互内政不干渉，④平等互恵，⑤平和共存）は，1954年に中国，ビルマ（現ミャンマー），インドとの通商協定で提唱された。①から③の原則は国家の独立を保障する政治的な必要条件であり，④と⑤は平等互恵による経済協力があってはじめて共存体制が可能になるとする「東洋外交」の真骨頂をなした。第三世界諸国内に移植された冷戦は，植民地支配への抵抗としてのナショナリズムを国家による国民支配のそれへと転化させた。それは独立の担い手としての「国民」を創造し，文化の多様性を否定して「国民」を支えるような文化的一体性や「伝統」の創出を公権力が必要としたからである。脱植民地国家の「発展」と「近代化」のもとに，かつ

てのナショナリズムは歴史化され，残虐で終わりのない内戦を生みだす「エスニック・ポリティックス」があらたなナショナリズムを登場させた。このようなナショナリズムは，西欧にあっては「悪しきナショナリズム」と解される傾向にあった。

　なかでもアジア，アフリカ，ラテン・アメリカの旧植民地諸国でのあらたなナショナリズムは，そもそも「独立」に際して植民地時代の統治単位によって領域的に枠づけられていたことと関連する。とりわけ列強による領土分割の地盤を継承したために，多くの国では「国民」への帰属意識や，文化的主体（アイデンティティ）が希薄であった。したがって，「国民国家」の指導者たちはあらたに「公定ナショナリズム」をつくりださねばならなかった。この「公定ナショナリズム」は「国民」の創造，異民族への（言語，文化，制度を通じた）同化政策を展開し，さらには近代化の名のもとに開発主義を普遍化して，経済発展政策を追求するものである。

　しかし，第三世界における「国民」の創造は，他方で言語を絶するような野蛮な行為の行政手段を伴ったがゆえに，「国民」の忠誠を獲得することに失敗している。その事例は枚挙にいとまがなく，都市と農村の分離，「伝統的権力」と「近代的権力」との確執，先住民族や少数民族の弾圧，さらには「人種」観念の創出などから生じる紛争があげられる。「人種」以外にも，宗教や文化という要因から対立が再生産される第三世界において，いまでは「国民」への異議申立てが開発イデオロギーによりますます増幅されている（先住民蜂起など）。それは，まがりなりにも独立を達成した第三世界の指導者たちが開発優先主義に政治の力点を移していくなかから，数多くの「民族対立」や「民族紛争」，資源

セルビアからハンガリーに入るシリア難民の列（毎日新聞社提供）

争いが引きおこされたことを意味する。つまり，支配エリートの強権体制と国民との対立は民族紛争として描きだされ，「民主主義の不在」が経済的不公正と格差を二重写しにしている。その強権体制は軍事政権であるか否かを問わず，開発至上主義のもとでは少数民族・先住民族や低所得階層が政治から「排除」され，従属的な資本主義的発展に「民主主義」が途をゆずることを強要する論理なのである。

　かくして，第三世界の国内冷戦は「開発／発展」の名のもとで民族紛争を多発させ，「民主化」を阻害し，人権弾圧の開発至上主義による強権的・権威主義的な政治体制をつくりだした。なかでも，冷戦下アメリカの反共軍事戦略の観点から支持された第三世界の権威主義体制は，「下からの民主化」によって変革を強いられつつも命脈を保つなかでイランで起こったイスラム革命（1979年）は，既存の国際秩序に大きな衝撃を与え，社会的・経済的不平等との闘いの精神的支柱となるほどに影響力をもった。帝国主義的な植民地支配からの民族の解放は，世俗的な政治勢力によってなされるなか，宗教勢力が復興し，支配的になるパラドックスを作りだした。

## 4　南北問題と第三世界——「開発」「反開発」の相克

### 南北問題の国際政治経済学

冷戦体制のもとで促進された「開発」は第三世界のみならず，

世界にさまざまなひずみを生みだす誘因ともなった。それを象徴するのは，不毛な軍事支出が国家経済を破壊し，先進国が軒並み財政破綻に追い込まれる一方で，第三世界では政治腐敗が進行し，開発によって人権が侵害され，環境が破壊され，貧困が増進し，数多くの難民を生みだしたという事実である。

　冷戦下，アメリカが主導した自由主義経済発展モデルは，元来，世界市場と国民国家との相矛盾した関係から成り立っている。このモデルは一方で，原理的にはあらゆるレベルで市場開放された世界市場に優位性をおいている。他方でそれは国民国家が世界市場の壁として残りつづけ，国家の壁を低めたり高めたりをくり返し，ボーダーレス化に抵抗するという矛盾した運動形態をとりつつ「インターステート・システム」が構築されてきた。

　しかし，冷戦の終結は南北問題の変容をうながしつつ進行した。いやむしろ，逆に西側世界がよびかけた南北問題の終焉が冷戦の終わりを導きだしたともいえる。なぜなら，1980年代はじめから先進各国は経済不況に悩むなかで福祉国家政策が破綻し，経済の自由化，民営化，規制緩和の国際協調路線を採用する一方で，NGOといった民間セクターの創出をうながして国際的福祉（援助や支援）を委託するようになった。また，国連の場で第三世界の経済開発を国際協力によって解決しようと先進世界は合意したにもかかわらず，それを反故にし，途上国に自助努力を求めた。先進世界での「援助疲労論」の台頭や第三世界が攻勢をかけた新秩序構想に対する圧力，さらには国連が主催した一連のグローバル・サミットの中止，世界銀行・IMFによる債務危機対処のための構造調整政策など，1980年代後半から90年代を象徴するこれらのできごとは，ことごとくアメリカをはじめとする先進国に

## ☆第三世界のカテゴリー　コラム ❾

　国際経済秩序は，第三世界を近代化論に支えられた発展指標によって分類した，序列的な体系からなる。世界銀行や IMF といった国際開発金融機関は，国民経済を主軸とする所得の大小に基づいて，地域も文化も異なる多様な「途上国」を分類している。一般的に工業的産業的に所得の多い国を「先進国」とよぶが，明確な定義があるわけではない。ただし，OECD（経済協力開発機構）といった援助サークルに加盟することが国際関係上の利得となる。他方，途上国とよばれる国は，1970年代以前には後進国，未開発国とよばれた。1980年代からは途上国となり，現在では新興国といわれる。いずれも development country である。

　世界銀行は，1人当たりの所得1日1.25米ドル以下を貧困と定義し，所得に応じて低所得国，中所得国，高所得国に区分する。人間開発指数による区分もある。途上国にも大きな幅があり，最貧国（後発途上国：LDC）として国連が認定する基準によって区分されることもある。OECD には「援助受取国・地域リスト」(DAC) でより細分化した途上国の分類がある。後発途上国，中進国，低所得国のほか，急速な工業化を遂げると予想された途上国を NICS（新興工業諸国群）と名づけたが，予想に反して国家のみならず，地域（台湾，香港など）の発展が著しいことから，これを NIES（新興工業経済地域）と変更した。近年では，中国のように，政府が生産活動を統制して発展してきた国を世界貿易機関（WTO）は，非市場経済国と位置づけている。その他，国連は，気候変動による水没の危機にある島嶼国家群を島嶼開発途上国（SIDS）とよび，脆弱性をもった国（fragile states）として認定し，より恩恵的な経済便益の機会を提供している。

　国際開発援助空間では，階級闘争ならぬ分類闘争（lutte de classement; P. ブルデュー）が繰り広げられている。

よる「連帯する第三世界の分断」の好例である。

　かくして途上国問題は後景に退いていくことになる。1989年の東欧諸国における社会主義政権の崩壊，91年のソ連邦の解体などによって，アゼルバイジャンをはじめアルメニア，ブルガリア，リトアニア，ポーランドなどがいまや途上国として広義の〈南〉に属するようになったことで，東西問題は過去のものとなり，冷戦時に描かれた南北問題の構図も崩れた。また，世界貿易機関（WTO）の設立によって機能的な国際経済レジームに第三世界が取り込まれることで，途上国問題は「体制内化」した。すなわち，第2次大戦直後に提起された「既存の体制のなかでいかに経済成長と発展を達成するか」という問題に還元されたことで，東西対立と対をなした南北問題は拡散されていく。

　北と南の経済的な対立図式が消えたとはいえ，豊かな世界と貧困な世界との格差は解消されないばかりか，第三世界なるものに，女性や先住民の諸権利が網羅されるようになる。開発経済学の衰退がはじまるゆえんといわれる。

### 「鉄のカーテン」から「貧困のカーテン」へ

　かつてイギリスのチャーチル（W. L. S. Churchill）首相が，有名な「フルトン演説」（1946年3月5日）のなかで，「鉄のカーテン」という名の反共防衛線をヨーロッパの地図のうえに引いてみせた。これは米ソ冷戦の始まりを告げるものであった。それから40年以上を経て共産圏は崩壊し，東西を隔てた強固な壁は取りはらわれた。その後2016年イギリスのEU離脱によって大陸欧州に分断が起こった。いま世界に現出しているのは，持てる者と持たざる者との富の偏在である。1990年代以降，毎年UNDP

（国連開発計画）が公表する *Human Development Report* は，世界的な富の不平等配分が一段と加速されている現状に警告を発しつづけている。『ニューヨーク・タイムズ』(2016年6月29日付) 紙上では，民主党大統領候補選挙で旋風を巻きおこしたサンダース (B. Sanders) 上院議員が指摘するように，少数の富裕層と何十億の貧困な人びととの乖離は著しい。この世界の不平等な現実，大衆とエリートの断裂と試練は，地球的な規模にまで拡大してやまない。

冷戦体制崩壊後の世界は，「鉄のカーテン」にかわって，社会的強者と「貧困のカーテン」で覆われた社会的弱者とに二極分化された状態にある（「貧困」とは，所得の少なさだけではなく，近代化と市場経済の拡がりのなかで失業や飢餓にさらされる側の社会的な権利が保障されていない状態をさす）。1980年代，米レーガン大統領は，新自由主義政策により「強いアメリカ」の再生を説き，社会と市場と国家のあるべき姿を「競争原理」に求め，「小さな政府」を主導した。経済のグローバル化戦略は，自由貿易による市場の開放と規制緩和，外資依存に拍車をかけ，援助よりも投資を重視することによって作りだされた。

経済のグローバル化を象徴する多国籍企業は，国民国家も国連もはるかにおよびもしないところで利益と覇権を握り，地球を支配し，国内外に形成されたタックス・ヘイブンに帝国的な特権を形成しつつある。2016年公開された「パナマ文書」は端的な事例である。このようにグローバリゼーションは，世界的な相互依存の新しい形式として国境を越えた消費主義を前提とし，市場の植民地化によって文化を侵食するばかりか，国民経済への国家の統制を弱めさせ，消費者指向の市場を優先させるのである。国家

の経済格差は,地域間・世代間・階層間格差へと連なり,人種差別的な人種論に転化する。テロリズムに震撼する世界をローマ法王フランシスコは「まとまりのない第3次世界大戦」と表現した。

## 5 第三世界とグローバル化──分断する世界

　グローバル化のインパクトは,主権国民国家体系そのものを変容させる。その影響は地域や地方の深部にまで及んで,資源収奪,不法な森林伐採や漁業,気候変動に伴う災害が広範囲に拡大した。債務返済に苦しむ第三世界を横目に見ながら,不正な金融取引,多国籍企業による租税回避,技術者の頭脳流出など貧富の格差が拡大の一途をたどった。

　世界は,むしろ世界経済のもとで構造的な弱さをもった地域でより劇的なかたちで姿をあらわにする。それが,1980年代の世界を震撼させたメキシコの国家破産に端を発する累積債務問題と,IMF・世界銀行が行った構造調整プログラムによる社会的弱者の切捨てであった。IMF・世界銀行の構造調整政策は,金融不安に危機感をもった先進国や多国籍銀行を救済するべく,国際金融秩序維持を名目に債務の返済を第三世界諸国に求めたからである。その結果,第三世界諸国はもっぱら外貨獲得のための経済運営と賃金の引下げ,公共サービスの削減に政策の力点をおいたことから,大量失業をはじめとする社会的混乱が起きたのである。

　したがって,1980年代の債務危機の10年間を第三世界,とりわけ債務に苦しむアフリカやラテン・アメリカの人びとは「失われた10年」とよんだ。しかも,第三世界諸国は結束してこの債務取消しを要求することに失敗した。第三世界社会において債務

の苦難から隔離された最富裕層と，一般民衆との格差はこれによってますます拡大し，経済危機のもとで重債務国に転落する途上国も増加している。かくして新自由主義経済の猛威は「地球市場」を席巻し，市場覇権の争いを激化させ資源戦争が第三世界地域で多発するだけでなく，民間軍事請負会社による「戦争の民営化」に拍車をかけている。冷戦終結後も唯一の超大国であり続けたアメリカは，国内分裂の危機に遭遇し，世界とのあらたな関係構築に迫られるなか，第三世界は，「南々協力」を梃子に，中国が主導するアジア投資銀行（AIIB，2016年）に依存しはじめ，新興国市場創出へと始動していく。

　グローバル化した資本主義経済の管理が領域国家を越えて作動する一方で，途上国政府はもはや国際金融秩序維持のための道具と化し，自国民の経済生活を保護すべき責任を放棄しつつある。先進国を主体とした市場の論理に途上国政府は服従を強いられ，自国の経済政策が世界資本主義システムを支える役割を担うことになる。国際化された開発途上の国家領域がこの世界資本主義システムに吸引され，富める層と貧しい層の激しい対立，社会のなかの集団にたいする偏見や差別，排他的ナショナリズム，攻撃的な原理主義などをうみだしている。

　1994年1月1日，北米自由貿易協定が発効した日にメキシコのチアパスで先住民蜂起が起こったのは，こうした文脈のなかで理解できる。この先住民組織サパティスタ民族解放軍はメキシコ政府が置き去りにした「南」の憤りを訴え，不公正や不平等に対する人びとの支持を獲得した。

　いまや世界資本主義経済がますますグローバル化していくなかで，周縁部に追いやられた社会的弱者，とりわけ先住民や女性，

少数民族が地理的な領域を越えてつながり，ヨーロッパの近代あるいは近代性そのものを問いつめる場として第三世界が再定立され，世界秩序の問題展望にとって不可欠な体現者として位置づけられようとしている。固定した領界や障壁に依拠しないグローバル資本の浸透と，国際的にはりめぐらされた国際機関等の国際政治権力，多国籍企業や国際NGOといった国際的ネットワーク権力の結合が顕著な世界秩序が創出する21世紀世界とはどのように表象されるのだろうか。

　西欧協調による国際法秩序を世界に定着させるのか，あるいは中国の南シナ海における人工島をめぐる国際司法判断に異をとなえたように，グローバルな地域像を新たに創出するのか，世界は揺れている。第三世界は覇権秩序への抵抗の場から暴力の記憶の場を共有し，植民地主義を問いつづける。その問いは，西欧の知的発想の鋳型にはめこまれたオリエンタリズム批判（サイード〔E. W. Said〕）をはじめ，権力のない人びとの政治（サバルタン〔subaltern〕）への憧憬，さらには第三世界とともに歩んできた現実的な植民地闘争家ガンジー（M. Gāndhī），ファノン（F. Fanon）など，第三世界主義や植民地特有の国際的混淆性の思想にある。彼らに想いを馳せつつ，貧困のなかから民衆運動へと立ちあがる農民や先住民の世界を展望する新たな政治文化の創出である。第三世界主義とは，1960年以降のアジア，アフリカ，ラテンアメリカの低開発性の変化を旧植民地宗主国に追い求める論議からうまれた。

　南北格差の拡大をはじめ，労働問題や移民問題，また歪んだ経済発展がもたらす環境破壊，地球温暖化問題はすでに世界的規模にまで達し，「人間の安全保障」を根底から揺さぶっている。国

家の安全なのか，多発する民族紛争，難民など，人権の保障が優先されるべきなのか，主権国家が直面する難題である。9.11テロ以降，米ブッシュ政権が戦端を開いた対テロ戦争は，西欧近代に内在する人種差別にもとづく非対称性戦争であった。報復が連鎖する「グローバル内戦」の様相を深めるなか，2016年7月6日イギリスのチルコット調査委員会が検証したイラク戦争報告書は，グローバル化とは英語諸国民（English Speaking Peoples）が主導する自由主義的世界秩序の構築とその先導的役割に固執する政権を批判し，人道介入主義（ブレア・ドクトリン）の誤りを指摘した。アメリカがイラク，アフガニスタンで引きおこした惨事，アメリカ単独行動主義に引きつづいて，フランスが行っているイラク，リビア，シリア，マリ，ニジェール，中央アフリカ共和国への介入が地域を不安定化させ，多くの難民を発生させている。その人びとがヨーロッパの要塞に打ちのめされ，行き場を失い，その遺体は地中海の浜辺に打ち上げられている。不平等と略奪が幾多の社会を引き裂き，社会を互いに対立させている。

　国際秩序転換のバネとなり，エネルギーを引き出しうるのが第三世界である。タハリール広場，ソル広場，シンダグマ広場，ズコッティ公園にいるのは誰なのか。それは，ヒト，システム，思想の循環過程で構築される流動的ネットワークを基盤に特定の国家・地域の枠組みに還元できない越境空間にほかならない。それがゆえに，植民地主義にたいする民衆の生活，必需の自由，平和，平等という世界的普遍性を求めるプロジェクト（プラシャド〔V. Prashad〕）として第三世界論は語りつがれていく。したがって第三世界とは場所ではなく，ポストコロニアルな世界をめぐる思索の方法ともいえるのである。

# 第4部
# 国際関係と日本

　国際関係学を学ぶにあたって重要なことは，私たちそれぞれが自分の生活の場から国際社会を見据えることである。また逆に，国際社会というグローバルな地点から，生活者としての自分に光を当てるという作業も大切である。その際，私たちにとって重要な手掛かりとなるのは，日本という国家の対外行動のあり方である。なぜなら，日本の対外行動は，私たちの生き方そのものに直結し，ひるがえって日本の対外行動が国際関係のトータル・システムと連動しているからである。日本の対外行動を理解することによって，私たちは国際社会と自身との関係を確認するとともに，みずからが国際社会とどうかかわっていくのかを展望することができるであろう。

# 第9章
## 国際関係と日本の政治外交


## 1 政治外交における「戦後」

　最近,外交の復権ということがよくいわれる。冷戦が終わって国際政治が流動性を増してきたことと,それは関係しているようである。たしかに,冷戦期には,米ソ２つの超大国同士のあいだで展開される政治のドラマが,非常に大きなウエイトを占めていたので,それ以外の「端役(はやく)」の出る幕はあまりなかった。それは少し言いすぎだとしても,当時と比べてこのところの国際政治の舞台で,いろいろな活動主体の動きがにわかに活発になってきたことは否めない。

　ただし,だからといって,国際政治が「多極化」したとか,古典的な外交が復活しつつあると即断するのは,まちがいである。とくに軍事力においては,ごく少数の「核大国」が依然として特権的な地位を占めていること,なかでもアメリカの力が圧倒的であることを忘れてはならない。アメリカの国力が相対的に後退したことはたしかだが,ソ連崩壊後に残った唯一の超大国として,ある意味ではむしろそのウエイトが増大したともいえる。いずれ

にせよ，アメリカのもつ「構造的パワー」の役割は依然として決定的である。

　他方，最近の1世紀，とくに冷戦期といわれた「戦後」の40～50年間に，国際関係の組織化，制度化が大いに進んだ。また，交通，通信，運搬の技術が格段に進んだために「距離の克服」が容易となった結果，経済の面でとくに顕著にみられるような「相互依存」状況がかなり一般化し文化面や軍事面にもポストモダン的な変容がおよんでいた。こうしたことが国際政治のすがたを大きく変えさせた。国家以外のさまざまな行動主体が舞台に登場したし，国家間の関係でも以前ほどに国力の差が直接にものをいう時代ではなくなってきた。プロの外交官の役割についてみても，いまではかれらの情報収集能力やその伝達能力において，19世紀までの古典的な時代のような「独占」は完全に崩れてしまっていることは，別段インターネットを引合いに出すまでもなく，わかるであろう。この点でも古典的な外交のすがたは，もはやみられない。以下「戦後」の日本外交について議論をする際に，こうしたことを念頭においておく必要がある。

　ところで，そもそも「戦後」とはなにをさすのかが問題である。それについてここで答えを出すよりも，これから一緒に考えよう。たとえば，日本外交について語る際に「戦前」と「戦後」でなにが変わったのだろうか。この2つの「時代」ないし「局面」は，相互にどう関係するのだろうか。単に，敗戦を境として，両者を便宜的に区別しているだけなのだろうか。それとも，「戦前」と比べて「戦後」の日本の外交は「進歩」したといえるのだろうか。総じて日本外交の「戦後」的特徴とはどのようなものであるのか，などの問題について考えてほしい。以下はそのための手掛かりで

ある。

## 2 憲法と講和・安保条約

### 戦後日本の原点

まず,「戦後」の日本外交を規定した2つの基本的な文書について考えよう。

第1が憲法である。敗戦（1945年8月15日）後,日本は足かけ7年にわたって連合国の管理下におかれた。この期間に数々の改革がGHQ（連合国軍総司令部）の指導のもとでなされた。「民主化」と「非軍事化」がその大きな2つの柱である。これらの一連の戦後改革のなかでも代表的で,後にまで影響をおよぼすことになったのが,1946（昭和21）年に公布された日本国憲法である。その第9条が,戦後の日本の対外政策に大きな影響を与えることになった。ここでその全文を引用しておこう。

第9条 【戦争の放棄,戦力及び交戦権の否認】
（第1項）日本国民は,正義と秩序を基調とする国際平和を誠実に希求し,国権の発動たる戦争と,武力による威嚇又は武力の行使は,国際紛争を解決する手段としては,永久にこれを放棄する。
（第2項）前項の目的を達するため,陸海空軍その他の戦力は,これを保持しない。国の交戦権は,これを認めない。

この憲法の制定で主導権を握ったのはGHQであった。とくに,この戦争放棄は,最高司令官であるマッカーサー（D. MacArthur）元帥自身が部下に指示した3つの項目のなかの1つにふくまれていた（他の2項目は天皇の地位に関するものと華族制の廃止であった）。当時の日本の指導層にとっては，昭和天皇の退位あるいは天皇制そのものの廃止を要求する声が連合国の一部で高まりつつあることが最大の懸念であった。そうした状況で，日本が2度と軍事的な脅威を与えるような存在にはならないという意思を明確にし，国際間の信用を得ることが，天皇制の存続を図るために不可欠であるというのがGHQ側の理屈であり，日本政府としてはそれを受けいれるほかに策はなかった。その頃までには，マッカーサーも，日本の占領政策を円滑に進めるには天皇の地位を守るほうが得策だと考えるようになっていた。そうした意味では，第9条は外交的な取引の結果として誕生したといえる。

　一方，第9条の規定は当時の内閣総理大臣・幣原喜重郎自身の発案であったという説がある。これは，前後の経緯からみて疑わしいが，かりに自分から言いだしたことではなかったとしても，戦前の日本外交で豊富な経験のある幣原にとって，「不戦」という考え方は，それほど異様なものではなかったはずである。

　というのは，1928（昭和3）年のケロッグ・ブリアン協定（パリ不戦条約）に，これとほとんど同じ表現がすでにあったからである。「不戦条約」ともよばれるこの協定は「締約国は国際紛争解決のため戦争に訴えることを非とし，かつその相互関係において国家の政策の手段としての戦争を放棄する」こと，また「相互間の紛争，紛議は必ず平和的手段によって処理，解決する」ことを誓うという内容のものであった。この考え方はほとんどそのまま，第2次世界大戦後の国際平和機構として設立された国際連合の憲章に取りいれられていた。このように，新憲法の第9条は占領下

という特殊な事情のなかで生まれたものではあるが，その思想そのものは，20世紀の国際社会でできあがりつつあった大きな流れのなかに位置づけることのできるものであった。それ自身がいわば国際的規範の一部であった。それはやがて「吉田ドクトリン」とよばれる戦後の日本外交の支配的な考えを生む1つの基礎をなした。

　憲法第9条の考え方は，国際連合の集団安全保障機構が効果的に機能して，国家間の戦争を完全に防止できないまでも，それを最小限に食い止めることができるということを前提としていた。しかし，現実の世界では，そのような機構の運営の中心を担うべき米ソの2超大国が厳しく対立しあう「冷戦」状況ができあがってしまった。そのために，一時的・部分的であるにせよ，国連は機能不全に陥ってしまった。敗戦国としての日本やドイツを管理して改革を行う主体も，本来は「連合国」であったが，実質はアメリカ単独の占領であるか（日本），競合する2つの勢力のあいだの分割占領（ドイツ）というすがたを呈した。日本自体は幸いに分割占領を免れたが，そのかわりにアジアの「日本圏」が東西に分割された。朝鮮半島の南北分断ならびに中国での国共対立がそれである。このようにして2つに引き裂かれた戦後アジアの政治地図のなかで，日本は単に「西側」（すなわちアメリカ圏）に組み込まれただけでなく，そのなかでも重要な拠点としての位置を占めることになった。

### 吉田茂の選択

　足かけ7年にわたった占領に終止符が打たれ，日本はサンフランシスコ講和条約（1952年4月28日発効）で主権を回復した。主

## ☆吉田茂と吉田ドクトリン　コラム ❿

　戦後の日本外交の基本路線を敷いた人物として、吉田茂（1878〜1967年）の名を逸することはできない。吉田は幣原内閣（1945年10月〜46年4月）の外相として、新憲法の制定についてのGHQの指示を受けとったばかりか、議会での憲法審議（46年5月〜11月）においては、みずから総理大臣として政府の憲法草案を弁護する立場に立たされた。

　さらに1年3ヵ月あまりの在野時代を経て、1948年10月に政権に復帰したあと54年12月の内閣総辞職まで6年あまりにわたって、政治の中心に座りつづけた。その間にサンフランシスコ講和条約と日米安全保障条約を締結するという仕事を成しとげた。憲法第9条と安全保障条約とは、ある意味で相互に緊張関係にあるが、それを両立させることで、戦後日本の外交路線を設定した。

　その路線とは、経済復興に重点をおき軍事力の保持は最低限度に抑えること、国の安全保障政策の基本をアメリカとの協力に求めること（具体的にはアメリカ軍に基地を提供し、そのアメリカ軍の力を借りて日本の防衛を図る）を骨子とする。経済の破壊、国内での軍部政治への反感、日本の軍事的復活に対する近隣諸国の強い警戒心など、戦後初期の諸条件を考えると、これは賢明な政策であった。

　吉田自身は、その前提となっていた諸条件の変化を超えて恒久的に妥当する神聖な「ドクトリン」とはみなしていたとは思えないが、やがてそのようなものとして定着してしまった。日本が国際社会のなかで、一人前の責任と義務を負わなければならなくなってくると、吉田ドクトリンについての窮屈な解釈にいつまでもこだわっていて

よいのかが問われるようになった。とくに，集団的自衛権の有無について，また国連の平和活動（伝統的な平和維持活動をふくむがそれにかぎられない）への参加に制約があるのかといった憲法解釈が，冷戦後の新しい状況のなかであらためて議論されるようになった。

---

権の回復はだれしもが望むところであったが，きびしく対立する国際政治のなかで日本がどこに身をおくべきか，それが戦後の日本外交がまず直面したむずかしい選択であった。

　分割占領を免れた代償として，日本は占領期にすでにアメリカ圏のなかに事実上深く組み込まれていたのであってみれば，本当のところ講和後の日本には，道は1つしかなかった。東西対立を超えた存在としての国連などはすでに紙のうえにしかないし，地域的な集団安全保障機構に身をおくにしても，そのような実体はアジアには存在しない。さりとて，単独で自国の安全を保障するためには，本格的な「再軍備」に対する内外の強い反対を押しきってでも，防衛力を大幅かつ急速に再建しなければならないが，それもかなうまい。とすれば，アメリカを中心とする「西側」の共同防衛体制のなかに身を委ねるしかないではないか。このことは，アジア大陸の大部分をすでに「東側」に奪われてしまったアメリカが，海洋部分でふみとどまって「民主主義陣営」のために対抗する態勢を維持するためにも，役立つことであり，日米の利益が合致するはずであった。

　にもかかわらず，この道を進むには，かなりのためらいと抵抗があった。戦争に倦み疲れた国民としては，自分とかかわりのないようにみえる戦争に荷担する気はあまりなかった。昨日まで大きな顔をしていた軍部に対する反感も生々しく残っていた。いま

さらにアメリカが「民主主義のために戦おう」と旗を振っても，それに呼応しようという気持ちが心底から湧きあがってくるという感じはなかった。つまりは他人事のようにみえたのである。

それよりも，どうやって空腹を満たし，寒さをしのぐかが当面の関心事であった。経済の立て直しといえば，まだまったく見通しは立たないばかりか，アメリカの冷戦戦略の都合で，これまで長いあいだにわたって深いつながりのあった中国大陸との関係が絶たれてしまったままでは，ますますお先真っ暗ではないか。それに「進駐軍」がそのまま日本に居残るというのでは，独立したなどととてもいえたものではない。こうした気持ちが国民のあいだにあることが，ソ連圏の諸国との関係を犠牲にして西側の世界とだけ手を組むことになる「単独講和」（「部分講和」ともいう）に反対し，「全面講和」を求める声となって噴出した。

このような世論の反対と逡巡をあえて押しきって，日米安全保障条約（講和条約と同時に発効）を締結したのが，吉田茂であった。客観的には当然の選択ともいえるが，当事者としては，苦悩に満ちた勇気ある決断でもあったのである。

## 3　戦後補償からはじまったアジア外交

### 国際社会への復帰とアジアとの関係

1951年9月8日，サンフランシスコのオペラハウスで開催された対日講和会議に出席したのは52ヵ国であった。それより6年半ほど前に同じ場所に国連創立のために集まった51ヵ国と，その顔ぶれはほとんど同じである。第2次大戦で日本やドイツ（当時，枢軸国とよばれた）を相手に参戦した「連合国」が，いず

れの会議にも共通する主体であることからいって，それは当然である。第2次大戦の圏外にとどまった少数の中立国を除けば，ここに当時の国際社会のすべての成員が網羅されていると考えてよい。戦後の日本外交は，こうして事実上世界全体を相手に，関係を修復していくことからはじまった。

　ところで，対日講和会議に出席した52ヵ国のうち，日本を除くアジアからの参加はわずか6ヵ国（ベトナム，ラオス，カンボジア，パキスタン，セイロン〔現スリランカ〕およびフィリピン）であった。国連創立に加わった51ヵ国（原加盟国という）のうち，アジアでは中国（中華民国），インド，フィリピンの3ヵ国しかなかったことにも現れているように，その頃，まだ多くのアジア諸国民は独立を達成していなかった（アジアの定義はいろいろあるが，ここでは外務省のアジア局の対象にふくまれる国々をさす。中近東諸国はしたがって，ここでいうアジアの外である）。戦前にすでに独立国であったタイは連合国側ではなく，枢軸国側に立っていた。独立を達成していたインドネシアは，講和会議に出席し条約に署名はしたが，あとで述べる賠償問題が未解決であったために，批准はしなかった。

　このような事情に加えて，あらたにはじまった冷戦の影響が，日本とアジアの関係の修復の過程を複雑にするもう1つの要因であった。停戦が未成立の状態にあった朝鮮半島は，講和条約では日本の植民地統治の終焉が確認されただけで，その他の政治問題は後に残された。対日戦争の最大の関係国であるはずの中国は，台湾を根拠地とする中華民国（国民党政権）を支持するアメリカと，中華人民共和国（共産党政権）を承認するイギリスとの意見が合わず，いずれも講和会議には招待されなかった。非同盟の立

場を掲げるインド（とそれにならったビルマ〔現ミャンマー〕）は，アメリカ主導の対日講和に批判的であって，これに参加せず，別個に日本と条約を結ぶ道を選んだ。こうして，結局，アメリカとの関係がよい，政治的に比較的無難な上記の6ヵ国だけが，サンフランシスコ講和条約に署名，批准するにとどまったのである。

　このような事情のもとに再出発した戦後日本のアジア外交は，大別して2つの課題に直面した。その第1は，日本の国際社会への復帰とほぼ時を同じくして，民族独立，国家形成の事業を進めつつあった新興のアジア諸国との関係を樹立するという問題である。大戦中に欧米の植民地支配者が日本軍の手で追いだされたことが，戦後にこれらの諸国民が独立を達成するうえでいろいろな影響をもった。したがって，新興アジア諸国の支配者層の日本に対する態度は，それぞれの国でかなりの相違はあるが，おしなべて好意と反発の入りまじった微妙なところがある。

　いずれにせよ，かれらの国土が戦場となってさまざまな被害をこうむったことには違いがなかった。したがって，こうした被害に対する償いが日本に求められたのは当然であった。戦後に戦勝国がいろいろな理由で敗戦国に賠償の支払いを迫ることは，国際政治の歴史ではめずらしくない。しかし，第2次世界大戦後の日本の場合は，米英などの主要な交戦国が対日賠償請求権を放棄する一方，かれらのもとの植民地が独立してできた新興諸国を対象に賠償が支払われるという，史上に例のない新しい事例となった（なお，法的にはサンフランシスコ講和条約の第14条が日本の賠償義務を規定している）。

　ビルマ（協定締結1954年11月5日，支払総額2億ドル，支払期間10年間），フィリピン（1956年5月9日，5億5000万ドル，20年間）

およびインドネシア（1958年1月20日，2億2310万ドル，12年間）との賠償協定が，3大案件であった。これに南ベトナムに対する3900万ドルを加えた合計10億1210万ドルが，日本が支払った賠償である。これらは（ビルマとインドネシアのように）比較的対日感情のよい国か，（フィリピンや南ベトナムのように）アメリカの強い支援を背後にもっている国であった。そのほかに「準賠償」の名目で8ヵ国に対して都合4億9579万ドルが支払われた（ちなみに，当時の日本の国家予算の一般会計歳出額は1兆円あまり，すなわち360円＝1ドルの換算率で27.8億ドル，また防衛予算は約1350億円，同じく3.75億ドル。いずれも1955年度の数字）。

こうした財政的な補償でアジア諸国との政治問題がすべて解消したわけでは無論ないが，戦後日本のアジア外交の事始めとして，それが避けて通れない課題であったことはまちがいない。ほぼ1960年代なかばまでにこれら賠償の支払いは完了し，政府開発援助（ODA）を柱とするアジア向けの「経済外交」へと引きつがれていく。また，賠償支払いはそれに相当する額のサービスや財を日本が相手国に提供するという形態をとったので，そのことに関与した日本の企業がアジア諸国と関係を結ぶきっかけが与えられた。いいかえれば，賠償支払いで日本企業はアジア進出の足掛かりをつかんだのである。

### 社会主義国家との関係

第2の課題は，社会主義国ならびに分裂国家との関係をいかにするかという問題である。これは，いずれも冷戦の力学が絡むという意味で，第1の課題に比べて政治性がより濃厚である。中国についていえば，講和後に日本が「自主的に」相手を決めるとい

うかたちで一応選択の余地が残されたが，実際は朝鮮戦争を契機に生まれたワシントンと北京の厳しい対立関係のもとでは，アメリカが望むとおりに台湾を選ぶしか道はなかった。

　こうして，サンフランシスコ講和条約発効にあわせて，日華平和条約が調印された（1952年4月28日）。これには2つの意味で無理が伴っていた。第1に，事実上の亡命政権にすぎない国民党政権に中国全体を代表させるのは無理であり，好むと好まざるとにかかわらず，中国大陸を実効支配している共産党政権をいつまでも未承認のままにしておくことはできない。イギリス，ついでフランスなど有力な西側諸国が北京政権を承認していったことにも，それが現れていた。しかし，日本だけでなくアジア太平洋地域の親米諸国にとっては，アメリカの意向に真っ向から反対して北京政権と関係をもつ自由はなかった。

　1970年代に入って，中国がソ連との関係を悪化させ，国際的孤立からの脱却を求めはじめた機会をとらえて，アメリカが中国との関係を修復するまで，この不自然な状態を改善することができなかった。1972年2月のニクソン（R. M. Nixon）大統領の北京訪問と上海コミュニケの調印で米中関係に転機が生じたのを受けて，同年9月，日本は中国と国交を樹立し，1978年に平和友好条約を結ぶところまでいった。このとき，中国はあえて賠償を請求することをせず，そのかわりに日本からの経済援助に期待するという方法をとった。現に日本政府は，1979年以後5ヵ年間に総額3500億円を提供したのをはじめ，これまでに3次にわたり合計1兆6300億円の借款を中国に約束し，実行してきた。それに伴い，貿易，投資など経済関係も著しく深まっていった。1989年の天安門事件で中国が窮地に立たされたときも，あまり

中国を深追いして国際的な孤立に追いやることは避けるべきだという政策をとり，国際社会をリードした。

ところで，台湾に関する第2の無理がまだ残っている。もともと台湾で暮らしてきた人たちは，蔣介石とともに亡命してきた大陸系の人びととは異なる本省人としてのアイデンティティ感覚をもっていた。かれらは1895年から半世紀におよんだ日本統治の影響は消したいが，さりとて大陸系の中国人（外省人）とも異なる生き方を求めていた。台湾における「日本の影」は，この島を解放して「民族統一」を完成させたい北京政権からみても，この島を根拠地にして「大陸回復」をめざす国民党政権からみても，やっかいなものであった。このようなわけで，日本は，はなはだもって微妙な立場におかれることになったのである。台湾で民主化が進むという最近の情勢のなかで，台湾問題は新しい意味を帯びるようになった。

このほか，モンゴルやベトナムとの関係も，ベトナム戦争ならびに冷戦の終焉という国際政治の大きな流れにそって新しい展開を示した。ベトナムでの長い内戦がハノイの勝利というかたちで決着したのを受けて1975年10月，日本は統一ベトナムと国交を結び，以後2度にわたり計135億円の無償資金を供与した。また，モンゴルには，第2次大戦中に日本が与えた被害に対する補償の意味もあって，1977年3月，50億円の無償供与を約束する協定を結んだ。

### 朝鮮半島との微妙な関係

波乱に満ちたアジアとの関係修復の仕事のなかでも，もっとも困難をきわめたのは朝鮮半島の問題である。1951年にはじまり

65年の第7次会談の妥結にいたる紆余曲折の末に，日韓基本条約と諸協定が締結された。しかし，1910年の日韓併合条約以前に2国間で結ばれたすべての条約と協定が「もはや無効」となったという基本条約第2条の規定にあきたらず，そもそものはじめからこれらが「違法」であったという考えが韓国側には根強い。また，このときに合意された請求権・経済協力協定において，無償協力として総額3億ドル，そのほかに長期低利借款として総額2億ドル，あわせて5億ドルの支払い（期間は10年）を日本は約束し実行してきたが，これで十分の償いがなされたとは，とうていみなしえないという感情が韓国側では強い。

　1965年以後70年代の末まで，日本の政府開発援助の対象国として韓国は一貫して上位を占めていた。それでも韓国側の不満は解消せず，そうした不満が背景となって起こったのが，1981年から82年にかけての「安全保障協力」借款問題をめぐる紛糾であった。韓国政府は「安全保障協力」の名で，5年間に総額60億ドルの借款を日本側に要求してきた。この問題をめぐるやりとりのなかで激しい言葉が東京とソウルのあいだを飛びかい，両国関係は緊張した。結局1983年初頭に中曾根康弘が総理就任後まもなくソウルを訪問し，総額40億ドルの借款の供与（支払期間7年）を約束して，かろうじて事態を収拾することができた。

　このほか，竹島（韓国側の呼び名は独島）をめぐる領有権争いやいわゆる「従軍慰安婦」をめぐる問題など，多数の問題を抱えた日韓関係は，底にたまったマグマが間欠的に噴きだしてくる火山のようなものである。また，北朝鮮（朝鮮民主主義人民共和国）との国交樹立も未解決のまま残っていることを考えれば，もっとも近い隣国との関係が戦後日本の外交課題のなかでもとりわけ神経

を使う必要のある難問であることがわかる。北朝鮮とのあいだには，拉致問題や核兵器開発疑惑の解決という高いハードルがある。

## 4 アジア太平洋地域のなかの日本

### アジアの世紀

　日本外交の環境は，最近の半世紀のあいだにめざましい変化をとげた。西太平洋と東アジアの諸国からなる「アジア太平洋地域」が，ある種のまとまりをもったものとして登場してきたことが，その変化の端的な表現である。

　20世紀の初頭，岡倉天心が『東邦の理想』(1903年)のなかで「アジアはひとつ」と叫んだことがある。しかし，その声は「亜細亜の夜」(岡倉天心『日本の目覚め』1904年)の闇のなかにいたずらに消えていくのみで，それに共鳴して返ってくる反響はほとんどなかった。その頃も，それ以後も，長いあいだアジアはそこに生きる人びとがみずからのアイデンティティを主張するためのシンボルとしてよりも，西欧諸国が自分たちとは異質の世界をさすための言葉にすぎなかった。それは「……でないもの」という，いわば消去法的な存在規定の形式なのであった。

　第1次大戦と第2次大戦にはさまれた「戦間期」に，日本の経済はまだめだたないながらも徐々に，それまで欧米の圧倒的な影響下にあった「南方」(東南アジア)へと浸透しつつあった。政治の面でも，「日本の目覚め」に一部は刺激を受けたかたちで民族独立をめざす運動が各地で胎動しつつあった。経済でも政治でも，ヨーロッパ勢力が少しずつ後退しはじめていたのである。そのような図柄は，オーストラリアやニュージーランドとイギリス本国

とを結ぶ伝統的な絆が弱まりつつあるというところにもみることができた。

　第2次大戦の衝撃は，この趨勢を一挙に顕在化させ，アジア諸国民が次々に独立を達成していく。一方，アメリカのアジアにおける力は日本の挑戦を退けることで大きく伸びた。それだけでなく，戦後のアメリカはソ連との新しい競争を勝ちぬくために，東南アジアを自己の陣営に引きつけておく必要があった。中国大陸が「失われた」あと，日本と東南アジアを結びつけて両者の経済的自立を促進することが，アメリカのアジア政策の1つのねらいとなった。中国大陸との伝統的なつながりを人為的に絶たれた日本の政治的・経済的エネルギーは，「南進」しはじめる。その行き先は東南アジアであり，オセアニアであった。

　しかし，アジアはまだ1つではなかった。戦後初期には，イギリスと英連邦諸国が活力を残していて，たとえばコロンボ・プラン（1951年に英連邦諸国の提唱で設立されたアジアおよび太平洋地域における経済開発協力の機関で，設立の会合が開かれた地名にちなんで命名され，日本の加盟は1954年）が，アジアをまとめる枠組みとして，重要な役目を果たしていた。アメリカも，アメリカ主導の地域経済開発機構を別個につくるよりも，この枠組みを利用する道を選んだ。

### アジアにおける安全保障

　一方，安全保障の面では，ヨーロッパにおけるNATO（北大西洋条約機構）と似た集団自衛のための地域機構は，アジア太平洋では実現しなかった。日本の独立回復を期して，日本をもふくめ，北東アジアから東南アジアやオセアニアにいたる広い範囲を包括

する集団防衛機構をつくろうという構想がいろいろと出されたが,結局いずれも実らなかった。そのなかで,アメリカのイニシアチブで,1954年9月,東南アジア条約機構（SEATO）が結成された。

　これには,オーストラリアやニュージーランドのほかに,まだ旧植民地支配国としての利害を残しているイギリスやフランスが加わっており,アジア諸国の自主的な集団防衛機構とはとうていいえなかった。フランスはインドシナ戦争で敗れ,イギリスもスェズ以東へと後退するなかで,SEATOの存在意義は薄れていった（1977年に同機構は正式に解散）。こうして,アメリカを軸（hub）としてアジアやオセアニアの諸国が個々に結ばれるという,いわゆるハブ・アンド・スポークス（hub and spokes）型の集団防衛機構が生まれていった。

　アジア諸国同士のあいだで共通の脅威感に裏づけられた安全保障共同体が生まれでるだけの条件は,この地域にはなかった。西ヨーロッパ諸国がソ連の優勢な地上軍を目前にして手を結びあうというのとは,地政学的条件が異なっていた。共同に防衛すべき地域的単位が目に見えるかたちで存在しないところでは,集団的防衛の概念が成立することはむずかしかった。それでも,東南アジア諸国は独立にいたる歴史的な経緯や地政学的条件において相互に似た点が多く,相互関係を安定させて,まだ弱体な国内の安定を固めることに力を傾ける必要性に駆られ,相互間の協力の習慣を育てていった。東南アジア諸国連合（ASEAN, 1967年成立）がその結果である。

　北東アジアの場合はもっとむずかしかった。中国と台湾および朝鮮半島での南北の対立という緊張のなかで,日本本土および沖

1960年5月末から6月にかけての「安保改定阻止」の国会請願デモ

縄（当時はまだアメリカの実質的統治下にあったが，1972年に日本に返還された）に軍事基地をもつアメリカが，台湾と韓国を守るという構図が存在した。しかし，日本と台湾，日本と韓国との政治的関係はよくいって微妙，もっといえば相互不信（とくに日韓）にわずらわされていて，とうてい「安全保障共同体」を形成できるようなものではなかった。日米安全保障条約は日本を守るためのものであると同時に，こうした極東の安全保障をも役目としていたし，現実問題としては後者のほうにウエイトがあった。

にもかかわらず，日本自身がかかわりをもつのは「日本有事」（安保条約第5条が想定する事態）だけであって，「極東有事」（安保条約第6条が想定する事態）は事実上「われ関せず」という姿勢をとりつづけた。戦後日本における「集団的自衛」（つまり同盟国同士の相互扶助）をめぐる議論は，単なる憲法解釈の問題としてだ

けではなく，このような北東アジアの国際政治的環境が背景にあった。

冷戦が終わったいま，アジア太平洋の地域では，多角的な安全保障の協議機関が徐々に育ちはじめた。ASEANを基盤としながらそれをより広くアジア太平洋に広げていこうとするASEAN地域フォーラム（ARF）や，民間レベルのアジア太平洋安全保障協力会議（CSCAP）などがその例である。そのかぎりでは，ヨーロッパにおける協調的安全保障と同様な動きだといってよい。

しかし，先に述べたような北東アジアの問題の多くは，これまでも，米ソ対立という意味での冷戦とは直接にはかかわりのない問題であったのであって，その意味では日米安全保障条約の機能には根本的な変化はない。ただし，日本がこれまでと同じように「われ関せず」の態度をとりつづけるならば，アメリカ国民の立場から考えて容認できないとみえるようになったのは，冷戦の終焉がもたらした安全保障問題の質的変化のなせるわざである。日本がアジア太平洋地域で新しい安全保障関係の構築を求めて創意的に動く必要が出てきているのは，そのためである。こうして，少しずつではあるが，21世紀のアジア太平洋地域の安全保障関係の姿が現れはじめている。

### アジアの経済統合

しかし，アジア太平洋の地域的統合はこれまで，経済先行のすがたで進んできたといえる。日本とアジアとのかかわりという観点からすれば，1965年頃までは賠償，その後75年までは援助（ODA），85年までは貿易，85年のプラザ合意にはじまる円高趨勢のもとでの直接投資が，それぞれの時期での顕著な傾向を示す

## ☆大平正芳と環太平洋連帯構想　　　　コラム ⓫

　大平正芳（1910〜80年）は，その総理大臣としての在任は短く，1978年12月から80年6月までの1年半あまりにすぎなかった。在職中に急死したのも，不運であった。しかし，その短いあいだに，数多くの政策研究集団を組織して，さまざまなテーマについての政策指針を討議させた。それらの政策研究集団から提出された数々の提言は，後に続く歴代政権の政策運営にも少なからぬ影響を与えた。そのようなテーマの1つが，環太平洋連帯構想であった。

　この構想は，世界第1位と第2位の大きな経済単位となったアメリカと日本が太平洋をはさんで相互に結びつき，カナダ，オーストラリア，ニュージーランドなどの先進諸国，および東アジアのNIEsやASEAN，さらにはまだ社会主義経済システムのもとにある中国その他がそれにつらなるというかたちで，地域的な経済交流が密接化しつつあることに注目した。太平洋という海洋がつなぎ手となっていること，経済発展や文化的伝統さらには政治システムなどにおいて相違する多様な諸国がその顔ぶれとなっていることなどから，史上に類をみない地域協力のあり方として注目を浴びた。

　この大平構想が直接のきっかけとなって1980年に発足したのが太平洋経済協力会議（PECC）であった。民間の学者，経済人，個人参加による政府役人という3者構成を特徴としていた。10年近くPECCを舞台に地域協力のテーマをめぐる論議がなされた後，政府レベルの協議機構として1989年には，アジア太平洋経済協力（APEC）が設立された。1995年11月に大阪で第7回APEC閣僚会議（通産と外務の両大臣が出席）が開催された。なお，1993年の第5回会合（シアトル）以来，首脳レベルの会合がこれにあわせて，非公式と銘打って開催されるようになった。大阪大会の時点での構成員は18の経済単位，そのGDPの合計は世界の総額の56％，貿易では世界総額の46％を占める大きな存在となった。

ものであった（最初の賠償を別として，援助，貿易，投資が各々の時期だけにかぎられるものでないことは無論である）。

1970年代に中国が西側世界との関係を修復し，自立更生路線を捨てて開放路線に転換して以来，アジア太平洋の地域協力の動きは一段と活発化した。米中日の3つの大きな経済単位が相互に結びあいながら，アジア太平洋地域の経済統合が進むようになっていった。1980年代に入ると，大平正芳総理が環太平洋連帯構想を提示し，太平洋経済協力会議（PECC）の発足となって結実する。さらに1989年には，政府レベルの協議機構としてアジア太平洋経済協力（APEC）が設立された。最近20年あまりの東アジアの経済の成長はめざましく，世界経済の牽引車として，その役割は諸方面から注目を浴びている。

対立と協調の両面からなる近年の米中関係，台湾海峡をはさむ緊張，さらには核兵器開発の疑惑にさらされている北朝鮮を抱えた朝鮮半島などの政治的要因が不安材料としてあることも忘れてはいけないが，そうした危機を乗りきることができれば，21世紀のアジアのドラマは，上述の活力に満ちた東アジアの経済を与件として，どのような地域的コミュニティが形成されることになるかを中心テーマとして展開されるであろう。

21世紀を迎えた世界では，2国間外交を寄せ集めただけの「外交政策」ではなく，グローバルな視野を失わずに，しかも地域的な秩序の形成をめざす構想力に支えられた「国際政策」をもつことが，とくに指導的な国家には求められている。21世紀の日本外交は，はたしてこの試練に耐えることができるであろうか。

その際，経済的にも軍事面においても大国としての自己主張を強めている中国に対して，日本やアメリカ，さらに中国周辺の関

係諸国がどのように対応していくか，という問題が大きな意味をもつようになっている。とくに東シナ海や南シナ海を含む太平洋が「平和の海」であり続けることができるかどうかが，世界の注視の的となっている。

# 第*10*章
## 国際関係と日本の経済外交

## 1 経済外交とは

　本章では，第1に日本の経済外交はどのように展開してきたのか，その展開の概要を述べる。そして第2に，日本の経済外交にはどのような限界があり，どのように変化しつつあるのかを考えてみたい。

　まず経済外交という言葉の問題である。それには次のような2つの含意がある。すなわち，①外交目的としての経済外交，②外交手段としての経済外交，である。前者が経済的目的を追求するための外交であるのに対し，後者は外交的目的を追求するために経済を手段とすることを意味する。石油を確保するためにアラブ寄りの外交を展開するといったことは前者にふくまれ，湾岸危機の際のイラクや，拉致問題，核問題の北朝鮮に対する経済制裁は後者にふくまれる。

　しかしここで注意が必要なのは，この経済外交という概念が，欧米ではあまり使用されていないということである。本来，「外交」という言葉は，広くいえば上で述べた2つの意味をふくむも

のであり，欧米ではそのようなものとして認識されている。したがって，経済外交という言葉には戦後の特殊状況におかれた日本の外交のスローガンといった意味もふくまれており，日本独特の考え方といってよいかもしれない。

さて，日本の経済外交を述べる場合，どうしてもふれておかなければならないことがある。それは，後に「吉田ドクトリン」とよばれるようになった日本外交の理念である。これは戦後初期に首相となった吉田茂のとった方針で，①アメリカとの同盟関係を基本としてそれによって安全を確保する，②自国の防衛力は低くおさえる，③そうして得られた余力を経済活動にあて通商国家としての活路を求める，というものである。この理念が戦後長く，ある意味で現在までも続く日本の外交のスローガンであり，主柱の1つであった。

## 2 経済大国への道

戦後の日本外交は，敗戦，占領，戦争を放棄した憲法，そして経済復興といったさまざまな国内的要因と，東西冷戦という国際環境要因によって大きく制約された。そのなかで経済復興をめざすことを目的とした外交は，当時としてはきわめて合理的な選択であった。いわば，戦後の日本外交が経済外交からはじまったことは必然的であったのかもしれない。

### 占領期の経済外交

終戦直後，日本の経済は壊滅状態にあり，貿易，とくに食糧の輸入は不可欠で，歴代内閣の直面した重要問題であった。しかし，

日本はアメリカを中心とした連合国の占領下にあり、経済外交はおろか、外交そのものにも主体性はなかった。

占領初期のアメリカの対日政策の重点は、徹底して民主化を推し進めることにあったが、米ソ冷戦の激化によって、1948年に日本の経済的再建に重点をおく新しい政策に転換した。そして、ガリオア（占領地域救済資金）やエロア（占領地域経済復興資金）によるアメリカからの経済援助と、ドッジ・ライン（1949年）による安定化政策によって、日本経済の再建が図られた。ドッジ・ラインは、均衡健全財政原則を導入するとともに、単一為替レート（1ドル360円）を設定することで日本経済の安定化を図った。また、当時の大きな問題であった外貨不足を克服するために、為替管理法によって厳しい為替制限を実施し、さらに外資法（外資導入を促進するために、対外取引を原則禁止または許可制としていた外為法の例外法として1950年に制定）によって対日投資を制限しつつも、アメリカからの技術輸入を主体とする外資導入体制を整備した。

こうして、それまでも徐々に自主性を回復しつつあった日本外交は、アメリカの後押しによってその動きを加速させ、第2次世界大戦によって弱体化した経済力を、1935年頃の水準（戦前のピーク）まで回復し、国際社会へ復帰することを当面の目標とする経済外交をその主柱とするようになった（いわゆる「吉田ドクトリン」）。そして、国際社会への復帰の前提となる講和条約の締結に一気に進むことになる。

## GATT加入と対日差別への取組み

ドッジ・ラインによるデフレ政策の結果、一時的に日本経済は苦境に陥るが、朝鮮戦争による「特需」によって持ちなおす。

1951年には,アメリカをはじめとする西側諸国との単独講和条約が締結され,日本は独立した。翌年には国際通貨基金(IMF)と世界銀行への加盟が実現したが,関税と貿易に関する一般協定(GATT)加盟については,西欧諸国の根強い対日不信感による抵抗によって,かなり遅れた。

1950年代,イギリス,フランス,オランダなどには,まだ戦時中の対日敵意が強く残っており,さらに日本の東南アジアその他への進出に対する警戒の念も強かった。そこには,1930年代日本の安価な労働力を利用して行った,いわゆるソーシャル・ダンピングで苦しめられた記憶が残っていた。とくに,戦前に日本の安価な繊維製品で打撃をこうむったイギリスのランカシャーの繊維業界には,日本の経済進出に対する防衛本能が強く働いており,イギリスは日本のGATT加入申請(1952年)には,当初から反対したのである。

1955年9月,アメリカの強力な外交支援を受けて,日本はようやくGATTへの加入を認められた。しかし,イギリス,フランス,オランダをはじめ14ヵ国がGATT 35条(一定の条件のもとに特定締約国のあいだでGATT規定を適用しなくてもよいということを定めている)の援用国となり,GATTの対日適用を拒否,また最恵国待遇の供与も拒否したのである。このように,国際経済社会への復帰を認められたといっても,この時点で日本に与えられた地位はけっして対等とはいえないものであった。

この後,日本はGATT総会や2国間外交の場において,GATT 35条援用撤回を求めていくことになる。それは岸信介内閣から池田勇人内閣にかけての日本経済外交にとって,短期的目標の1つであった。

1962年11月に締結された日英通商航海条約（63年5月発効）は，この目標を達成するうえで重要な意義をもつものであった。この条約によってイギリスはGATT 35条の援用を撤回し，相互に最恵国待遇を与えることになったのである。イギリスの対日政策の変化は，日英両国政府がイギリス産業界の対日観を変えるよう努力したことが奏効した結果であるが，イギリス自体にも欧州経済共同体（EEC）の発足（1958年），発展を目の当たりにして，対外経済政策の再検討をグローバルな次元で迫られていたという事情もあった。

　しかし，同条約ではイギリスが35条援用を撤回するかわりに，日本はイギリスに対して，選択的な緊急輸入制限条項（セーフガード——特定産品の輸入が増大して国内生産者に損害を与える場合に，その産品について輸入制限を課せるという規定）を認めなければならなかった。続いて1963年にはフランス，ベネルクス諸国とも通商条約を締結し，35条援用の撤回を実現したが，イギリスの場合と同様に，セーフガード条項と残存輸入制限（GATTが認めている正当な理由，公式な手続きを欠いたまま，国内産業保護のために輸入制限措置を続けること）を認めざるをえなかった。

　このように，GATT 35条援用撤回問題は日英通商航海条約が突破口となって，多くの国から撤廃を引きだすことに成功したが，セーフガード条項と残存輸入制限という副産物を生み，戦後の貿易上の差別措置を完全に撤廃したとはいえなかった。

　神武，岩戸景気による好況を契機として，日本経済は高度経済成長期に入った。1960年には，池田内閣の2枚看板である「所得倍増計画」「貿易自由化大綱」が決定され，この方針にもとづいて貿易自由化が急ピッチで進められた。

1962年11月，池田首相はヨーロッパに外遊した。この際に展開した経済外交は，日本を先進工業国の一員として，西欧各国に認知させることがそのねらいであった。しかし，フランスのドゴール（C. A. J. M. de Gaulle）大統領から，池田は「トランジスターのセールスマン」と皮肉られたことは広く知られている。

　1961年から約2年間で，日本は自由化率90%を達成し，63年にはGATT 14条国から11条国（国際収支上の理由で貿易制限をしない国）になった。一方，為替自由化も順調に進み，1964年4月に日本は国際収支上の理由で為替制限を行わないIMF 8条国になり，これで国際収支上の理由で貿易，為替制限を行わないことを内外に宣言するまでに成長した。と同時に経済協力開発機構（OECD）に加盟（1964年4月）し，この時期の経済外交の目標，すなわち先進国の仲間入りの願望を達成した。

## アジアへの戦後処理と経済外交

　ところで，戦後日本の経済外交は，戦後処理，すなわちアジア諸国との関係と密接に関連している。戦後日本の指導者のうちで，東南アジアへの経済的進出にとりわけ積極的な関心を示したのは，岸信介である。岸は日本外交の3原則として，①国連中心主義，②自由主義諸国との協調，③アジアの一員としての立場，を掲げ（1957年9月『外交青書』），1957年5月から6月にかけてビルマ（現ミャンマー），インド，パキスタン，セイロン（現スリランカ），タイ，台湾の6ヵ国を訪れ，さらに11月から12月には，南ベトナム，カンボジア，ラオス，マラヤ（現マレーシア），インドネシア，シンガポール，オーストラリア，ニュージーランド，フィリピンの9ヵ国を次々に歴訪，アジア重視の姿勢を打ちだし，積極

的な経済外交を展開した。

　1957年からの10年間に，日本の対アジア貿易は3倍以上に伸びた。こうした対アジア貿易の拡大は，賠償支払いを媒介に日本商品の提供を図るとともに，東南アジア各国の経済開発に借款面で協力したことによってもたらされたものであった。また，賠償とは無関係な円借款5000万ドルが，はじめて岸内閣時代インドに与えられた（1958年2月）。これ以降，借款供与やクレジットというかたちで，日本の対外経済援助は増大し，日本の輸出振興に寄与することとなる。

　岸は歴訪した東南アジア諸国の首脳との会談で，アジア開発のためのアジア開発基金の設立を提案するなど，アジア重視の姿勢を示した。それは，冷戦環境のなかでアメリカが構想した，日本（技術），アメリカ（資本），東南アジア（労働力）という3地域間連携のアイディアを実施するという側面もあった。

## 3　摩擦への対応

　戦後の経済外交の初期目標である国際社会への復帰を果たした日本は，1968年にはGNP規模で西ドイツを追い越し，自由世界第2位の経済大国に躍進した。またちょうどその頃を転換点として，国際貸借構造（ストック）は「債務国型」から「債権国型」に変わり，国際収支構造（フロー）も貿易黒字基調が定着する。しかし，1970年代から80年代はじめにかけては世界的な経済停滞の時代であり，そのなかで経済パフォーマンスが良好な日本は，さながら「独り勝ち」の様相を呈していた。こうした状況により，欧米諸国から日本の輸出攻勢に批判が集まり，いわゆる経済摩擦，

貿易摩擦が発生する。日本の経済外交は，この摩擦をいかに回避するかに，多くの精力と時間を費やすことになった。

**日米繊維紛争**

1960年代後半以降の経済外交の展開過程で，特筆すべきは，アメリカとの関係が，それまでの蜜月状態から摩擦の局面に移行してきたことである。

これまでも日米間の経済摩擦としては，1950年代なかばの，いわゆる「ワンダラー・ブラウス問題」(1955年，日本からの綿製品の輸入急増に対して，アメリカの婦人服労働組合が中心となって輸入制限運動が起こった。日本は1957年から5年間，政府間協定による輸出自主規制を実施した) があるが，1969～72年の「繊維紛争」は，当時のニクソン (R. M. Nixon) 大統領の個人的な政治利害がかかわり，特別な政治的色合いを帯びたものであった。

日米繊維紛争は，日本からの毛織物と化繊の対米輸出自主規制をめぐる問題であった。このようにささいな問題であったにもかかわらず，問題が「政治化」したのは，ニクソン大統領個人の政治的利害が関係していた。かれが前年の大統領選挙戦で「南部戦略」を展開した際，日本製品との競争でダメージを受けていた南部諸州の繊維業者に対して，日本製品の輸入削減のためになんらかの措置をとることを約束したことが発端であった。

この繊維紛争は，ちょうど沖縄返還交渉と時期が重なったことや，佐藤栄作首相とニクソン大統領の相互不信，また密約説に対する日本繊維業界の佐藤政権への不信，多くの関係者の介入などで政治化の度合いは高まっていった。最終的に，田中角栄通産相が業界の同意を得ないまま，アメリカとのあいだで，1971年10

月，自主規制の政府間協定に仮調印（1972年1月，正式調印）し，繊維紛争はやっと決着をみた。

### 日米経済摩擦

1973年から75年にかけては世界的な経済の停滞期で，日米関係も比較的平穏な期間であった。しかし，日米間の景気回復のテンポのずれから，日本の対米輸出は1976年には前年に比べて3倍以上に増え，78年には対米黒字は100億ドルの大台を突破した。そしてこの時期以降，立てつづけにいくつかの特定品目について摩擦が発生することになる。

まず「鉄鋼」。1950年代後半には日本の鉄鋼業の近代化が軌道に乗り，輸出も増加する一方，近代化投資を怠っていたアメリカの鉄鋼業の競争力は低下し，60年代には鉄鋼の純輸入国に転落した。このため，鉄鋼業界は1959年以来，輸入制限運動を継続的に展開し，60年代後半には議会による輸入制限立法活動がくり返された。これらの法案はすべて未成立に終わったが，日本やEC諸国はこの圧力を前にして，1969年から3年間の対米輸出自主規制を実施した（その後，2年間延長）。

しかし，第1次石油危機後の1976年，アメリカの鉄鋼輸入が史上最高の1750万トンを記録し，多くの工場が閉鎖されると，鉄鋼輸入問題はアメリカ国民の関心を集め，政治問題化した。結局，この問題は鉄鋼輸入に輸入最低基準価格を適用するトリガー価格制度（世界でもっとも効率のよいメーカー，つまり日本メーカーの生産コストを基準にして，アメリカ政府が輸入価格を設定，それ以下で輸入された場合には，自動的にダンピング調査を行うというもの）を取りいれることで，一応決着した。

輸出に向けて船積みを待つ自動車

つぎに問題となったのは,「カラーテレビ」である。1970年代を通じて増加していた日本製カラーテレビの輸入は,76年に急増し,アメリカのメーカーのなかには閉鎖に追い込まれるところも出てきた。アメリカの業界は,この事態に対処するために,ダンピング提訴などの措置をとり,保護主義的になっていった。1977年1月に発足したカーター(J. E. Carter)新政権は,日本政府とのあいだで,カラーテレビの対米輸出について自主規制交渉に乗りだし,以後3年間,日本が対米輸出を年間175万台に自主規制するという,市場秩序維持協定(OMA)を日本側と結んだ(1977年5月)。

日米両国にとって,もっとも激化した摩擦は日本製「乗用車」の対米輸出である。1976年に100万台の大台を超えた日本車の輸出はさらに急増し,日本のアメリカ市場でのシェアは76年の9.3%から80年には21.3%へと大幅に拡大した。

それは，アメリカの自動車メーカーが石油危機後のアメリカ国民の低燃費車志向を軽視したことと，労働生産性の相対的低下がもたらした需要減退に原因があった。しかし，自動車産業はアメリカ産業の象徴的存在であるため，日本車の急激な進出に対する不満は高まり，自動車メーカーの議会工作や労働組合の輸入制限運動が展開され，政治問題化していった。

　日本車の輸入制限を求める国内的圧力が増大し，自由貿易主義の立場をとるレーガン（R. Reagan）政権（1981年1月発足）は，苦肉の策として日本側との自主規制の交渉に入る。結局，1981年5月，日本車の対米輸出を1年間で168万台を上限とする合意が両国間で成立した。この自主規制措置は当初3年間で廃止されることとなっていたが，1年間延長され，その後1985年に，レーガンは自主規制措置廃止の方針を発表した。しかし，日本政府は同年3月，台数の上限を230万台に増やして，自主規制措置をさらに続けるとの方針を決めた。日本政府が同措置を撤廃したのは，1994年になってからであった。

### 日本とECの関係

　さてこの時期，ECとの関係も経済外交の課題として浮上してきた。ECは，欧州石炭鉄鋼共同体（ECSC, 1952年発足），欧州経済共同体（EEC, 58年発足）および欧州原子力共同体（EURATOM, 58年発足）が，1967年にそれらの執行機関を統合させて，欧州共同体（EC）とよばれるようになったものである。日本とEC諸国との貿易は1960年代に大幅に拡大したが，それでも日米間の貿易規模の約5分の1であり（1970年度），また貿易収支もほぼ均衡，もしくはECの黒字という状況であった。したがって，この

時期の日本・EC 間には,摩擦を生みだす要因はなかった。

1970年,EC は共通通商政策を実施に移した。その結果,今後は従来の2国間通商協定にかわって,EC が協定締結の一方の当事者である通商協定のみが認められることになる。したがって,日本とのあいだでも,EC を当事者とする包括的なあらたな協定の締結が必要となってきた。

こうして日本と EC のあいだで,1970〜71 年に協定締結の交渉がなされる。その際,障害となったのが,前述した日本と西欧諸国とのあいだで結ばれた通商協定に存在するセーフガード条項であった。日本側はこの差別的な条項の撤廃を求めたが,EC 側は新しく締結される協定にもセーフガード条項を入れることを主張した。交渉は暗礁に乗りあげ,新協定が締結されないまま,日本と EC 構成国とのあいだでは,従来の2国間の通商協定が各年ごとに閣僚理事会の承認を得て延長される事態が続いた。

それまで潜在化していた日本・EC 間の貿易紛争が,1976 年10 月の土光(敏夫,当時の経済団体連合会会長)ミッションの訪欧を機に一挙に顕在化した。

EC 側は,日本の近隣窮乏化的な輸出拡大政策,特定産業分野(自動車,エレクトロニクス,ボール・ベアリング,鉄鋼,造船)の集中豪雨的な輸出,そして日本市場の閉鎖性を問題視した。こうした痛烈な対日批判は,日本側にとって大きなショックであり,政府や経済界は本格的に EC との協議に乗りだす。

土光ミッション帰国直後の 1976 年 11 月,日本政府は日本・EC 上級事務レベル協議(1973 年 6 月に第 1 回,その後,半年に 1 回開催)において,自由貿易原則の支持,EC との対話の増進,第三国の利益の考慮の3点を EC 側に伝えた。その後 1977 年 5 月

には,東京で4年ぶりに日本・EC閣僚会議を開いて貿易不均衡問題を討議した。さらに,新設された対外経済相の牛場（信彦）が中心となってECとの協議を行い,1978年3月,日本側の対EC貿易黒字削減の努力とECからの輸入増大をうたった共同コミュニケを発表,この時期の日本・EC間の貿易紛争はひとまず沈静化する。

この間,政府レベルでの交渉と並行して,業界,企業といった民間レベルでの協議も進んだ。たとえば,自動車輸出の自主規制をめぐる日英両国の自動車業界の協議では,紳士協定というかたちで日本からの自動車輸出の市場シェア（約11％）が決まり,またエレクトロニクスについても,日英間で同様な措置がとられた。このように国,業界によって異なるが,日本製品の輸出自主規制をめぐるさまざまなレベルでの各種の話合いが日本・EC間で進行した。

**日欧経済摩擦**

ところがこうした努力にもかかわらず,日本の対EC黒字は1981年に100億ドルを超え,87年には200億ドルを超えた。とくに急増したのは,自動車,カラーテレビ,それにVTR,コンピュータ,半導体などのハイテク製品であった。EC諸国が第2次石油危機の影響を強く受けたこともあって,設備更新やR＆D（研究開発）への投資を怠り,そのため技術革新の波に乗り遅れたことにその一因があった。

自動車問題では,1981年5月,日米間に輸出自主規制の政府間合意が成立したことがEC側を強く刺激した。欧州議会は日米間と同様な措置を日本側に求めて交渉するよう,EC委員会に迫

った。その際，EC委員会は，日本に対してECとして共通自動車政策をとるように構成国に要請したが，すでにフランスは日本車の対フランス市場輸出を新規登録台数の3％以下とする輸入規制措置をとっており，イタリアは日本車を残存輸入制限品目に指定して年間3300台とおさえており，またイギリスの場合も業界レベルでの紳士協定がある。EC委員会の要請にもかかわらず，日本車輸入についての統一措置については各国間の合意が得られなかった。

　日本政府との折衝の結果，フランス，イタリアおよびイギリスについては前述のままとし，日本と西ドイツ間では日本車の輸出増加率を前年比10％以下におさえ，またベルギーとルクセンブルクについては輸出を前年比7％減，オランダ向け輸出も1980年と同水準に規制するということで合意した（1981年6月）。

　なお，こうした各国別の日本車輸入規制は，1992年末までに撤廃され，93〜99年の7年間を移行期間として，各年のEC市場の需要動向をもとに輸入台数を確定し，2000年には日本車の輸入を完全自由化することが，1991年7月に日本・EC間で合意された。

　またVTRやカラーテレビについても，1983年，日本政府はECとのあいだで今後3年間のEC向け輸出数量見通しを示し，実質的な自主規制措置を約束した。

　日本・EC間の貿易摩擦回避の方法として，日本が実施したのは，現地への工場進出であり，直接投資である。1970年には総額約6億ドルであった直接投資は，80年代に入ると急増した。それには現地生産で貿易摩擦に対応しようとする日本側の意図だけではなく，アイルランド，イギリスをはじめ，自国産業の活性

## ☆通産省内の民族派と国際派の抗争　　コラム ⓬

　日本の経済発展には，通商産業省（現経済産業省）の役割が大きかったとしばしば指摘される。たしかに，日本の高度経済成長期，財政・金融コントロールは大蔵省（現財務省），産業コントロールは通産省によって行われた。しかし，1960年にはすでに，日本政府はアメリカ政府からの強い要請により「貿易為替自由化計画大綱」を発表せざるをえなくなっており，通産省は産業界コントロールの手段の1つである輸入規制を手放さざるをえなくなっていた。

　通産省はこれに対し，「特定産業振興臨時措置法」（特振法）によって自由化に対処することを大義名分に，官民協調体制を立てなおし，新産業秩序をつくりあげようと試みた。しかし，産業界は同法案を戦時中の官僚統制の復活とみて，猛烈な反対運動を展開し，廃案に追い込んだ。日本の産業界はすでに，通産省のコントロールを不要とするほどに成長していたのである。

　通産省を産業界の主導役と位置づけ，官民協調体制によって日本経済の発展を進めていこうという立場が，いわゆる「民族派」であり，当時の佐橋滋次官らがこの立場にいた。一方，民間主導をベースに，通産省は時代状況の変化に応じて弾力的に介入すべしとの立場をとったのが「国際派」であった。しかし，通産省を取りまく国際的・国内的状況は徐々に「国際化」の方向に傾斜し，「民族派」は省内でも少数派になっていった。「指導の行政」よりも「調整の行政」が重視されるようになってきたのである。佐橋次官の後，山本重信，熊谷典文，大慈彌嘉久ら，中立的な次官が続いたが，1970年代に入って両角良彦，山下英明，小松勇五郎といった「国際派」が次官に就くようになり，現在にいたっている。

化，雇用創出，地域開発のために，日本企業の進出を積極的に求める国が増え，土地，税制などの面で優遇措置を与えてきたというEC側自体の投資環境の変化があった。

日本の対EC進出企業として圧倒的に比重が大きいのは，商業・サービス業，続いて製造業であり，その製造業のなかでは電子・電気機器メーカー，ついで自動車メーカーが多い。進出先としてはイギリスへの進出が圧倒的に多く，ついでオランダが多い。
　ところが，1980年代なかば以降，直接投資をめぐって新しい問題が発生する。すなわち，日本から部品を輸入して単に組み立てるといったスクリュー・ドライバー方式に，EC各国から強い非難の声が上がり，部品の現地調達（ローカル・コンテンツ）が義務づけられるようになった。たとえばVTRの場合は，45％の現地調達が必要である。しかし，ローカル・コンテンツについては国際的に統一されたルールがなく，EC構成国間の見解も必ずしも一致していない。そのため，たとえば自動車では，現地車と認定するために80％の現地調達を主張するフランス政府と，低くおさえようとするイギリス政府は，イギリスに進出した日本の自動車メーカーの工場で生産された自動車をEC域内生産車と認めるか否かをめぐって対立した（1989年，フランスが主張を撤回し，一応解決した）。

## 4　日本経済外交の変容

　1980年代なかば以降，国際経済問題はいっそう多様化し，複雑化する。主要国との摩擦は激しくなり，政治化は一段と進み，その解決には日本の市場，国内のさまざまな慣行の改善が必要となってきた。真の意味で，日本の開放体制が要請され，それを目標とする経済外交が必至となったのである。

### 摩擦の質的変化と深化

　日本の経済外交が、それまでの「追いつけ、追い越せ」式の、いわゆる「キャッチアップ外交」から、主体的な開放体制を目標とするようになった契機は、日米間の経済摩擦の質的変化である。

　すでに、日本市場の閉鎖性をめぐっては、1977年から78年にかけての牛肉、オレンジといった農産品の輸入をめぐる紛争が発生していた。この政府間交渉の過程では両国の農業団体や政治家が絡み、大幅な国内改革を伴うために、むずかしい政治問題であった。1978年および83～84年の協議は割当量の増加で妥結したが、最終的に88年の交渉で91年からの輸入の完全自由化を日本側は認めた。そして、もっとも政治的にセンシティブといわれ、長いあいだアメリカもふれることさえもためらっていたコメも、GATTウルグアイ・ラウンド交渉のなかで、日本は自由化を認めざるをえない状況になっていった（実際には条件付の延期）。

　また、日米間の摩擦は単なる貿易の不均衡にとどまらず、テクノ・ナショナリズムの台頭により、安全保障上の考慮が絡まる経済紛争といった面にも拡大した。

　たとえば、半導体貿易をめぐる摩擦がその典型的な例である。半導体摩擦は1986年9月の半導体協定で一応解決したものの、翌87年4月、日本側の協定不履行を理由にレーガン政権は経済制裁を発動し、後に部分的に解除されたが、91年8月まで続いた。半導体技術はハイテク技術の優劣といったことだけにとどまるものではなく、兵器産業の高度化に不可欠であり、安全保障上の配慮が働くため、より政治化する度合いが高いのである。

　さらに、FSX問題もある。次期支援戦闘機（FSX）の開発をめぐって、日本側は当初自主開発の意向をもっていたが、アメリカ

## ☆アメリカの経済外交――大統領と議会　コラム ⓭

　アメリカの経済外交の展開において，注目しなければならないことは，大統領と議会の関係である。

　アメリカにおいては，大統領には通商権限が付与されていない。憲法第1条によって，議会に州際および国際の通商の権限が付与されているのである。また課税，関税などの歳入，政府支出も，議会の立法によらなければならない。さらに，議会は大統領による法の執行状況を調査し，行政府の活動を監視する権限ももっている。

　しかし議会は，その立法府としての性格上，法を執行することはできない。そのため議会は，さまざまな条件をつけて一時的に通商権限を大統領，行政府に委任し，国際交渉を行わせる。GATTのもとで実施されたラウンドなどの多国間交渉は，授権法にもとづいて議会から交渉権限が大統領や行政府に委任されてはじめて，交渉が可能となるのである。私たちがよく耳にする通商法には，この授権法がふくまれることが多い。

　また，国際交渉の結果，協定が結ばれた場合，その批准は迅速に行われることが望ましい。その手続きが，1974年通商法で定められたファスト・トラック手続き（fast-track procedures）である。この手続きによると，大統領が協定の実施法案を議会に正式に提出した場合，上下両院は90日以内に同法案に関して表決を下さなければならず，しかも修正は認められない。この手続きも，交渉の授権法と同様に，期間を区切って議会によって制定される。

　授権法とファスト・トラック手続きをふくめ，貿易促進権限（trade promotion authority）という。

---

側の圧力で共同開発を決め，協定を結んだ（1988年11月）。しかし，ブッシュ（G. H. Bush）政権が発足すると，協定の見直しを主張する商務省などの意見に押され，再度交渉が行われ，結局，条件面で日本側が譲歩して合意が成立する（1989年4月）。それは

日米間の軍事協力と安全保障を重視する国防省の意見を押しきり，日本に最新の航空技術を供与することに反対する，経済的観点に立つ商務省の意見が通ったものであった。このことは，外交あるいは経済外交に「経済安全保障」という新しい概念を考慮しなければならないことを認識させることになった。

　さらに，日米経済摩擦は日本社会の伝統，制度，商慣行，あるいは文化の次元の問題にまで広がりをみせ，社会改革の実施を相手に求めだした。つまり，摩擦の深化である。

　日米間の貿易収支に顕著な改善がみられないため，1980年代なかば以降，日本の不公正貿易についての批判や，「日本異質論」といった「日本叩き」の論議が高まってきた。こうして，アメリカ政府は経済摩擦の問題を，日本の社会や文化の基底にまで掘り下げて論議するという新しいアプローチをとるようになった。

　1989年9月からはじまった「構造協議」(SII)がそれである。日本国内の複雑な流通システムや企業の系列や談合といった日本の特殊なシステムが，輸入の促進を阻害しているといった認識にもとづき，アメリカはその抜本的是正を要求してきたのである。構造協議は1990年6月まで5回にわたって行われ，最終報告では，日本側が10年間で430億ドルの公共投資，大店法の改正，独禁法の強化などを実施することを，また，アメリカ側も財政赤字改善，貯蓄率の増大などについて努力することを約束した。

　1993年1月に発足したクリントン(B. Clinton)政権がとった包括経済協議という交渉の枠組みも，前の構造協議の流れを取り込んで日本の市場開放をうながすアプローチの一環であった。すなわち，日本側は拒否したにもかかわらずアメリカ側は一方的に数値目標を設けて，日本に市場開放を迫ったのであった。

続くブッシュ（G. W. Bush）政権では，バブル崩壊後の"失われた10年"に日本は長い不況に突入し，アメリカの対日圧力はいくぶんか緩和されたかにみえた。その傾向は9.11事件（アメリカ同時多発テロ事件）によって，アメリカあるいは世界の関心が対テロ戦略に向かったことによって，いっそう強められた。しかし，日本の構造改革，WTOの新ラウンド交渉や牛海綿状脳症（BSE）発症に関連した日本の牛肉輸入規制の撤廃問題など，日本市場開放をうながす個別の圧力はいまだに止んだわけではなく，いつでも顕在化する可能性を秘めている。

### 日本経済外交の再構築

　現在，日本外交の再構築ないし再検討が叫ばれている。それは日本の経済外交の限界を示すものである。換言すれば，日本の経済外交を肉づけしていた「吉田ドクトリン」の限界である。

　その限界とはどのようなものか。第1に，日米関係における表と裏の違いについての弊害があげられる。日本外交に占める日米関係の重要性は，いくら強調しても強調しすぎることはない。

　しかし，実際に日本政府がとってきた対米政策とはどのようなものであったのか。いみじくも吉田茂が「戦争で負けても，外交で勝った国はある」と語っているように，実際の日本の対米政策とは，表面的にはアメリカの要請を受け入れる姿勢をみせながら，その実，保護主義的・非妥協的な姿勢を取りつづけていたというものではなかったか。これまでの日米貿易摩擦解消のパターンがそれを如実に物語っている。これまでの日本の経済外交は，アメリカの寛容を前提として展開されてきた。そのかぎりにおいて，吉田ドクトリンは有効であり，日本の経済外交は機能しえたので

ある。

　第2に，経済主義の徹底した追求により，それが日本政府そのものの政治基盤を揺るがすようになってきた点である。吉田ドクトリンとは，防衛負担を軽減し，その分，経済発展に資源を投入するというきわめて（日本にとっては）合理的な政策であった。その結果，日本が得たものは，経済大国という地位であった。しかし同時に，経済摩擦，貿易摩擦をそのコストとして招来したことは，日本の国内政治に大きな影響をおよぼした。

　すなわち，日本の経済外交，吉田ドクトリンが有効に機能した時期というのは，東西冷戦というイデオロギー対立が明確で，その反映として日本国内でも自民党対社会党あるいは保守対革新と，比較的対立関係がすっきりとした時代であった。そうしたイデオロギー対立が明確であった時代には，多数を占めていた自民党は，たとえ野党の激しい反対があったとしても，「政争は水際まで」の格言があるように外交政策の実施にはさほど苦慮することはなかった。つまり，「敵」が政府外に存在していたのであり，そのかぎりで政治基盤を揺るがすまでにはいたらなかった。

　しかし，1970年代の米ソのデタントの進行以降，それまでのイデオロギー対立が緩和され，しかも80年代になり日本の貿易黒字が定着するとともに貿易摩擦が恒常化するようになると，日本の国内政治状況は一変する。工業製品の輸出自主規制にしても，農産物などの日本市場開放の問題にしても，それらに対抗するもっとも強力な勢力は，官僚や農水関係などの「族議員」であり，財界であり，世論であった。このように政府は内なる「敵」に立ち向かわなければならなくなったのである。

　そして第3に，21世紀に入ってからの国際環境の変化である。

すなわち,アメリカの覇権の衰退と中国の伸張である。アメリカはいまだに総合的には覇権国であるが,経済的覇権,とくに貿易・通商に関しては明らかに覇権国の地位を中国に奪われつつある。各種の経済指標のみならず,1995年に世界貿易機関(WTO)の創設をアメリカが認めたことは,アメリカの経済覇権の低下を示すものであった。従来であれば通商法301条やスーパー301条などのアメリカのユニラテラリズム(単独行動主義)的措置でアメリカの意のまま(アメリカが考える普遍主義=自由貿易主義も含まれている)に世界経済を動かせたことが,WTOという法的枠組みに頼らなければならなくなったのであった。

このような状況から,これまで吉田ドクトリンを体現していたアメリカ一辺倒,経済傾斜の経済外交から,アメリカと中国との間にスタンスを置く経済外交の構築,さらには冒頭で述べたような,経済外交を包含する欧米的な「外交」政策を構築することを求められるようになったのである。


## 5　国際環境への適応

本章では,戦後日本の経済外交(そしてその根本原理としての吉田ドクトリン)について,その展開,限界を述べてきた。それらの考察を通じて,戦後日本の経済外交の特徴を引きだすとすれば,つぎのようになるであろう。すなわち,日本の経済外交とは,戦後の復興と国際的地位の向上をめざした外交理念であり,当初は首尾よく機能したが,1980年代なかば以降,国際環境に適応するよう,その見直しを迫られており,現在では国際社会における責任の一端を担う外交展開を強く求められるようになった。

日本の指導者が，国際社会における日本の役割と存在意義について，戦後はじめて自覚したのは，1970年代であるといってもいいであろう。福田赳夫首相が，日本は「核兵器をつくる経済的・技術的能力をもちながらも」非核3原則に徹し，経済大国でありながら「軍事大国への道は選ばない」という内容をふくむ「福田ドクトリン」を発表したこと，あるいは大平正芳首相が「防衛力を整備するとともに，経済力，外交力，文化創造力等」すべての力を総合する「総合安全保障体制」の必要性を訴えたことに，そのような自覚がよみとれる。しかし，まだ当時の指導者は国際関係を，主として吉田ドクトリン＝経済外交，すなわち「日米関係」というレンズと「経済」というレンズをとおして展望してきた。そして未曽有の経済発展を享受し，国内の統一を保ってきた。

　日本の経済外交の変化は21世紀になって徐々に現れてきた。その第1が，自由貿易協定（FTA）ないしは経済連携協定（EPA）である。2002年11月に発効したシンガポールとのEPAをはじめ，環太平洋パートナーシップ（TPP；環太平洋戦略的経済連携協定ともいう）をふくめ2016年2月現在，日本は16ヵ国・地域とFTAもしくはEPAを締結しているが，交渉中・研究中のものも多く，現在の経済外交の質的変化（自立性）を示すものとなっている。

　第2に，日本の外交が，経済外交から真の「外交」に転換するのは2009年9月に誕生した民主党政権がきっかけであった。

　1993年からアメリカ政府が独自に，そして2001年からは日米両政府による相互の国内規制撤廃をめざす（実質的に規制撤廃は日本のみに課された）「年次改革要望書」が鳩山由紀夫首相の意向に

より廃止された。その後2010年11月，菅直人・オバマ（B. Obama）による日米首脳会談で「新たなイニシアティブに関するファクトシート」が発表され，そのなかに「日米経済調和対話」がふくまれており，アメリカの年次改革要望書の復活と懸念された。実際にはファクトシートは，ほかにエネルギー・スマートコミュニティ・イニシアティブ，日米クリーンエネルギー政策対話，イノベーション・起業・雇用創出促進のための日米対話，およびインターネットエコノミーに関する日米政策協力対話，日米核セキュリティ作業グループの設置，日米オープンスカイ合意など，幅広い協力体制をうたったものであった。また，2012年4月の野田佳彦・オバマの日米首脳会談では日米共同声明の発表に加え，安全保障協力，経済および文化・人的交流の分野での日米関係の強化・拡大をめざす「ファクトシート：日米協力イニシアティブ」が発表された。

さらに自民党政権になっても，2014年4月の安倍晋三・オバマの日米首脳会談で共同声明のほか，2国間関係における優先事項として，東南アジア諸国との日米共同の関与と協力，志を同じくするパートナーとの外交上，経済上および安全保障上の3ヵ国間の連携，ならびにグローバルな開発協力を確認した「ファクトシート：日米のグローバルおよび地域協力」を発表した。

つまり民主党政権から自民党・安倍政権を通じて，日本の経済外交は，アメリカ一辺倒，経済傾斜から軌道修正し，真の「外交」へと昇華しつつあるといえよう。最近の安倍首相の「地球儀を俯瞰する外交」（延べ訪問国・地域は86で，歴代総理のなかでは最多）にも，現在，模索している日本の外交理念の一端がみられる。

# 第*11*章
## 国際関係と日本の国際協力

## 1 国際関係における国際協力——その意味と意義

### 国際協力とはなにか

国際協力とは「複数の行為主体が,共通の目的のために,国境を越えて,お互いに力を出しあうプロセスである」と定義できる。しかし,この定義にはいくつかの注釈が必要である。

まず,国際協力の主体がだれかという問題がある。17世紀に成立したウェストファリア体制のもとでは,行為主体(actor)は国家(当時は国家を支配する君主とほとんど同義であった)のみと考えられていたから,そのような状況下では,国際協力の主体は国家(あるいは国家を支配する君主)とされた。したがって,そこでいわれる国際協力とは「国家(君主)間の協力」を意味した。

ところで,18世紀の市民革命および産業革命を端緒に,19世紀,20世紀,さらに21世紀と時代を経るにつれてさまざまな分野での技術革新や社会制度的発展が進んだ。そして今日のグローバル化が深化する国際関係においては,行為主体を国家のみに限定する考え方は現実的ではなくなった。国連のような国際組織

（国際機構，国際機関ともいう）や赤十字国際委員会のような民間の国際協力団体（NGO，非政府組織，民間団体，市民団体ともいう），さらにはゼネラル・モーターズやIBMのような多国籍企業も，国際社会において国境を越えた活動を日常的に展開している。これらの国家以外の組織も，今日，国際協力の問題を考える場合，その担い手として考慮に入れる必要がある。

　第2の問題は，なにを国際協力の「共通の目的」と考えるかということである。国際協力の問題を理論的に整理したウェッセルズ（D. J. Wessels）は，その扱う領域を大きく，①平和と安全保障の問題，②福祉・発展・経済の問題，③体制・制度の問題，に分けた。この分け方は，国際協力の目的を，①平和の実現，②経済発展と福祉の増進，③民主主義の確立と人権の尊重，においた場合に，それぞれに対応する問題領域ということができる。またこれは，国連憲章が第1条で規定し，その後の国連の活動をとおして，しだいに整理されてきた国連の目的，すなわち，①政治的目的（平和の維持と安全保障の確立），②経済的目的（経済の発展および開発の促進），③社会的目的（人権の尊重，民主主義の確立，教育の普遍化）とも大きく対応する。

　第3の問題は，国際協力をみる視点である。先に提示した国際協力の定義は，国際協力という現象を，その担い手たる当事者（行為主体）から離れて客観的に描写するものである。これに対して，国際協力という言葉は，特定の行為主体，とくに国家の立場から語られることが少なくない。「日本の国際協力」という表現は，このように，特定の当事者（とりわけ国家）の立場からの国際協力のとらえ方である。前者を国際関係学の視点とよぶとすれば，後者は外交政策論の視点ということができる。この2つの視

点は，実際には区別しにくいが，少なくとも理論的には峻別することが，議論の混乱を避けるために重要である。

### 国際協力の種類

国際協力は，関係する行為主体の相違によって，①国家間協力，②国際組織による国際協力，③民間協力，の3つに分けられる。

国家間協力は，さらに関係する国家の数によって，ⓐ2国間協力と，ⓑ多数国間協力とに分けられる。2国間協力は，関係する2国間の立場や事情が反映されやすく，実情にそくした協力がしやすいという点ですぐれているが，反面，両国の力関係が直接に協力関係に投影されて，本来は対等，平等であるべき協力関係が歪められる危険性があるという問題点もある。しかし，利害の調整がしやすく，共通の利益が見出しやすいという点で，今日もっとも一般的な国際協力のパターンは依然として2国間協力である。

2国間協力を国際協力の3つの目的にそくして具体例をみると，たとえば政治的2国間協力の例としては，日米安全保障条約にもとづく相互防衛協力や，犯罪人引渡しとか国際的捜査のための司法共助に関する協力などがあげられる。また経済的2国間協力の例としては，2国間の開発援助協力や，通商航海条約を基礎とする2国間のヒト，モノ，サービスの国境を越えた移動に関する協力，漁業条約をとおしての資源を保存し秩序ある漁業活動を確保するための国際協力などがあげられる。さらに社会的2国間協力の例としては，文化協力，途上国への技術協力などがあげられる。

多数国間協力は，3ヵ国以上の国が共通の目的のために力を出しあうプロセスで，先進7ヵ国の首脳会議（G7）のような政治的多数国間協力，アジア太平洋経済協力会議（APEC）のような経

済的多数国間協力,世界人権会議(1993年,ウィーン)や世界女性会議(1995年,北京)のような社会的多数国間協力などがその例である。

　ここにあげた多数国間協力の例は,いずれも固有の機関によらない複数国家間の政策調整のための協力形態であるが,これら以外に,国連などの国際組織をとおしての,より恒常的な多数国間協力の形態もある。ふつう,多数国間協力というときは,むしろ,国際組織をとおしての国際協力をさすことが一般的である。外交政策の視点で外務省などが多数国間協力というときは,通常「国際組織に対する国際協力」を意味する。

　この「国際組織に対する国際協力」は,現実には「国際組織による国際協力」と一体の関係にある。国際関係学の視点に立てば,「国際組織の加盟国が国際組織をとおして共通の目的のために力を出しあうプロセス」が科学的・客観的にみた場合の多数国間協力となる。かりにこれを「国際組織をとおしての国際協力」とよぶとすれば,「国際組織に対する国際協力」は,加盟国の外交政策の視点でみた「国際組織をとおしての国際協力」の入口の問題となり,「国際組織による国際協力」はその出口の問題となる。この関係をわかりやすく図示すると,図11-1になる。

　国家(通常は加盟国であるが,必ずしも加盟国に限定されない)による「国際組織に対する国際協力」の形態としては,国際組織の意思決定への参加,国際組織の機構を維持し活動を支えるための資金援助(分担金,自発的拠出,出資,融資などの形態がある),人的協力(自国出身の職員の派遣,自国公務員等の出向,国際組織の職務を遂行する専門家の派遣などの形態がある)などがある。このほか,国際組織の活動を円滑にするために国際組織の本部や事務所の設置に

図 11-1 国際組織をとおしての国際協力

```
加盟国 → 国際組織
         に対する  → 国際組織 → 国際組織
                              による   → 目的実現
         国際協力               国際協力
```

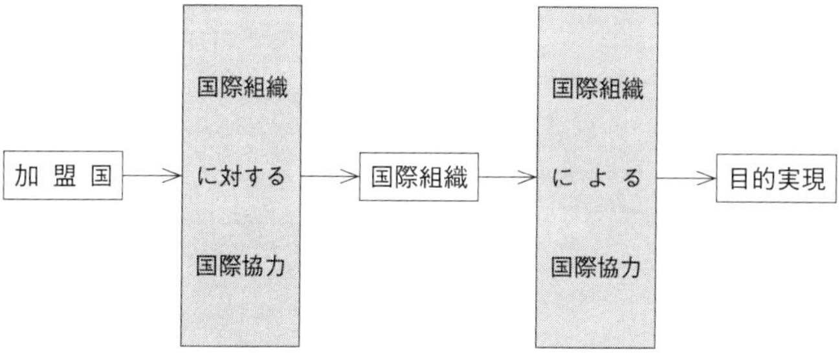

協力したり，特権免除を供与したり，たとえば国連の平和維持活動（PKO）の演習，資材貯蔵，通過，移動などのために領土の一部の使用や輸送手段の提供などの便宜を図ることも「国際組織に対する国際協力」の一形態である。

つぎに「国際組織による国際協力」に目を転じてみると，これにもさまざまなものがある。政治的分野では，安全保障や軍縮などの問題を扱う国連がまず存在する。経済的分野の「国際組織による国際協力」としては，ブレトンウッズ機構とよばれる国際通貨基金（IMF）や国際復興開発銀行（世界銀行，IBRD），さらには関税と貿易に関する一般協定（GATT）が発展してつくられた世界貿易機関（WTO）などによる国際協力があげられる。また，社会的分野の「国際組織による国際協力」の例としては，国際労働機関（ILO）や国連教育科学文化機関（UNESCO），さらには世界保健機関（WHO）などによる国際協力がある。

一方，民間協力の例としては，民間の国際協力団体（NGO）による非営利的国際協力や民間企業（とくに多国籍企業）によるビジネスをとおしての国際協力がある。

## ☆国際組織　コラム ⓮

　国際組織ないし国際機構（international organization）という言葉は多義的に用いられている。広義には，国際的に活動する団体という意味で，国連のような政府間国際組織のほかに，民間の国際的非営利団体であるNGOや民間の国際的営利団体である多国籍企業などをふくめて，国際組織という場合がある。また，国連開発計画（UNDP）や国連児童基金（UNICEF）などの比較的独立した国連の補助機関も国際組織といわれることがある。

　しかし，政府間国際組織は国際条約によって直接つくられるものであるのに対して，NGOは民間の国内団体が合意によって国際的に連携するものであり，また多国籍企業は，資本や組織的・人的支配によって，多数の国に存在する支店，子会社，工場などを結びつけて統合的に活動しているものであって，それぞれに成立の基盤や活動の仕方，さらには目的が異なっている。また，国連の補助機関の場合は，総会のような内部機関の決議にもとづいて設立されていて，法的には設立母体の国際組織に包摂されるものである。このように，広義の国際組織は，その設立の基盤や活動の方法，目的等を異にする機構を一緒にふくめていて，まぎらわしい。

　そこで，通常，国際組織というときは，政府間国際組織をさす用語として用いられることが一般的である。国連では，国際組織というときは政府間国際組織をさすという了解が成り立っている。なお，国際組織，国際機構のほかに，国際機関，国際団体などの用語も用いられるが，これらの用語によって意味するものは通常同じである。日本の外務省では国際機関を用いることが多く，条約などの公定訳も国際機関であるが，学界では国際組織ないし国際機構が比較的よく使われる。本章では，国際組織を用いることとし，その意味は狭義の政府間国際組織に限定する。しかし，そこには政府間国際組織の補助機関をふくめて考えることとする。

### 国際協力の意義

　国際協力は、今日の国際関係において無視することのできない側面である。伝統的国際関係においては、国家は、自国の軍事力、経済力、技術力を強めて他国と競争し、そのなかで生残りをめざそうとする。いいかえると、伝統的国際関係においては、行為主体である国家は、基本的には相互に対立し、「相手が得をすることは自国にとって損」「自国にとって得になることは相手にとって損」というゼロ・サム（同じパイの取合い）関係が前提であった。そして、自国にとって得になる政策をとるために外交が行われ、ときには経済力や武力を用いて自国の利益を増大する政策を実現しようとしてきた。このような関係においては、互いに共通の目的に向かって「力を出しあう」という協力関係はそもそも成り立たない。互いに「力を出しあう」関係が成立するためには、その関係をとおして双方が利益を得るポジティブ・サム（パイを大きくして互いの取り分を増やす）の条件を整える必要がある。

　伝統的な国際関係においては、ポジティブ・サムの条件は、たとえば第三国を仮想敵国として攻守同盟を結ぶというように、第三国を犠牲にする場合に存在した。また、植民地獲得とか、無限と考えられた海の資源を利用するような場合にも、ポジティブ・サムの国際関係が成り立つといえる。

　しかし、今日、植民地主義は否定され、あらゆる資源が有限であることが明白になり、この種のポジティブ・サムの条件は失われたといえる。他方で、開発、環境、人権、軍縮などの分野では、国家間の協力が、参加する国全部に対して利益をもたらすポジティブ・サムの条件が存在する。かりにポジティブ・サムの条件が整っていないとしても、少なくとも協力しなければ、すべての国

がなんらかの不利益をこうむるネガティブ・サムの状況が出現するというリスクがある。ここに，今日の国際社会において，複数の行為主体，とくに国家が互いに「力を出しあう」必要性，すなわち国際協力推進の基盤を見出すことができる。

つまり，国際協力は，伝統的国際社会に多くみられた関係というよりは，相互依存関係が深まり，グローバル化が進行し，地球が有限であることが認識されるようになって注目されるようになった，すぐれて今日的な国際的行為主体間の関係なのである。

## 2 開発援助分野における日本の国際協力

### 開発援助協力

今日，国際協力という場合，もっとも一般的に意味されているのが，いわゆる「政府開発援助」(ODA) である。経済的に立ち遅れている国（発展途上国）に対して資金や技術を提供して，発展の手助けをするのがその目的である。ところで，国際協力という以上，そこには被援助国だけが利益を得る関係以上のものが存在する。つまり，援助は，援助国そのものにとってもまた利益をもたらすポジティブ・サムの関係において成り立つものである。

開発援助にも，2国間協力，多数国間協力，民間協力の区別がある。開発援助のバイブル的存在であるピアソン (L. B. Pearson) 報告 (*Partners in Development: Report of the Commission on International Development*, 1969〔大来佐武郎監訳『開発と援助の構想——ピアソン委員会報告』日本経済新聞社，1969年〕) も，開発援助をこのように区別し，途上国にとって相対的に意味の大きい援助は多数国間援助であると結論した。しかし，同報告も，2国間援助や

民間援助の重要性をけっして過小評価しているわけではない。

### 日本の 2 国間援助

よく指摘されることであるが，日本の対外援助は，歴史的には戦後賠償からはじまったとされる。その意味では，純粋の開発援助の理念にもとづいてはじまったものとはいえない。1951 年に平和条約が日本と大多数の連合国とのあいだで調印され，それにもとづく賠償が 1954 年の日本・ビルマ賠償協定にはじまり，日本と戦い，また戦場となった他のアジア諸国に拡大された。この歴史的経緯から，長年日本の 2 国間援助は圧倒的にアジア中心のものとなっていた。また，戦後賠償の性格を引きつぎ，日本の 2 国間援助は，日本からの調達を条件とするいわゆる「ヒモつき」が主流であった。

ところで，1960 年代にはじまる日本の高度経済成長によって，日本の対外援助は，賠償の時代の政治的目的から，日本の対外企業進出を支援し，日本経済を支える資源の安定確保という経済的目的へと，しだいにその性格を変えるようになった。とくに1970 年代の石油危機の時代に入ると，資源確保は至上命令となり，2 国間援助も「経済安全保障」の考えのもとで，たとえばインドネシアのような資源の豊富な国を中心に展開された。

その後，日本経済は世界大に成長し，1989 年にはアメリカを抜いて世界最大の援助大国となり，また，そうしたなかで自国の経済的利益にのみ関心があるようにみえる日本の開発援助に対する批判が高まり，世界に対して責任のある援助政策をめざす必要に迫られた。こうして，近年，日本の企業を助け，外貨を節約する援助形態である「ヒモつき援助」はしだいに減少し，また経済

発展の著しいアジア諸国から，発展から取り残されたアフリカへの力点の置換えが起こっている。経済的利益追求型の援助から，国際的福祉政策としての開発援助という社会的目的が重視される援助への政策的転換が起きているといえる。1992年6月に政府が公表したいわゆる「援助大綱」(旧ODA大綱)は，このような世界的な開発援助の流れと日本の援助目的の変化のなかから生まれたものであった。この援助大綱は，バブル崩壊による日本の経済・財政状況の逼迫と援助総額の大幅削減，2000年の国連総会による「ミレニアム開発目標」(MDGs)の設定，01年9月11日のアメリカにおける同時多発テロの発生といった国内外の大きな情勢の変化を受け，03年8月に大幅に改正された(新援助大綱)。

### 援助大綱から開発協力大綱へ

　新援助大綱の採択後，世界における開発援助をとりまく環境は，BRICS(ブラジル，ロシア，インド，中国，南アフリカ)に代表される新興経済国の台頭，国連によるMDGsの実績評価とそれに代わる「持続可能な開発目標」(SDGs)の策定協議の進展，中東情勢の緊迫化など大きく変化した。日本においても2011年3月の東日本大震災および福島第一原発事故や少子高齢化の進行にともなう社会福祉予算の大幅増大など，長期にわたる経済停滞と国家予算の不均衡のなかで多額の財政支出を必要とする差しせまった課題に直面した。こうした内外の情勢変化を踏まえて，日本政府は，2015年2月，新援助大綱に代わる新しい方針(「開発協力大綱」)を閣議決定した。

　従来の援助大綱で強調されてきた平和と繁栄の実現，貧困の撲滅と格差の是正，自由・人権・民主主義の確保，地球環境への配

慮, 自助努力への支援などは開発協力大綱においても踏襲されているが, 政府が新たに打ち出した「積極的平和主義」に基づく外交を推進するための開発援助と位置づけた点に特色がある。たとえば, 従来は, 軍事的用途や国際紛争助長のための開発援助の使用は回避し, テロや大量破壊兵器拡散の防止, および軍事支出・武器の輸出入には十分に注意することが原則であったが, 開発協力大綱では, 被援助国の軍隊との連携を一定の枠内で容認している。具体的には, 軍隊に対する直接の支援は従来どおりできないが, 非軍事目的で開発協力に関与する軍の活動への支援は排除されないことになった。大規模災害, 紛争後の復興, 感染症対策などに軍が関わる場合の支援などが, これに当たる。

　また, 開発協力大綱は, 人間の安全保障の考え方を指導理念とすることを明確に打ち出し, 被援助国を開発協力のパートナーとして位置づけ, その多様性にもとづくきめ細かい援助をめざしている。たとえば, 武力紛争や政治的混乱で苦しむ人びとへの配慮, 経済的混乱や大規模な自然災害などの危機に対する強靭性をともなった開発の推進など, 被援助国およびその国民の実情にそくした開発協力を進めることにしている。同時に, 開発協力大綱のもとでは, 日本の国益の視点が明確に位置づけられ, 民間企業との協働も積極的に推進されることになった。

### 援助の量と質

　開発援助については, 経済力に応じた規模の援助という量の問題と, 被援助国のニーズに適切に応え, 返済や利子支払い等の負担が少なく, 効率性と効果を高める援助という質の問題の両面が満たされることが求められている。日本は1992年以来, 新旧援

助大綱，さらには2015年の開発協力大綱に沿って，世界の開発援助の動きと連動した長期的かつ巨視的な視点に立った援助を展開している。以前は日本の開発援助は，「ヒモつき」（日本からの調達を条件とする援助），「はこもの中心」（大きな機材の調達や大規模な建設を主体とするプロジェクトへの援助），「バイ重視」（国連などを通したマルチ〔多国間〕の援助より日本の要求や利益が直接反映されやすい2国間援助に傾斜した援助）と批判されたが，1990年代以降は援助大綱や開発協力大綱のもとで，これらの問題点はしだいに改善され，質の高い援助が実施されるようになっている。

開発援助の量の面については，世界的にみると，経済協力開発機構（OECD）の開発援助委員会（DAC）加盟国（開発援助を行う主要援助〔ドナー〕国）の援助総額は，2000年には500億ドル台であったが，13年には936億ドルと大幅に増額されてきている。そして，先進国は，国民総所得（GNI）の0.7％を開発援助に確保することが求められている。日本は，高度成長期を経てアメリカに次ぐGNI世界第2位の経済大国となり，その責任を果たす意味もあり，1989年から2000年までの10年間は，世界第1位の援助大国を誇った。しかし，2001年以降日本の援助額はしだいに減少し，14年の実績は，マルチ，バイあわせて総額約92億ドル（前年比約20％減），米，英，独，仏に次ぐ世界第5位の援助供与国に甘んじる状況になった。

この日本の援助総額をGNI比でみると0.19％で，望ましいとされる0.7％には遠く及ばない。ちなみに2014年にGNI比0.7％をクリアーした国は，スウェーデン（1.10％），ルクセンブルク（1.07％），ノルウェー（0.99％），デンマーク（0.85％），イギリス（0.71％）の5ヵ国である。日本はDAC加盟28ヵ国中18

位となっている。開発援助は，量質両面で評価されるべきで，日本の場合，質の面では世界の動きに合わせて改善がみられるが，量の面では世界の動きに連動することなく後退しており，このことは日本外交の制約条件になることが懸念される。

### 日本の対外援助機関

　日本の政府開発援助の主要な実施機関は，従来，無償協力を担う外務省，大規模な開発プロジェクトのための円借款などの有償資金協力を行う国際協力銀行（JBIC），人材提供や技術訓練などの技術協力を中心に活動する国際協力機構（JICA）の3本立てであった。しかし，2008年10月の機構改革により，JBICが新JICAのもとに統合され，また従来，外務省が中心になって実施してきた無償資金協力の一部も新JICAが担うことになり，日本の無償資金協力，有償資金協力，技術援助協力の3つを束ねる世界最大の開発援助機関が出現した。

　これらの3つの機能は，相互に有機的に連携して進めることが援助効率と援助効果を高めるうえで有用であるから，その点ではこの機構改革は大きな意義をもつといえる。ただ，これらの機能には，それぞれの特性もあり，携わる人に求められる専門性や資質にも相違があるから，そうした機能の特性を統合された機構のなかでどのように生かしていくかが今後の課題である。

## 3　国際的平和維持分野における日本の国際協力

### 国連による平和維持活動と日本の貢献

　第2次大戦後の日本は，戦前の軍国主義，植民地主義に対する

反省から平和的民主憲法を制定して，軍備をもたない平和国家として再出発した。そこでは，憲法9条の規定に従って，軍備と国の交戦権は否定され，日本は近隣のアジア諸国はもちろん，世界に対しても軍事的脅威を与えない国家となることをみずから宣言した。その場合，日本の安全はいかにして守るのかというと，「平和を愛する諸国民の公正と信義に信頼して，われらの安全と生存を保持しようと決意した」（憲法前文）のである。さらに，現実に日本に対して軍事攻撃があった場合は，世界的平和機構である国連が日本の安全を守るために行動をとるものと想定された。

しかし，国連ができて活動を開始し，日本国憲法が制定された1940年代後半頃から，アメリカとソ連のあいだの対立がきびしくなり，「諸国民の公正と信義」にもとづく日本の安全も，また国連による日本の防衛も（おもにソ連による拒否権の行使による安全保障理事会の機能麻痺によって）現実的なものとはならなくなった。このことは，1950年に日本の近隣である朝鮮半島で起こった戦争（いわゆる「朝鮮戦争」）によって，実際に裏づけられた。

こうして，日本は，占領軍の中心であったアメリカ軍に国の安全を保障してもらうと同時に，1950年には警察予備隊，52年には保安隊，54年には現在の自衛隊というように，みずからの軍事組織の創設および拡大を図ってきた。この一連の日本の軍備強化に関しては，憲法9条違反との有力な主張もなされたが，事実上日本を単独占領し，かつ，朝鮮戦争において「国連軍」の中核にもなって戦っていたアメリカの後ろ楯もあって，「自衛のための軍備は憲法違反ではない」という政府の法的解釈が政治的には主流となっていった。

1951年には，サンフランシスコでアメリカをはじめとする主

要連合国との平和条約が調印され,多くの戦争中の敵国との戦争関係が法的に終了した。しかし,ソ連,中国など,日本の近隣にあって,しかも日本の安全保障にとって大きな存在であり,アメリカと対立関係にあった国とは,まさに東西対立が原因で平和条約が成立せず,法的戦争関係に終止符を打つことができない状態が継続することになった。

かくして,日本国憲法が想定した「諸国民の公正と信義」にもとづく日本の安全も,また国連による安全保障も頼りにならず,日本は独自の軍事力と,1951年の平和条約と同時に調印された日米安全保障条約（60年に改正された）にもとづくアメリカの軍事力によって,日本の平和を維持する方向に動くのである。その後,1956年のスエズ動乱に対する国連緊急軍（UNEF）派遣（これが最初の本格的な国連平和維持活動〔PKO〕である）,60年のコンゴ国連軍（ONUC）派遣,60年代から70年代にわたって戦われたベトナム戦争など,世界の平和維持と安全保障に関してはさまざまなできごとがあり,世界の情勢は大きく変化したが,80年代末期の冷戦構造の崩壊まで,日本をめぐる安全保障のこの構図は,基本的には維持された。

以上にのべたように,日本における第2次大戦後の安全保障論議は,戦前の日本の軍国主義に対する反省と冷戦構造を反映して,つぎのような特徴と問題点を有していた。第1に,日本の第2次大戦後の安全保障論議はもっぱら日本の安全が中心的関心で,世界の平和維持に対する視点は大きく欠落していた。第2に,日本の安全といっても,自衛隊が合憲か違憲か,日米安保条約のもとでのアメリカ軍の駐留が合憲か違憲かという憲法論議が中心で,日本を取りまくアジア極東地域の軍事・政治情勢に関する議論や

政治経済学的,あるいは地政学的な論議はほとんどなされてこなかった。第3に,軍隊や兵器に関する研究や議論はほとんどタブーとされ,国際政治学,国際法,国際関係学などの分野でも,安全保障の論議や研究は,抽象的・理論的性格のものが中心で,現実の戦争や軍備に関する議論は軽視された。

ところで,冷戦後,世界では地域紛争や民族紛争が多数発生し,これらの世界の戦争と平和の問題に対して,平和維持機構である国連の役割が期待され,かつ注目されるようになった。そして,少なくとも国連の平和と安全の保障に関する中心的機関である安全保障理事会は,東西対立を乗り越え,拒否権に妨げられることなく決議が下せるようになった。

しかしその間,国連における加盟国間の実質的力関係には大きな変化が生じており,もはや国連設立時のように,安全保障理事会において中心的役割を果たすことになっていた米,英,仏,ソ(ロ),中の5大国が,実際には日本やドイツのように力をつけてきた国の支援を得ないでは,みずから決定した国連の行動を遂行できなくなってきたのである。このことを象徴的に示した事例が,1991年の湾岸戦争である。このとき,安全保障理事会の決議を受けてアメリカ軍が中心になって派遣されたいわゆる「湾岸多国籍軍」は,ドイツの政治的・経済的・軍事的協力と,日本の資金的協力なしには,遂行がきわめて困難だったのである。

### 国際平和協力法のもとでの日本の国際協力

この頃から,日本では,国際的平和維持活動に対する国際協力の問題が論議されるようになった。すなわち,一方では,中東,アフリカ,アジア,バルカンなどで地域的・民族的紛争が数多く

発生して国連による対応が求められるようになった。また冷戦後の米ロの協調路線によって，冷戦期には麻痺していた国連の安全保障理事会が決定を下せる手続き的条件は整ったが，実際には軍事要員をふくむ人と物資を提供し，費用を負担してくれる国が必ずしも多くないという事情が一般的にある。

　他方で，日本に関しては，経済大国として費用負担の責任と，カネだけではなくヒトも提供すべきだという期待があって，日本の国連平和維持活動への人的・物的貢献の問題がにわかに政治問題化した。もちろん，それまで冷戦構造を前提に拡大されてきた自衛隊や，日米安保条約による米軍との協力関係の今後のあり方の問題が，この論議の背景にあったことはいうまでもない。

　冷戦の末期，日本政府はすでに国連の平和維持活動に対する人的貢献の必要性を認識して，1987年にはPKOに対する文民要員派遣の方針を決定し，実際に国連インド・パキスタン軍事監視団（UNMOGIP）と国連イラン・イラク軍事監視団（UNIIMOG）に文官をそれぞれ1名ずつ派遣した。さらにその後，国連ナミビア独立支援グループ（UNTAG）に31名，国連ニカラグア選挙検証監視団（ONUVEN）に6名，国連イラク・クウェート監視団（UNIKOM）に1名の人員を派遣した。

　こうした動きを背景に，1992年6月，日本は国際平和協力法（PKO協力法）を制定して，国際的平和維持分野における日本の本格的貢献の条件を整えた。しかし，本格的とはいっても，憲法9条や自衛隊法の制約もあり，また，自衛隊の海外派遣に対する国内の根強い反対ないし警戒心もあって，制約的な性格のものであった。すなわち，日本が国連の平和維持活動に参加するには，①武力紛争の停止とそれを維持することへの紛争当事者の合意，

②国連平和維持活動が行われている地域に属する国および紛争当事者の同活動への同意と日本の参加に対する同意，③国連平和維持活動の中立性の確保，の3つの前提条件が整う必要があった。

そのうえで，①国際平和協力業務に従事する人員の総数は2000人を超えないこと，②派遣および実施計画は閣議で決定すること，③実施計画の決定，変更などは国会に報告すること，④先の3つの前提条件（武力紛争の停止，紛争当事者の同意，中立性）がくずれた場合は協力業務を中断すること，⑤派遣される隊員は，自己または自己とともに現場にいる他の隊員の生命あるいは身体を防衛するために，やむをえない必要があると認められる相当の理由がある場合にのみ，小型の武器を使用することができること，などのきびしい条件が付された。

この法律の成立を受けて，日本は国連カンボジア暫定統治機構（UNTAC）への要員を派遣した。具体的には，自衛隊から停戦監視要員を8名と施設部隊600名，さらに警察庁から文民警察要員約80名が派遣された。また1995年には，ゴラン高原の国連兵力引離し監視軍（UNDOF）に対して自衛隊派遣を決めたが，これには，武器と弾薬と武装要員の輸送を通常任務としないこと，武器を使用する共同訓練には参加しないこと，といったきびしい条件が付されていた。

その後，実際の日本からの要員派遣の経験や国際社会からの新しい協力の形態の要請を受けて，PKO法は1998年および2001年に改正された。その改正の要旨はつぎの3点である。第1は，PKOに直接かかわらない選挙監視活動に対しても要員を派遣することができるようになったこと，第2は，国連難民高等弁務官事務所（UNHCR）などの国際的機関が行う人道救援活動につい

PKO に向けてカンボジアに到着した自衛隊（1992年9月）

ては停戦の合意がない場合でも協力できるようになったこと，そして第3に，武器の使用は原則として現場の上官の命令によることとし，また武器使用の防護対象に自己とともに現場で自己の管理下にある者をふくむとしたことである。

　さらに，日本政府は，2014年7月に，憲法9条のもとで従来は認められていなかった集団的自衛権の行使を，限定的ではあるが容認する閣議決定を行い，それにともなって国際平和支援法という新法と10の安保関連諸法の改正を2015年9月に公布し，16年3月に施行した。この一連の安保関連法のもとでは，①日本に密接に関係する他国への武力攻撃に対しても，一定の条件のもとで，武力行使が可能となり，また，②国連憲章の目的の達成に寄与する他国の軍事活動に対して自衛隊を派遣して後方支援することも可能となった。

## 4 日本の国際協力のあり方

### 従来の日本の国際協力のパターン

　日本の国際協力は，第2次大戦後，敗戦国としての立ち遅れ，平和憲法の制約，冷戦構造と日米安保体制の影響などから，経済重視，2国間協力重視，日本の立場からの発想，国家中心といった特徴をもっていた。しかし冷戦後の今日，そして人類全体が開発，環境，資源，人権，人口，軍縮などの地球的課題に直面する今日，国際協力のあり方を根本的に見直す必要に迫られている。

　たとえば，日本の国際協力の象徴的存在である経済協力は，従来2国間が中心であり，しかもそれは国家間の合意が前提となる。その結果，国家間関係のほうが事業の成功よりも重視されているのではないかと思われる場合があり，ときに批判の対象ともなってきた。また，経済協力は，広く国際的公共政策の必要から要請されるが，日本の場合，日本の経済的利益や日本の企業の利潤が最優先され，現地の住民の利益や人権が無視されていると批判されるケースも出てきていた。この点は少しずつ改善されてきているが，2015年の開発協力大綱の運用しだいでは，国益を直接反映しやすい2国間協力に重点を置きかえる可能性も懸念される。

　平和維持の分野の国際協力も，日本の事情だけを考慮した国際貢献の仕方ではないかという印象が海外にはある。「日本はカネがあるからヒトは出す必要がないと考えているのか」とか，「日本は25万人，世界第10位以内に入る軍事力を現実にもっているのに，憲法9条を理由に国連の平和維持活動に，かぎられた人数の人員しか派遣できないという説明には矛盾がある」といった不満や批判が，国連や海外には現実に存在する。こういう批判があ

るから，ただちに日本ももっと大規模に平和維持活動に貢献できるように法律を改正すべきであるという主張は，明らかに短絡的すぎる。しかし従来の日本での，自国の事情を中心とした平和維持活動に対する貢献をめぐる議論だけでは，国際社会での議論に対応できなくなってきていることも事実である。

### これからの日本の国際協力のあり方

以上を受けて，今後の日本の国際協力のあり方を考えてみよう。

まずなによりも，これからの国際協力は，経済，政治，技術というようにそれぞれの分野に個別にかぎられるものではなく，相互に関連するかたちで進むと思われる。開発，環境，資源，人権，人口，軍縮などの地球的課題を解決するために，政治，経済，技術，法律，文化などさまざまな領域が相互に関連して答えをだすことが，今後の国際協力には要求される。すなわち，個別的国際協力ではなく，総合的，包括的国際協力の視点が求められているのである。その意味では，日本の国内官庁も，官庁相互の縦割り，縄張りの制約のなかだけで国際協力を考えるのではなく，日本全体の国際協力の観点から，政府全体，さらには国民や市民団体，企業をも視野に入れた政策を立て，実施していく必要がある。

このことから，つぎのような具体的な政策目標の検討が当面必要となろう。第1に，2国間国際協力と多国間国際協力とを比較した場合，ピアソン報告書が主張しているように，明らかに長期的・理念的には多国間国際協力に分がある。現実的には，2国間協力から一挙に多国間協力に力点を置きかえることはできないだろうが，世界の趨勢が多国間協力の推進にあることを念頭に，日本はその方向性を模索する指導的役割を果たすことが望まれる。

このことは，多国間協力の機構である国連を中心とするさまざまな国際組織の活動に，日本が貢献し協力することを意味している。そしてそのなかには，ただ単に，日本が国際組織に対して資金的・人的に協力すること（これが従来外務省を中心にいわれてきた多国間協力である）を意味するばかりでなく，多国間協力の機構である国際組織の内部において，その意思決定に，日本が有効かつ効果的に参画する責任があることをも意味している。

近年，国連改革との関連で日本の国連安全保障理事会の常任理事国入りが論じられてきているが，この問題も，このような「国連の意思形成に積極的に参画する責任」の観点から検討し吟味する必要がある。そして，日本国憲法の原理である軍縮と正義にもとづく平和の実現の観点から，国連の意思形成に積極的に参加する必要があるという立場に立って，もう一度日本の常任理事国入りの問題を議論しなおす意味があるように思われる。

第2に，先に掲げた地球的規模の問題は，いずれも国家利益の調整のレベルの問題ではなく，その先の人民，市民，個人の利益実現の問題でもあるという観点から，国際協力を国家間協力のレベルから，非国家行為主体をも巻き込んだものに拡大していく必要がある。具体的には，日本国政府は，すでに数多く存在し有益な活動をしている軍縮，人権，環境，開発，文化などの分野のNGOとの協力のあり方を模索し，それらの団体の協力を得て，政府だけではできないキメ細かい国際協力を推進する方向性をとるべきである。NGOをとおしての政府開発援助（ODA）の企画，実施，監視，評価や，NGOの自律的活動を側面から支援するための活動（たとえばNGOの活動を容易にするための事務所，会議場，宿泊施設などの建設や提供）などを検討することが望まれる。

# 巻末資料

(1) 世界の動き・日本の動き（第2次世界大戦後）

(2) 歴代首脳一覧（第2次世界大戦後）

(3) アジア太平洋における国際的枠組み

(4) 欧州の主要国際機構

(5) 第2次世界大戦後の武力紛争

(6) 主要通常兵器の輸出国・輸入国：上位20ヵ国

(7) 日本の主要な通商問題の推移とFTA/EPA締結・交渉状況

(8) 日本の輸出入額上位50ヵ国順位表

(9) DAC諸国の政府開発援助

(10) 二酸化炭素の国別排出量と国別1人当たり排出量

(11) GNIでみる世界のすがた

## (1) 世界の動き・日本の動き（第2次世界大戦後）

| 年 | 世界 | 日本 |
|---|---|---|
| 1945 | 8 第2次大戦終結<br>10 国際連合発足 | 8 ポツダム宣言受諾 |
| 1946 | 3 チャーチル，鉄のカーテン演説<br>12 インドシナ戦争勃発 | 5 極東国際軍事裁判開廷<br>　 吉田茂内閣成立 |
| 1947 | 3 トルーマン・ドクトリン<br>6 マーシャル・プラン提唱<br>9 コミンフォルム結成<br>10 GATT調印 | 3 民主党結成<br>5 日本国憲法施行<br>　 片山哲内閣成立 |
| 1948 | 5 イスラエル共和国成立，第1次中東戦争勃発<br>6 ソ連によるベルリン封鎖<br>12 世界人権宣言 | 3 芦田均内閣成立<br>10 第2次吉田茂内閣成立<br>11 極東国際軍事裁判閉廷 |
| 1949 | 1 COMECON設立<br>4 NATO調印<br>5 ベルリン封鎖解除<br>9 ソ連，原爆保有宣言<br>10 中華人民共和国成立 | 2 第3次吉田茂内閣成立<br>5 アメリカ，対日賠償取立て中止 |
| 1950 | 6 朝鮮戦争勃発 | 8 警察予備隊創設 |
| 1951 | 4 欧州石炭鉄鋼共同体条約調印<br>7 コロンボ・プラン設立<br>9 ANZUS調印 | 3 公職選挙法公布<br>9 平和条約，日米安保条約調印<br>10 日本社会党，左右に分裂 |
| 1952 | 10 イギリス，原爆実験<br>11 アメリカ，水爆実験 | 4 日米行政協定調印<br>　 日華平和条約調印<br>8 警察予備隊，保安隊に改組 |
| 1953 | 3 スターリン死去<br>7 朝鮮戦争の休戦協定成立 | 4 日米通商航海条約調印<br>12 奄美諸島復帰 |
| 1954 | 6 ネルー・周恩来会談，平和5原則<br>7 インドシナ停戦協定成立<br>9 SEATO結成<br>11 アルジェリア戦争勃発 | 6 防衛庁設置法・自衛隊法成立<br>7 保安隊，自衛隊に改組<br>11 日本民主党結成<br>　 対ビルマ賠償協定調印<br>12 鳩山一郎内閣成立 |
| 1955 | 4 第1回アジア・アフリカ会議<br>5 ワルシャワ条約調印<br>7 ジュネーブ4ヵ国（米英仏ソ）巨頭会談 | 9 GATT加盟<br>10 日本社会党統一<br>11 保守合同，自由民主党結党 |

巻末資料　271

| 年 | 世界 | 日本 |
|---|---|---|
| 1956 | 2 ソ連, スターリン批判<br>7 エジプト, スエズ運河国有化<br>10 ハンガリー事件<br>第2次中東戦争勃発<br>国連緊急軍, スエズに派遣（最初の本格的PKO） | 5 対フィリピン賠償協定調印<br>10 日ソ国交回復<br>12 国連加盟<br>石橋湛山内閣成立 |
| 1957 | 3 ローマ条約調印<br>7 第1回パグウォッシュ会議<br>10 ソ連, 人工衛星スプートニク1号打上げ | 2 岸信介内閣成立<br>6 日米首脳会談（岸・アイゼンハワー）<br>10 国連非常任理事国に選出<br>12 日ソ通商条約に調印 |
| 1958 | 1 米, 初の人工衛星打上げ成功<br>欧州経済共同体（EEC）発足<br>8 中国, 金門島砲撃 | 1 対インドネシア賠償協定調印<br>2 対インド第1次円借款協定調印<br>10 日米安保条約改定交渉 |
| 1959 | 1 キューバ革命<br>11 欧州自由貿易連合（EFTA）調印 | 3 社会党訪中団長の浅沼稲次郎,「米国は日中共同の敵」演説<br>5 対南ベトナム賠償協定調印 |
| 1960 | 2 フランス, 原爆実験<br>5 U2型機事件<br>7 コンゴ動乱<br>9 石油輸出国機構（OPEC）創設<br>12 経済協力開発機構（OECD）条約調印 | 1 新日米安保条約調印<br>民主社会党結党<br>6 ハガチー事件<br>樺美智子死亡事件<br>7 池田勇人内閣成立<br>10 社会党委員長浅沼稲次郎刺殺 |
| 1961 | 8 ベルリンの壁出現<br>9 第1回非同盟諸国会議 | 6 日米首脳会談（池田・ケネディ） |
| 1962 | 10 キューバ危機<br>12 中ソ対立表面化 | 1 ガリオア・エロア返済協定調印<br>11 日英通商航海条約締結 |
| 1963 | 8 部分的核実験停止条約調印<br>米ソ間にホット・ライン設置<br>11 米大統領ケネディ暗殺 | 7 経済開発協力機構（OECD）に加盟承認<br>8 部分核停条約に調印 |
| 1964 | 5 ケネディ・ラウンド開始<br>10 ソ連, フルシチョフ解任<br>中国, 原爆実験 | 11 佐藤栄作内閣成立<br>米の原潜, 佐世保に入港<br>公明党結党 |
| 1965 | 2 米, 北ベトナム爆撃開始<br>9 インドネシア, 9.30事件 | 6 日韓基本条約調印 |
| 1966 | 7 フランス, NATO軍より脱退<br>8 中国, 文化大革命 | 1 日ソ航空協定調印<br>8 政界黒い霧事件 |

| 年 | 世界 | 日本 |
|---|---|---|
| 1967 | 6 第3次中東戦争勃発<br>　　中国, 水爆実験<br>7 欧州共同体 (EC) 発足<br>8 ASEAN結成 | 9 佐藤首相, 台湾・東南ア訪問<br>11 日米首脳会談 (佐藤・ジョンソン) |
| 1968 | 5 ベトナム和平会議開始<br>7 EC関税同盟発足<br>　　核拡散防止条約 (NPT) 調印<br>8 チェコ事件<br>10 米, ベトナム北爆全面停止 | 4 小笠原返還協定調印<br>9 水俣病を公害病と認定 |
| 1969 | 1 ベトナム和平拡大会議開催<br>3 中ソ国境衝突事件<br>7 アポロ11号, 月面着陸<br>10 西独, ブラント内閣成立 | 3 日米繊維交渉開始<br>11 佐藤首相訪米, 日米共同声明<br>　　(安保堅持, 沖縄返還) |
| 1970 | 4 SALT開始<br>　　米軍, カンボジア介入<br>8 西独・ソ連, 武力不行使条約調印, 西独の東方外交 | 2 核拡散防止条約調印<br>3 日本万国博覧会 (大阪万博)<br>6 日米安保条約自動延長 |
| 1971 | 8 ニクソン・ショック<br>10 中国, 国連加盟 (台湾脱退)<br>12 第2次印パ戦争 | 3 対米繊維輸出自主規制発表<br>6 沖縄返還協定調印 |
| 1972 | 2 ニクソン大統領訪中<br>5 SALT I 調印<br>6 国連人間環境会議, ストックホルム宣言<br>12 東西ドイツ基本条約締結 | 1 日米政府間繊維協定調印<br>5 沖縄復帰<br>7 田中角栄内閣成立<br>9 田中首相訪中, 日中国交正常化 |
| 1973 | 1 ベトナム和平協定調印<br>　　国際通貨危機再燃<br>9 東西ドイツ, 国連加盟<br>　　GATT東京ラウンド開始<br>10 第4次中東戦争勃発<br>　　アラブ石油輸出国機構 (OAPEC) 石油戦略を発動 | 2 円相場, 変動為替制へ<br>11 オイル・ショック, 狂乱物価 |
| 1974 | 4 国連資源特別総会<br>5 インド, 地下核実験<br>8 ニクソン大統領辞任<br>10 アラブ首脳会議, PLOを承認 | 11 フォード米大統領来日<br>12 三木武夫内閣成立 |
| 1975 | 4 ベトナム戦争終了 | 6 日ソ漁業操業協定調印 |

| 年 | 世　界 | 日　本 |
|---|---|---|
| 1975 | 7　全欧安保首脳会議<br>11　第1回先進国首脳会議（サミット） | |
| 1976 | 7　南北ベトナム統一<br>　　インドネシア，東ティモール併合 | 5　ロッキード事件<br>7　戦争賠償支払い完了<br>12　福田赳夫内閣成立 |
| 1977 | 11　エジプト大統領サダト，イスラエル訪問 | 3　日ソ漁業協定調印<br>9　日本赤軍ダッカ事件 |
| 1978 | 1　カンボジア，ベトナムと国境紛争 | 8　日中平和友好条約調印<br>12　大平正芳内閣成立 |
| 1979 | 1　米中国交樹立<br>　　イラン革命<br>2　中越紛争<br>3　エジプト・イスラエル中東和平条約調印<br>5　英，サッチャー政権誕生<br>6　SALT II 調印<br>7　GATT 東京ラウンド議定書調印<br>12　ソ連，アフガニスタン侵攻 | 1　ダグラス・グラマン疑獄事件<br>6　第5回先進国首脳会議（東京サミット） |
| 1980 | 9　イラン・イラク戦争 | 4　日米自動車交渉<br>7　鈴木善幸内閣成立<br>7　モスクワオリンピック，ボイコット |
| 1981 | 11　INF 制限交渉開始 | 5　対米乗用車輸出自主規制<br>10　日米農産物交渉開始 |
| 1982 | 4　フォークランド紛争<br>6　START 開始<br>11　ソ連，ブレジネフ書記長死去 | 11　中曽根康弘内閣成立 |
| 1983 | 9　大韓航空機撃墜事件<br>10　米，グレナダ侵攻<br>　　ラングーン爆弾テロ事件 | 1　中曽根首相韓国訪問<br>　　中曽根首相「日本の不沈空母化」発言<br>6　比例代表制による初の参院選挙 |
| 1984 | 10　インド，ガンジー首相暗殺<br>12　中英，香港返還合意文書調印 | 4　日米農産物交渉決着<br>9　全斗煥韓国大統領来日 |
| 1985 | 3　ソ連，ゴルバチョフ書記長誕生<br>9　先進5ヵ国蔵相会議（プラザ合 | 8　日米通商摩擦激化<br>　　首相・閣僚の靖国神社公式参拝 |

| 年 | 世 界 | 日 本 |
|---|---|---|
| 1985 | 9　意) | |
| | 11　米ソ首脳会談（ジュネーブ） | |
| 1986 | 2　フィリピン政変，アキノ大統領誕生 | 5　第12回先進国首脳会議（東京サミット） |
| | 4　ソ連，チェルノブイリ原発事故 | 9　日米半導体協定 |
| | 9　ウルグアイ・ラウンド開始 | 11　日米繊維交渉大綱決着 |
| | 11　米，イラン・コントラ事件 | |
| 1987 | 12　米ソ，INF全廃条約調印 | 7　日米，SDI協定調印 |
| | 　　パレスチナ，インティファーダ開始 | 11　竹下登内閣成立 |
| 1988 | 4　アフガニスタン和平協定調印 | 6　日米，牛肉・オレンジ交渉決着 |
| | 8　イラン・イラク戦争終結 | 　　リクルート事件 |
| | | 　　消費税法成立 |
| 1989 | 5　中ソ国交正常化 | 1　昭和天皇崩御，「平成」始まる |
| | 6　中国，天安門事件 | 2　大喪の礼，弔問外交 |
| | 11　ベルリンの壁崩壊 | 4　消費税実施 |
| | 　　チェコ，ビロード革命 | 　　国連軍縮京都会議 |
| | 12　米ソ首脳会談，冷戦終結宣言 | 6　宇野宗佑内閣成立 |
| | 　　米，パナマ侵攻 | 7　日米構造協議設置を決定 |
| | 　　ルーマニア，チャウシェスク政権崩壊 | 8　海部俊樹内閣成立 |
| | | 12　東証株価戦後最高値 |
| 1990 | 8　イラク，クウェート侵攻 | 12　日本人初の宇宙飛行 |
| | 9　ソ連・韓国国交樹立 | |
| | 10　ドイツ統一 | |
| | 11　全欧安保協力会議（CSCE） | |
| 1991 | 1　湾岸戦争勃発 | 4　牛肉・オレンジ市場自由化開始 |
| | 4　湾岸戦争終結 | 　　自衛隊掃海艇，ペルシャ派遣 |
| | 6　南ア，アパルトヘイト終結 | 　　ゴルバチョフソ連大統領来日 |
| | 　　COMECON解散 | 6　日米半導体交渉決着 |
| | 7　ワルシャワ条約機構解体 | 7　共和汚職事件 |
| | 9　南北朝鮮，国連同時加盟 | 11　宮沢喜一内閣成立 |
| | 10　カンボジア和平協定調印 | |
| | 12　EC，マーストリヒト条約 | |
| | 　　ソ連邦消滅 | |
| 1992 | 3　国連カンボジア暫定統治機構（UNTAC）発足 | 2　佐川急便事件 |
| | | 4　地球環境賢人会議 |
| | 6　環境と開発に関する国連会議 | 5　日本新党結党 |

| 年 | 世界 | 日本 |
|---|---|---|
| 1992 | 6 (リオ会議，地球サミット) | 6 PKO法案可決 |
| | 8 中国・韓国国交樹立 | 9 自衛隊，カンボジアへ派遣 |
| 1993 | 1 EC統合市場発足 | 3 ゼネコン汚職事件 |
| | 1 チェコとスロバキア，分離・独立 | 6 ラムサール会議開幕 |
| | | 新生党結党 |
| | 3 北朝鮮，NPT脱退 | 7 第19回先進国首脳会議（東京サミット） |
| | 6 世界人権会議 | |
| | 7 カンボジア暫定国民政府発足 | 8 自民党内閣崩壊 |
| | 9 パレスチナ暫定自治協定調印 | 細川護熙内閣成立 |
| | 12 ウルグアイ・ラウンド最終合意 | 12 コメ部分開放決定 |
| 1994 | 1 北米自由貿易協定発効 | 4 羽田孜内閣成立 |
| | 4 NATO，初のボスニア空爆 | 6 村山富市内閣成立 |
| | 5 パレスチナ暫定自治始動 | 9 自衛隊，ルワンダ派遣（PKO活動） |
| | 南ア，マンデラ大統領就任 | |
| | 国連安保理，ルワンダに第2次PKO派遣決議 | 12 新進党結党 |
| | | 改正公職選挙法施行 |
| 1995 | 1 GATT，WTO（世界貿易機関）に発展解消 | 1 阪神・淡路大震災 |
| | | 3 地下鉄サリン事件 |
| | 8 米，核実験全面停止宣言 | 6 戦後50年国会決議採択 |
| | 9 パレスチナ自治拡大協定調印 | 日米自動車交渉合意 |
| | 11 イスラエル，ラビン首相暗殺 | 8 ゴラン高原へPKO派遣決定 |
| | 旧ユーゴスラビア包括和平合意 | 11 APEC大阪会議 |
| 1996 | 7 ロシアで初の元首（大統領）選挙，エリツィン当選 | 1 橋本龍太郎内閣成立 |
| | | 2 自衛隊，ゴラン高原へPKO派遣 |
| | 9 国連，CTBT採択 | |
| | | 4 日米首脳（橋本・クリントン）会談（日米安保共同宣言発表） |
| | | 12 在ペルー日本大使館人質事件 |
| 1997 | 4 化学兵器禁止条約発効 | 4 日米首脳（橋本・クリントン）会談 |
| | 6 先進国首脳会議にロシア初参加 | |
| | 7 香港，中国に返還 | 9 日米「新」ガイドライン合意 |
| | 9 対人地雷全面禁止条約採択 | 12 温暖化防止京都会議 |
| 1998 | 4 北アイルランド和平合意 | 4 民主党統一大会 |
| | 5 インド，パキスタン核実験 | 7 小渕恵三内閣成立 |
| | 8 ロシア，金融危機 | 8 北朝鮮テポドンの日本上空通過 |
| | | 11 日ロ首脳会談で「モスクワ宣言」 |
| 1999 | 1 欧州にユーロ導入 | 1 「自自」連立内閣発足 |

| 年 | | 世　界 | | 日　本 |
|---|---|---|---|---|
| 1999 | 8 | 東ティモール，住民投票で独立派勝利 | 5 | 情報公開法成立<br>日米ガイドライン関連法成立 |
| | 12 | WTO会議決裂<br>マカオ，中国に返還 | 8 | 国旗・国歌法成立 |
| | | | 10 | 「自自公」連立内閣成立 |
| 2000 | 3 | 台湾総統に陳水扁当選 | 3 | 自由党分裂 |
| | 6 | 韓国・北朝鮮，初の首脳会談 | 4 | 森喜朗内閣発足（自公保連立） |
| | 8 | ロシア原潜クルスク沈没 | 7 | 第26回先進国首脳会議（九州・沖縄サミット） |
| | 9 | 国連ミレニアム・サミット | | |
| 2001 | 1 | 米，G. W. ブッシュ大統領就任 | 1 | 省庁再編，1府12省庁へ |
| | 3 | 米，京都議定書から離脱 | 4 | 小泉純一郎内閣成立 |
| | 7 | 中ロ友好条約調印 | 6 | 日米首脳（小泉・ブッシュ）会談 |
| | 9 | 米国で同時多発テロ | 8 | 首相，靖国神社公式参拝 |
| | 10 | 米，アフガニスタン侵攻 | 10 | テロ対策特別措置法成立 |
| | 12 | アフガニスタンのタリバン政権崩壊 | 12 | 奄美大島北西に不審船，海保威嚇射撃 |
| 2002 | 1 | EU12ヵ国，ユーロ取扱い開始 | 1 | シンガポールと自由貿易協定締結<br>東京でアフガニスタン復興支援会議 |
| | 5 | 米ロ，戦略核兵器削減合意 | | |
| | 7 | アフリカ連合発足 | 6 | 京都議定書批准 |
| | 8 | 環境開発サミット | 9 | 日朝首脳（小泉・金）会談 |
| | | | 10 | 北朝鮮から拉致被害者5名帰国 |
| 2003 | 1 | 北朝鮮，NTP脱退表明 | 4 | 日本郵政公社発足 |
| | 3 | イラク戦争開始 | 6 | 有事法制関連3法成立 |
| | 12 | イラクでフセイン元大統領拘束 | 7 | イラク復興支援特別措置法成立 |
| | | | 9 | 自由党，民主党と合併 |
| | | | 12 | 自衛隊，イラク派遣 |
| 2004 | 5 | EU25ヵ国に拡大 | 1 | 鳥インフルエンザ感染確認 |
| | 6 | イラク暫定政権発足 | | |
| | 12 | スマトラ沖でM.9.0の大地震 | | |
| 2005 | 2 | 京都議定書発効 | 4 | メキシコと経済連携協定発効<br>北京で大規模な反日デモ |
| | 7 | イギリスで地下鉄爆弾テロ | | |
| | 10 | パキスタンでM.7.6の地震 | 10 | 郵政民営化法成立 |
| 2006 | 5 | イラク，正式政権発足<br>ジャワ島，M.6.3の地震 | 5 | 在日米軍再編最終合意 |
| | | | 7 | 北朝鮮，日本海にミサイル発射 |
| | 7 | レバノン危機 | 8 | 終戦記念日に首相，靖国神社に参拝 |
| | 9 | タイでクーデター | | |
| | 10 | 北朝鮮，地下核実験 | 9 | 第1次安倍晋三内閣成立 |

| 年 | | 世　　界 | | 日　　本 |
|---|---|---|---|---|
| 2007 | 2 | 世界同時株安 | 1 | 防衛省発足 |
| | 7 | パキスタンで神学生立てこもり | 2 | 年金記録問題発覚 |
| | 9 | ミャンマーで反政府デモ弾圧 | 5 | 国民投票法成立 |
| | 12 | パキスタン，ブット元首相暗殺 | 6 | 教育関連三法成立 |
| | | | 9 | 福田康夫内閣発足 |
| | | | 10 | 郵政民営化 |
| 2008 | 3 | 中国チベット自治区で暴動発生 | 7 | 第34回先進国首脳会議（北海道洞爺湖サミット） |
| | 8 | グルジア紛争 | | |
| | 9 | リーマン・ショック | 9 | 麻生太郎内閣発足 |
| | 12 | クラスター爆弾禁止条約に94ヵ国が署名 | | |
| 2009 | 4 | 米大統領「核のない世界」提唱 | 3 | ソマリア沖海賊対策で海自派遣 |
| | | 新型インフルエンザ発生 | 4 | 北朝鮮ミサイル，日本上空を通過 |
| | 7 | 新疆ウイグルで暴動 | | |
| | | 多国籍軍イラクから撤退終了 | 5 | 裁判員制度開始 |
| | 9 | スマトラ沖でM7.6の地震 | 9 | 鳩山由紀夫内閣成立 |
| | | サモア諸島近海でM8の地震 | 12 | 日米，航空自由化合意 |
| | 11 | ドバイ・ショック | | |
| 2010 | 1 | アメリカ，台湾へ武器売却発表 | 3 | 「核密約」問題，決着 |
| | 2 | ギリシャ財政危機 | 5 | 普天間基地問題，暗礁へ |
| | 3 | 米ロ，新核軍縮条約に合意 | | 社民党，政権離脱 |
| | 4 | タイ，反政府デモ激化 | 6 | 菅直人内閣成立 |
| | 6 | キルギスで大暴動 | 9 | 尖閣諸島問題で日中関係険悪化 |
| | | | 10 | COP10開催（名古屋） |
| 2011 | 1 | チュニジア，ジャスミン革命 | 3 | 東日本大震災 |
| | | シリア内戦 | | 福島第一原発事故 |
| | | 中国，GDP世界2位に | 9 | 野田佳彦内閣成立 |
| | 2 | エジプトで革命 | 11 | 南スーダンに自衛隊派遣決定 |
| | 3 | 英仏米などリビアに軍事介入 | | |
| | 7 | 南スーダン共和国誕生 | | |
| 2012 | 4 | 北朝鮮，ミサイル発射 | 9 | 尖閣諸島国有化 |
| | 5 | 急激な円高ユーロ安 | 10 | 沖縄にオスプレイ配備 |
| | 9 | 中国で反日デモ | 12 | 第2次安倍晋三内閣発足 |
| | 11 | 国連，パレスチナをオブザーバー国家に | | |
| 2013 | 7 | エジプトでクーデター | 9 | 2020年東京オリンピック決定 |
| | 11 | 中国，東シナ海に防空識別圏設 | 12 | 首相，靖国神社参拝 |

| 年 | 世　界 | 日　本 |
|---|---|---|
| 2013 | 11　定 | |
| 2014 | 3　ロシア，クリミアを編入<br>　　台湾でひまわり学生運動<br>5　タイでクーデター<br>6　ISIL（IS）国家樹立宣言<br>9　米国等，シリアでISIL空爆<br>10　エボラ出血熱，感染拡大 | 3　日米韓首脳会議<br>4　消費税，5%から8%に<br>　　武器禁輸原則転換を閣議決定<br>7　集団的自衛権使容認閣議決定<br>12　特定秘密保護法施行 |
| 2015 | 1　パリの新聞社等にテロ<br>7　イラン，米英他6ヵ国と核合意<br>　　アメリカ・キューバ国交回復<br>9　渡欧難民急増<br>11　ミャンマー総選挙，NLD圧勝<br>　　パリで同時多発テロ<br>12　COP21，パリ協定採択 | 1　日本・オーストラリア，EPA<br>　　締結<br>4　日米ガイドライン合意<br>6　改正公職選挙法，選挙権18歳<br>　　に<br>7　安保関連法案反対運動<br>9　安全保障関連法成立<br>12　日韓，慰安婦問題合意 |

## (2) 歴代首脳一覧

I

| アメリカ（大統領） | イギリス（首相） | フランス（大統領） |
|---|---|---|
| トルーマン（45.4～） | チャーチル（40.5～） | |
| | アトリー（45.7） | |
| | | オリオール（47.1） |
| アイゼンハワー（53.1） | チャーチル（51.10） | |
| | イーデン（55.4） | コティ（54.1） |
| | マクミラン（57.1） | |
| ケネディ（61.1） | | ドゴール（59.1） |
| ジョンソン（63.11） | ヒューム（63.10） | |
| | ウィルソン（64.10） | |
| ニクソン（69.1） | | ポンピドー（69.6） |
| | ヒース（70.6） | |
| フォード（74.8） | ウィルソン（74.3） | ジスカール・デスタン（74.5） |
| | キャラハン（76.4） | |
| カーター（77.1） | | |
| | サッチャー（79.5） | |
| レーガン（81.1） | | ミッテラン（81.5） |

(第2次世界大戦後)

(2016年6月現在)

| ドイツ［西ドイツ］（首相） | ロシア［ソ連］ | | |
|---|---|---|---|
| | 元首 | 首相 | 党総書記 |
| | カリーニン(22.12〜) | スターリン(41.5〜) | スターリン(22.4〜) |
| アデナウアー（49.9） | シヴェルニク（46.3） | | |
| | ヴォロシーロフ（53.5） | マレンコフ(53.3)<br>ブルガーニン（55.2）<br>フルシチョフ（58.3） | マレンコフ(53.3), フルシチョフ（53.3） |
| | ブレジネフ(60.5) | | |
| エアハルト（63.11） | ミコヤン(64.7)<br>ポドゴルヌイ（65.12） | コスイギン(64.10) | ブレジネフ(64.10) |
| キージンガー（66.12） | | | |
| ブラント（69.10） | | | |
| シュミット（74.5） | | | |
| | ブレジネフ(77.6) | | |
| コール（82.5） | アンドロポフ（83.6） | チーホノフ(80.10) | アンドロポフ（82.11） |

| アメリカ（大統領） | イギリス（首相） | フランス（大統領） |
| --- | --- | --- |
| ブッシュ，G. H.（89.1） | メージャー（90.11） | |
| クリントン（93.1） | | シラク（95.6） |
| | ブレア（97.5） | |
| ブッシュ，G. W.（01.1） | | |
| | ブラウン（07.6） | サルコジ（07.5） |
| オバマ（09.1） | | |
| | キャメロン（10.5） | オランド（12.5） |

(注) 1. フランスは，1940年7月～47年1月まで大統領不在。また，首相がいるが
2. 西ドイツは，1945年5月～49年9月まで占領時代のため首相は不在。また，
3. ソ連の元首の正式名称：中央執行委員会議長（1938年1月まで），のち，
ち，閣僚会議議長。ソ連の党幹部の正式名称：1922年4月～53年3月は書
以降は書記長とよばれた。ソ連は，1990年3月に大統領制を導入，元首の
4. I，II表とも，名前のつぎの（　）内はその職に就任した年（西暦）月。

| ドイツ［西ドイツ］（首相） | ロシア［ソ連］ | | |
|---|---|---|---|
| | チェルネンコ（84.4）<br>グロムイコ（85.7）<br>ゴルバチョフ（88.10）<br>エリツィン（92.1） | ルイシコフ（85.9）<br>パブロフ（91.1）<br>エリツィン（92.1），ガイタル（92.6），チェルノムイルジン（92.12） | チェルネンコ（84.2）<br>ゴルバチョフ（85.3〜91.8） |
| シュレーダー（98.10)<br><br>メルケル（05.11) | プーチン（99.12）<br><br>メドベージェフ（08.5）<br><br>プーチン（12.5） | キリエンコ（98.3），チェルノムイルジン（98.8），プリマコフ（98.9），ステパシン（99.5），プーチン（99.8），カシャノフ（00.5），フリステンコ（04.2），フラトコフ（04.3）<br>ズブコフ（07.9）<br>プーチン（08.5）<br><br>メドベージェフ（12.5） | |

この表では省略。
大統領がいるがこの表では省略。
最高幹部会議長。ソ連の首相の正式名称：人民委員会議長（1946年2月まで），の記長，1953年3月〜53年9月は筆頭書記，1953年9月〜66年は第一書記，1966年地位は大統領に移行。

## II

| 国際連合(事務総長) | カナダ(首相) | イタリア(首相) |
|---|---|---|
| | キング (35.10〜) | パルリ (45.6),デ・ガスペリ (45.12) |
| リー (46.2) | | |
| | サンローラン (48.11) | |
| ハマーショルド (53.4) | | ペッラ (53.8) |
| | | ファンファーニ (54.1),シェルバ (54.2) |
| | | セニ (55.7) |
| | ディーフェンベーカー (57.6) | ゾーリ (57.5) |
| | | ファンファーニ (58.7) |
| | | セニ (59.2) |
| | | タンブローニ (60.3),ファンファーニ (60.7) |
| ウ・タント (61.11) | | |
| | ピアソン (63.4) | レオーネ (63.6),モロ (63.12) |
| | トルドー, P. (68.4) | レオーネ (68.6),ルモール (68.12) |
| ワルトハイム (72.1) | | コロンボ (70.8) |
| | | アンドレオッチ (72.2) |
| | | ルモール (73.7) |
| | | モロ (74.11) |
| | | アンドレオッチ (76.7) |
| | クラーク (79.6) | コシガ (79.8) |
| | トルドー, P. (80.3) | フォルラーニ (80.10) |
| デクエヤル (82.1) | | スパドリーニ (81.6) |
| | | ファンファーニ (82.12) |
| | | クラクシ (83.8) |
| | ターナー (84.6),マルルーニ (84.9) | |
| | | ファンファーニ (87.4),ゴリア (87.7) |

(2016 年 6 月現在)

| 中　　国 ||| 日　本（首相） |
| --- | --- | --- | --- |
| 蔣介石（43.8〜） ||| 鈴木貫太郎（45.4），東久邇宮稔彦（45.8），幣原喜重郎（45.10） |
| 中華人民共和国成立 ||| 吉田茂（46.5） |
| 元　　首 | 首　　相 | 党首脳 | 片山哲（47.5） |
| 毛沢東<br>（49.10） | 周恩来<br>（49.10） | 毛沢東<br>（45.6） | 芦田均（48.3），吉田茂（48.10） |
| ^ | ^ | ^ | 鳩山一郎（54.12） |
| ^ | ^ | ^ | 石橋湛山（56.12） |
| ^ | ^ | ^ | 岸信介（57.2） |
| 劉少奇<br>（59.4） | ^ | ^ | 池田勇人（60.7） |
| ^ | ^ | ^ | 佐藤栄作（64.11） |
| 宋慶齢・<br>董必武<br>（67.11<br>〜75.1）<br>（董が実<br>務を担当，<br>宋は儀礼<br>的存在） | ^ | ^ | 田中角栄（72.7） |
| ^ | 華国鋒<br>（76.2） | 華国鋒<br>（76.10） | 三木武夫（74.12）<br>福田赳夫（76.12）<br>大平正芳（78.12） |
| ^ | 趙紫陽<br>（80.4） | 胡耀邦<br>（81.6） | 鈴木善幸（80.7） |
| 李先念<br>（83.6） | ^ | ^ | 中曾根康弘（82.11） |
| ^ | 李鵬（87.11） | 趙紫陽<br>（87.9） | 竹下登（87.11） |

| 国際連合(事務総長) | カナダ(首相) | イタリア(首相) |
|---|---|---|
|  |  | デミータ (88.4) |
|  |  | アンドレオッチ (89.7) |
| ガリ (92.1) |  |  |
|  |  | アマート (92.6) |
|  |  | チャンピ (93.4) |
|  | キャンベル (93.6), クレティエン (93.10) | ベルルスコーニ (94.5) |
|  |  | ディーニ (95.1) |
|  |  | プロディ (96.5) |
|  |  | ダレーマ (98.10) |
| アナン (97.1) | マーティン (03.12) | アマート (00.4) |
|  | ハーパー (06.2) | ベルルスコーニ (01.6) |
| 潘基文 (07.1) |  | プロディ (06.5) |
|  |  | ベルルスコーニ (08.5) |
|  |  | モンティ (11.11) |
|  |  | レッタ (13.4) |
|  |  | レンツィ (14.2) |
|  | トルドー, J. (15.11) |  |

(注) 1. イタリアには大統領がいるが、この表では省略。
2. 中華民国の場合、政府首脳の名称は1913年10月から大総統、24年11月か
中国の元首の正式名称:中央人民政府委員会主席、1954年9月から国家主
共産党中央委員会主席、1982年9月から総書記。中国の国家主席は、1975
(出所) 1987年までは秦郁彦編『世界諸国の制度・組織・人事1840〜1987』東京

| 中　　国 | | | 日　本（首相） |
|---|---|---|---|
| 揚尚昆<br>(88.4) | | 江沢民<br>(89.6) | 宇野宗佑 (89.6)，海部俊樹 (89.8)<br><br>宮沢喜一 (91.11) |
| 江沢民<br>(93.3) | 朱鎔基<br>(98.3) | | 細川護熙 (93.8)<br>羽田孜 (94.4)，村山富市 (94.6)<br>橋本龍太郎 (96.1)<br>小渕恵三 (98.7) |
| 胡錦濤<br>(03.3) | 温家宝<br>(03.3) | 胡錦濤<br>(02.11) | 森喜朗 (00.4)<br>小泉純一郎 (01.4)<br>安倍晋三 (06.9)<br>福田康夫 (07.9)<br>麻生太郎 (08.9)<br>鳩山由紀夫 (09.9)<br>菅直人 (10.6)<br>野田佳彦 (11.9)<br>安倍晋三 (12.12) |
| 習近平<br>(12.11) | 李克強<br>(13.3) | 習近平<br>(12.11) | |

ら臨時執政，27年4月から国民政府主席，48年5月から総統。
席になった。中国の首相の正式名称：国務院総理。中国の党首脳の正式名称：中国
年憲法で廃止され，全人代常務委員長と党主席がこれを継承していた。1982年復活。
大学出版会，1988年をもとに作成。1988年以降は報道資料をもとに作成。

## (3) アジア太平洋における国際的枠組み

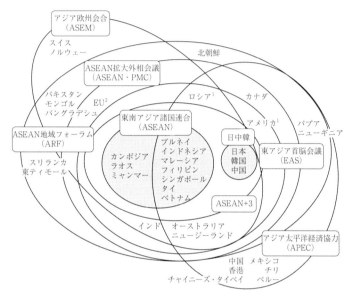

(注) 1. 2011年からEASに正式参加。
    2. ASEMには，欧州連合とEU加盟27ヵ国がそれぞれ参加。
(出所) 外務省編『外交青書2015（平成27年版）』。ただし，表記は一部修正。

## (4) 欧州の主要国際機構

```
                    OSCE協力のためのパートナー(11)
CoEオブザーバー  ┌●協力のためのアジアパートナー  ●協力のための地中海パートナー┐
(5)              │韓国  タイ                      モロッコ エジプト   アルジェリア│
  メキシコ       │日本  アフガニスタン オーストラリア ヨルダン イスラエル チュニジア│ コソボ
```

- CoE(47)
  - EEA(31)　リヒテンシュタイン　　　　EFTA(4)　　　　　　モンゴル
    - ノルウェー
    - アイスランド○　　　　　　　　　　スイス
  - EU(28)
    - スロベニア☆
    - フランス☆
    - ドイツ☆
    - ベルギー☆
    - オランダ☆
    - ルクセンブルク☆
    - イタリア☆　　　イギリス
    - ギリシャ☆　　　チェコ
    - スペイン☆　　　ハンガリー
    - ポルトガル☆　　ポーランド
    - スロバキア☆　　デンマーク
    - エストニア☆　　ブルガリア
    - ラトビア☆　　　ルーマニア　　　トルコ○
    - リトアニア☆　　クロアチア　　　アルバニア
    - アイルランド☆　スウェーデン
    - オーストリア☆
    - フィンランド☆
    - マルタ☆
    - キプロス☆

- バチカン
- アメリカ / カナダ
- NATO(28)

- CSTO(6)
  - ロシア　　　ベラルーシ
  - アルメニア　カザフスタン
  　　　　　　　キルギス
  　　　　　　　タジキスタン
  - ウクライナ　　　　　トルクメニスタン※1
  - アゼルバイジャン　　ウズベキスタン※2
  - モルドバ
  - CIS(10)
  - グルジア※3
  - セルビア○　マケドニア
  - ボスニア・ヘルツェゴビナ
  - モンテネグロ

- サンマリノ　アンドラ　モナコ
- OSCE(57)

|  |  |
|---|---|
| CoE | (欧州評議会) |
| CIS | (独立国家共同体) |
| CSTO | (集団安全保障条約機構) |
| EEA | (欧州経済領域) |
| EFTA | (欧州自由貿易連合) |
| EU | (欧州連合) |
| NATO | (北大西洋条約機構) |
| OSCE | (欧州安全保障協力機構) |

(注)（ ）内は参加国数。○：EU加盟候補国（5）、☆：ユーロ加盟国（19）、
　　＿：NATO加盟のための行動計画（MAP）参加国（3）。
　※1．トルクメニスタンは2005年からCIS準加盟国。
　※2．ウズベキスタンは2012年にCSTOへの参加を停止。
　※3．グルジア（現ジョージア）は、2008年8月18日にCISからの脱退を表明。
　　2009年8月18日に正式に脱退。
(出所)　外務省編『外交青書2015（平成27年版）』。ただし、表記は一部修正。

## (5) 第2次世界大戦後の武力紛争

| 地域 | 紛争名 | 期間 | 当事者 | 摘要 |
|---|---|---|---|---|
| アジア | 国共内戦 | 1945～49 | 中国国民党↔中国共産党 | 中国国民党と中国共産党の直接対立化を契機とした中国共産党による中国の統一 |
| | インドネシア独立戦争 | 1945～49 | オランダ↔インドネシア | オランダからの独立をめぐる紛争 |
| | インドシナ戦争 | 1946～54 | フランス↔ベトナム民主共和国（北ベトナム） | フランスからの独立をめぐる紛争 |
| | 第1次印パ紛争 | 1947～49 | インド↔パキスタン | 独立直後のカシミールの帰属をめぐる紛争 |
| | マラヤの反乱 | 1948～57 | イギリス↔共産ゲリラ | 英領マレー各州の支配権を握ろうとする共産ゲリラの試み |
| | マラヤの反乱 | 1957～60 | マラヤ連邦↔共産ゲリラ | マラヤ連邦各州の支配権を握ろうとする共産ゲリラの試み |
| | 朝鮮戦争 | 1950～53 | 韓国，アメリカなど（国連）↔北朝鮮，中国 | 北朝鮮の武力による朝鮮半島の統一の試み |
| | 金門・馬祖砲撃 | 1954～78 | 台湾↔中国 | 金門・馬祖両島をめぐる砲撃，宣伝戦 |
| | ラオス内戦 | 1959～75 | ラオス政府（右派，中立派）↔パテト・ラオ（左派），北ベトナム | ラオス政府と北ベトナムの支援を受けたパテト・ラオ軍とのあいだの紛争 |
| | チベット反乱 | 1959 | ダライ・ラマ派↔中国政府 | チベット問題をめぐるダライ・ラマ派の反乱 |
| | 中印国境紛争 | 1959～62 | インド↔中国 | 国境線をめぐる紛争 |
| | ベトナム戦争 | 1960～75 | 南ベトナム，アメリカなど↔南ベトナム民族解放戦線，北ベトナム | アメリカの支援を受けた南ベトナム政府と北ベトナムおよび南ベトナム民族解放戦線とのあいだの戦争 |
| | ゴア紛争 | 1961 | インド↔ポルトガル | インドによるポルトガル領ゴアなどの植民地の併合 |
| | 西イリアン紛争 | 1961～62 | インドネシア↔オランダ | 西ニューギニアの領有をめぐる紛争 |

| 地域 | 紛争名 | 期間 | 当事者 | 摘要 |
|---|---|---|---|---|
| アジア | マレーシア紛争 | 1963～66 | イギリス，マレーシア↔フィリピン | 北ボルネオの領有をめぐる紛争 |
| | マレーシア紛争 | 1963～66 | イギリス，マレーシア↔インドネシア | マレーシア結成に反対したインドネシアの対決政策 |
| | 第2次印パ紛争 | 1965～66 | インド↔パキスタン | カシミールの帰属をめぐる紛争 |
| | 中ソ国境紛争 | 1969 | 中国↔ソ連 | 国境をめぐって珍宝島（ダマンスキー島），新疆裕民地区などで衝突が発生 |
| | カンボジア内戦 | 1970～75 | カンボジア政府↔カンプチア民族統一戦線 | 政府（ロンノル派）と民族統一戦線（シアヌーク派・カンボジア共産党）との内戦 |
| | 第3次印パ紛争 | 1971 | インド，バングラデシュ↔パキスタン | バングラデシュ（東パキスタン）の独立を契機とした紛争 |
| | 西沙群島紛争 | 1974 | 南ベトナム↔中国 | 西沙群島の領有をめぐる紛争 |
| | ティモール内戦 | 1975～78 | 親インドネシア派・インドネシア（義勇兵）↔即時独立派（左派） | ポルトガルの非植民地化政策に伴う内戦 |
| | ベトナム・カンボジア紛争 | 1977～91 | ベトナム↔カンボジア | ベトナムとカンボジアとの国境紛争とベトナムのカンボジアへの軍事介入 |
| | 中越紛争 | 1979 | 中国↔ベトナム | ベトナムのカンボジアへの軍事介入に反対する中国とベトナムとの紛争 |
| | 南沙群島紛争 | 1988 | 中国↔ベトナム | 南沙群島の領有をめぐる紛争 |
| | カンボジア武力衝突 | 1997～98 | ラナリット第1首相（当時）派部隊↔フン・セン第2首相派部隊 | 政府の主導権を握るラナリット第1首相（当時）派部隊とフン・セン第2首相派部隊との武力衝突 |
| | ジャム・カシミール地方における戦闘 | 1999 | インド↔イスラム武装勢力 | ジャム・カシミール地方（カルギル）における，パキスタンから侵入した武装勢力とインド軍との戦闘 |

| 地域 | 紛争名 | 期間 | 当事者 | 摘要 |
|---|---|---|---|---|
| アジア | タイ・カンボジア国境紛争 | 2008～13 | タイ↔カンボジア | プレアビヒア寺院付近の国境をめぐる争い |
| 中東・北アフリカ | 第1次中東戦争 | 1948～49 | イスラエル↔エジプト, シリア, ヨルダン, レバノン, イラク | イスラエル国家の独立を否定するアラブ諸国の試み |
| | アルジェリア戦争 | 1954～62 | フランス政府↔FLN（アルジェリア民族解放戦線） | フランスからの独立をめぐる紛争 |
| | キプロス紛争 | 1955～59 | イギリス政府↔EOKA（キプロス戦士全国組織） | イギリスの支配を排除してキプロスをギリシャと併合させようとしたギリシャ系住民の試み |
| | 第2次中東戦争 | 1956 | イギリス, フランス, イスラエル↔エジプト | スエズ運河をめぐるエジプトと英仏間の紛争, イスラエルは英仏側で参戦 |
| | レバノン出兵 | 1958 | レバノン政府, アメリカ↔レバノン反乱派 | キリスト教徒大統領シャムーンが再度就任しようとしたため, 反乱が発生, アメリカはレバノン政府の要請で派兵 |
| | クウェート出兵 | 1961 | クウェート, イギリス↔イラク | イラクがクウェート併合を図ったため, イギリスが派兵 |
| | イエメン内戦 | 1962～69 | イエメン政府, エジプト↔イエメン王党派 | 共和政府に対する王党派の闘争 |
| | キプロス内戦 | 1963～64 | キプロス政府, ギリシャ↔トルコ系キプロス人, トルコ | ギリシャ系キプロス人の権力強化に反対するトルコ系キプロス人の反発 |
| | 第3次中東戦争 | 1967 | イスラエル↔エジプト, シリア, ヨルダン | イスラエルの独立保持をめぐる紛争 |
| | 第4次中東戦争 | 1973 | イスラエル↔エジプト, シリア | エジプトとシリアが第3次中東戦争によってイスラエルに占領された失地の回復を企図した紛争 |
| | 西サハラ紛争 | 1973～88 | モロッコ政府, モーリタニア政府（78年, モーリタニアは | スペイン領サハラ（西サハラ）からのスペイン撤退後の主権をめぐる紛争 |

| 地域 | 紛争名 | 期間 | 当事者 | 摘要 |
|---|---|---|---|---|
| 中東・北アフリカ | | | ポリサリオ解放戦線と平和協定を締結）↔ポリサリオ解放戦線（アルジェリアが支援） | 1988.8 モロッコとポリサリオ解放戦線は帰属を住民投票で決定することで合意（その後住民投票は実施されず），97.9 モロッコとポリサリオ解放戦線は，88年の合意の実施を妨げていた諸問題につき原則合意 |
| | キプロス紛争 | 1974 | キプロス↔トルコ | 中立派大統領（マカリオス）の追放によるキプロスのギリシャへの併合阻止およびトルコ系住民の保護のためトルコが軍事介入 |
| | レバノン内戦 | 1975〜91 | キリスト教徒右派（イスラエル，イラク支援）↔アラブ平和維持軍（シリア軍）・イスラム教徒左派 | キリスト教徒右派とイスラム教徒左派との抗争にシリアが介入 1989 ターイフ合意（国民和解憲章）成立，91 内戦終結 |
| | 南北イエメン紛争 | 1978〜79 | 北イエメン↔南イエメン，反北イエメン政府グループ | 政府軍と北イエメン民族解放戦線などの反政府グループ，南イエメン軍による国境付近における紛争 |
| | アフガニスタン紛争 | 1979〜89 | カルマル政権，ソ連↔反カルマル・反ソ勢力，1986.5以降，ナジブラ政権，ソ連↔反ナジブラ・反ソ勢力 | タラキ・アミン政権の土地改革などに対する反抗が国内で続いていたが，ソ連がこれに軍事介入 1989.2 ソ連軍撤退完了 |
| | イラン・イラク紛争 | 1980〜88 | イラン↔イラク | 国境河川の領有権などをめぐる紛争，1988.9 停戦成立 |
| | レバノン侵攻 | 1982 | イスラエル↔PLO，シリア | PLO制圧のため，イスラエル軍レバノンに侵攻（2000年，撤退完了） |
| | スーダン内戦 | 1983〜05 | スーダン中央政府↔反政府勢力（スーダン人民解放軍など） | スーダン中央政府と南部3州のアラブ化政策に反発する南部反政府勢力とのあいだの紛争が発端 |

巻末資料　293

| 地域 | 紛争名 | 期間 | 当事者 | 摘要 |
|---|---|---|---|---|
| 中東・北アフリカ | アフガニスタン内戦 | 1989〜01 | 1989.2以降、ナジブラ政権↔反ナジブラ政府勢力、92.6以降、ラバニ政権↔反ラバニ政府勢力、96.9以降、タリバーン政権↔反タリバーン政府勢力 | ソ連軍撤退後も内戦が継続したが、2001年、タリバーン政権崩壊により終結 |
| | 湾岸戦争 | 1990〜91 | イラク↔クウェート、アメリカ、イギリス、サウジアラビア、エジプトなど | イラクがクウェートに侵攻、アメリカ、イギリス等28ヵ国が国連決議を受けて派兵<br>1991.4 正式停戦 |
| | イエメン内戦 | 1994 | サーレハ大統領（北）↔ベイド副大統領（南）を中心とする旧南北政治指導者 | 統一後の政治運営をめぐり旧南北指導者層間での対立が激化、旧南北両軍の衝突で内戦に突入、北軍のアデン制圧で内戦終結 |
| | アフガニスタン軍事作戦 | 2001〜 | タリバーン、アルカイダ↔アメリカ、イギリス、フランス、カナダ、オーストラリアなどの各国および北部同盟などの反タリバーン勢力 | アメリカ同時多発テロを行ったアルカイダおよびこれをかくまったタリバーンをアフガニスタンから排除するための米英や北部同盟などによる軍事作戦<br>2001.12 カンダハル陥落<br>その後もタリバーン、アルカイダの掃討作戦を継続中 |
| | イラク軍事作戦 | 2003〜 | イラク↔英米など | 大量破壊兵器査察に協力しないイラクのフセイン政権に対する米英などによる武力行使 |
| | ガザ紛争 | 2008〜09 | イスラエル↔ハマス | イスラエルとハマスのあいだで起きたロケット弾による応酬戦。2008.6に停戦したが、12月再開、09.1にイスラエルが侵攻。停戦。その後、イスラエル撤退 |
| | シリア内戦 | 2011〜 | シリア政府軍↔反政府勢力、ISIL、シリア・クルド系武装 | 民主化要求に端を発する、反政府武装闘争。後に、ISIL等が参入することにより、欧米諸国 |

| 地域 | 紛争名 | 期間 | 当事者 | 摘要 |
|---|---|---|---|---|
| 中東・北アフリカ | | | 組織など | を巻き込んで国際紛争化 |
| | リビア内戦 | 2011 | リビア政府↔リビア国民評議会 | 反政府デモをきっかけに内戦に突入し，NATOの軍事介入を経てカダフィ政権が崩壊 |
| | イラク内戦 | 2014～ | イラク国軍・治安部隊↔ISIL | もともと存在する宗派対立に加え，シリア内戦の影響を受け，ISILがイラクで武力闘争を開始。それに国軍等が対抗し，戦闘が継続 |
| 中部・南部アフリカ | コンゴ動乱 | 1960～63 | コンゴ政府↔分離派，ベルギー | コンゴの統一保持に対する分離独立派の反乱，国連による調停で国家統一保持 |
| | チャド・リビア紛争 | 1960～94 | チャド↔リビア | 政権をめぐる部族間の対立とアオズ地区の領有をめぐるチャド・リビア間の対立 1994.5 リビア軍がアオズ地区から完全撤収 |
| | エチオピア内戦 | 1962～93 | エチオピア政府↔エリトリア・ティグレ解放勢力 | 政府とエリトリア州・ティグレ州の分離独立を要求する反政府勢力との紛争 1993.5 エリトリア独立 |
| | 南ローデシア紛争 | 1965～79 | 南ローデシア政府↔ZANU（ジンバブエ・アフリカ民族同盟），ZAPU（ジンバブエ・アフリカ人民同盟） | スミス白人政権と黒人ゲリラ組織との紛争 |
| | ナイジェリア内戦 | 1967～70 | ナイジェリア政府↔ビアフラ州 | ナイジェリアの統一保持に対する分離独立派による紛争 |
| | ナミビア独立紛争 | 1975～90 | 南アフリカ政府↔SWAPO（南西アフリカ人民機構） | ナミビアの独立を求めるSWAPOと南アフリカ政府との対立 |
| | アンゴラ内戦 | 1975～91 | MPLA（アンゴラ解放人民運動）↔FNLA | ポルトガルからの独立（1975.11）に伴った解放グループ間の |

| 地域 | 紛争名 | 期間 | 当事者 | 摘要 |
|---|---|---|---|---|
| | | | （アンゴラ民族解放戦線），UNITA（アンゴラ全面独立民族同盟） | 対立抗争<br>FNLAはアンゴラ独立後弱体化 |
| | モザンビーク内戦 | 1975〜91 | モザンビーク解放戦線（FRELIMO）↔反政府組織モザンビーク民族抵抗運動（RENAMO） | 1975年のポルトガルからの独立以来続いた社会主義路線を歩む政府勢力FRELIMOと，南アフリカ共和国の支援を受けたRENAMOとの紛争 |
| | エチオピア・ソマリア紛争 | 1977〜78 | エチオピア↔西ソマリア解放戦線，ソマリア | オガデン地方をめぐる紛争 |
| 中部・南部アフリカ | ソマリア内戦 | 1988〜 | バーレ政権↔反政府勢力，その後複数の武装勢力間 | 北部で激化したバーレ政権と反政府ゲリラとのあいだの戦闘が全国に波及し，複数勢力間の内戦に発展 |
| | リベリア内戦 | 1989〜2003 | ドウ政権↔NPFL（国民愛国戦線），その後複数の武装勢力間 | ドウ政権とNPFLとのあいだの武力闘争が発展・複雑化した，複数勢力間の内戦，テーラー大統領が選出されるも，反政府勢力との戦闘が継続<br>2003.3 和平協定調印 |
| | ルワンダ内戦 | 1990〜94 | ルワンダ政府↔RPF（ルワンダ愛国戦線） | フツ族による政権とツチ族主導のRPFとのあいだの紛争 |
| | シエラレオネ紛争 | 1997〜98 | AFRC（軍事革命評議会）↔ECOMOG（西アフリカ諸国経済共同体平和維持軍） | 下級兵士のクーデター（民選のカバ大統領を追放）により発足したAFRC政権と民政回復を求めたナイジェリア，ECOMOGとの紛争<br>1998.3 カバ大統領が帰国 |
| | コンゴ共和国内戦 | 1997 | 政府軍↔前大統領派（アンゴラが支援） | 大統領選挙をめぐってリスバ大統領派（政府軍）とサス・ンゲソ前大統領派の私兵が衝突<br>1997.10 サス・ンゲソ前大統領が大統領に復帰 |

| 地域 | 紛争名 | 期間 | 当事者 | 摘要 |
|---|---|---|---|---|
| 中部・南部アフリカ | エチオピア・エリトリア紛争 | 1998～2000 | エチオピア↔エリトリア | 両国間の未確定の国境線をめぐる紛争<br>2000.6 両国が休戦合意受入れ |
| | コンゴ民主共和国内戦 | 1998～99 | カビラ政権（アンゴラなどが支援）↔DRC（コンゴ民主連合）などの反政府勢力（ルワンダなどが支援） | ツチ族とフツ族の対立に起因する、カビラ大統領率いる政府軍と反政府勢力との紛争、周辺諸国を巻き込んで拡大<br>1999.8 紛争の停戦合意が成立 |
| | シエラレオネ内戦 | 1998～99 | ECOMOG（西アフリカ諸国経済共同体平和維持軍）↔RUF（革命統一戦線） | 政府を支援するナイジェリア主導のECOMOGと旧軍事政権の兵士が合流した反政府勢力RUFとの紛争<br>1999.7 政府とRUFとのあいだで和平合意成立 |
| | アンゴラ内戦 | 1998～2002 | 政府軍↔UNITA（アンゴラ全面独立民族同盟） | 政府軍と反政府勢力UNITAとの紛争 2002.3 両者が停戦合意に調印 |
| | コートジボワール内戦 | 2002～03 | コートジボワール政府↔MPCI（コートジボワール愛国運動）など | 退役を拒否する軍人らの蜂起を契機に内戦状態に突入<br>2003.7 内戦終結宣言 |
| | 中央アフリカ共和国内戦 | 2013～ | イスラム教系武装組織セレカ↔キリスト教系敵対勢力アンチ・バラカ | ボジセ大統領をセレカが失脚させたことにより、大統領支持派のアンチ・バラカ等との武力紛争へと発展 |
| ヨーロッパ | ギリシャ内戦 | 1946～49 | ギリシャ政府↔ELAS（ギリシャ人民解放軍） | 共産党が反乱軍を指導して山岳を利用したゲリラ戦を展開 |
| | ベルリン封鎖 | 1948～49 | イギリス，アメリカ，フランス↔ソ連 | ソ連による西ベルリンへの交通路遮断をめぐる紛争 |
| | ハンガリー動乱 | 1956 | ハンガリー政府，ソ連↔ハンガリー民族主義派 | ハンガリー国民の民族革命的運動に対するソ連の介入、これに対する運動 |
| | チェコ事件 | 1968 | チェコスロバキア↔ | チェコスロバキアの自由化を阻 |

| 地域 | 紛争名 | 期間 | 当事者 | 摘要 |
|---|---|---|---|---|
| ヨーロッパ | | | ソ連を含むワルシャワ条約機構加盟5ヵ国 | 止するための武力介入 |
| | 北アイルランド紛争 | 1969〜98 | カトリック系過激派組織↔プロテスタント系過激派組織 | 北アイルランド少数派のカトリック系住民の地位向上と独立をめぐる紛争，98年に和平合意 |
| | ナゴルノ・カラバフ紛争 | 1988〜 | アゼルバイジャン↔アルメニア武装勢力 | アゼルバイジャン領ナゴルノ・カラバフ自治州のアルメニア系住民がアルメニアへの帰属がえを要求し，アゼルバイジャン軍と武力衝突 |
| | ルーマニア政変 | 1989 | チャウシェスク政権（国内軍・秘密警察）↔ルーマニア民主化グループ（ルーマニア人民軍） | 独裁，抑圧政策を強行するチャウシェスク政権を民主化運動グループおよび市民側を支持する人民軍が打倒 |
| | アブハジア紛争 | 1991〜 | アブハジア↔グルジア（現ジョージア） | グルジア共和国アブハジア自治共和国が「アブハジア共和国」として独立，グルジア政府と武装紛争 |
| | スロベニア内戦 | 1991 | スロベニア↔旧ユーゴ連邦軍 | 旧ユーゴ連邦から独立をめざすスロベニアとそれを阻止すべく介入した連邦軍側との紛争1991年7月停戦成立 |
| | クロアチア内戦 | 1991〜95 | クロアチア↔旧ユーゴ連邦軍，セルビア人武装勢力 | 旧ユーゴ連邦からの独立をめざすクロアチアとそれを阻止すべく介入した連邦軍側との紛争，旧ユーゴ連邦解体後もセルビア人武装勢力との内戦が継続1995年11月に和平協定成立 |
| | ボスニア・ヘルツェゴビナ内戦 | 1992〜95 | ムスリム政府（武装）勢力，クロアチア人武装勢力↔セルビア人武装勢力 | ボスニア・ヘルツェゴビナの旧ユーゴからの独立問題を契機としたムスリム，セルビア人，クロアチア人3民族間の勢力争い1995年12月に和平協定成立 |

| 地域 | 紛争名 | 期間 | 当事者 | 摘要 |
|---|---|---|---|---|
| ヨーロッパ | チェチェン紛争 | 1994～96 1999～ | ロシア政府↔チェチェン武装勢力 | ロシアからの独立をめざすチェチェン共和国武装勢力とそれを阻止しようとするロシア政府との紛争，1996年に停戦合意，99年から武力衝突 |
| | コソボ紛争 | 1998～99 | ユーゴ連邦政府，セルビア共和国政府↔アルバニア系武装勢力 | ユーゴ連邦からの独立をめざすアルバニア系武装勢力とそれを阻止しようとするユーゴ連邦政府およびセルビア共和国政府との紛争，1999年ユーゴ連邦政府，米欧ロの和平案受諾 |
| | グルジア紛争 | 2008 | ロシア↔グルジア（現ジョージア） | グルジアからの独立を求める南オセチアにグルジア軍が砲撃したことを発端として，グルジア軍とロシア軍が軍事衝突 |
| | ウクライナ紛争 | 2014～ | ウクライナ軍↔ウクライナの親ロシア分離主義派 | ウクライナ騒乱を経てロシアによるクリミア併合から，親ロシア派とウクライナ政府軍による東部ウクライナをめぐる武力紛争に発展 |
| 南・北アメリカ | グァテマラの反革命 | 1954 | グァテマラ政府↔反革命派 | 政府の農地改革などに反抗した保守勢力のクーデターで政権が交代 |
| | キューバ革命 | 1956～59 | バチスタ政権↔反政府派 | 極端な弾圧政策のため国民の支持を失ったバチスタ政権を，反政府派が打倒 |
| | キューバ進攻 | 1961 | キューバ政府↔キューバ亡命者 | 在米キューバ人がキューバに進攻して敗退 |
| | キューバ危機 | 1962 | アメリカ↔ソ連，キューバ | ソ連の中距離ミサイルがキューバに持ち込まれたことから起きた危機 |
| | ベネズエラの反乱活動 | 1962～63 | ベネズエラ政府↔反乱派 | 社会改革の穏健派の政権に対する共産党，革命的左翼運動（MIR）などの反乱活動 |

| 地域 | 紛争名 | 期間 | 当事者 | 摘要 |
|---|---|---|---|---|
| 南・北アメリカ | ドミニカ共和国内乱 | 1965 | ドミニカ政府，アメリカ↔反乱派 | 若手将校グループが立憲主義復帰をめざして反乱を起こしたことから内戦状態に発展，米軍および米州機構平和維持軍が介入 |
| | ニカラグア内戦 | 1979～90 | ニカラグア政府↔反政府派 | サンディニスタ民族解放戦線（FSLN）などによる革命・政権樹立後，同政権の左傾化に反対する勢力（コントラ）がゲリラ戦を展開 |
| | エルサルバドル内戦 | 1979～92 | エルサルバドル政府↔反政府派 | ファラブンド・マルチ民族解放戦線（FMLN）が現政府打倒のためゲリラ戦を展開 |
| | フォークランド（マルビーナス）紛争 | 1982 | イギリス↔アルゼンチン | フォークランド（マルビーナス）諸島の領有権をめぐる軍事衝突 |
| | グレナダ派兵 | 1983 | グレナダ反乱派↔アメリカ，ジャマイカ，バルバドス，東カリブ海諸国 | 東カリブ海諸国機構設立条約加盟国が同条約にもとづく集団措置として，またアメリカなどが上記措置への支援の要請に応じて，グレナダに派兵 |
| | パナマ派兵 | 1989 | アメリカ↔パナマ | パナマの実権を握るノリエガ国防軍最高司令官とアメリカとのあいだの対立 |

（出所） 2006年までは防衛省編『防衛白書 平成19年版』より作成。ただし，紛争名の配列，摘要の内容，および表記は一部修正。また，2007年以降は報道資料より作成。

## (6) 主要通常兵器の輸出国・輸入国：上位20ヵ国
### （2011～2015年，1990年価格）　（単位：100万ドル）

| | 輸出国 | 2011 | 2012 | 2013 | 2014 | 2015 | 2011～15 |
|---|---|---|---|---|---|---|---|
| 1 | アメリカ | 9,104 | 9,163 | 7,687 | 10,470 | 10,484 | 46,908 |
| 2 | ロシア | 8,695 | 8,480 | 8,107 | 5,468 | 5,483 | 36,232 |
| 3 | 中国 | 1,338 | 1,728 | 2,055 | 1,360 | 1,966 | 8,447 |
| 4 | フランス | 1,752 | 1,025 | 1,511 | 1,734 | 2,013 | 8,034 |
| 5 | ドイツ（FRG） | 1,349 | 816 | 722 | 1,785 | 2,049 | 6,722 |
| 6 | イギリス | 1,040 | 934 | 1,645 | 1,644 | 1,214 | 6,476 |
| 7 | スペイン | 1,429 | 546 | 732 | 1,062 | 1,279 | 5,047 |
| 8 | イタリア | 918 | 746 | 867 | 743 | 570 | 3,843 |
| 9 | ウクライナ | 553 | 1,464 | 689 | 657 | 323 | 3,686 |
| 10 | オランダ | 546 | 795 | 363 | 643 | 444 | 2,791 |
| 11 | イスラエル | 588 | 481 | 414 | 400 | 710 | 2,594 |
| 12 | スウェーデン | 699 | 478 | 390 | 342 | 186 | 2,095 |
| 13 | カナダ | 320 | 344 | 259 | 254 | 312 | 1,490 |
| 14 | スイス | 311 | 244 | 174 | 342 | 369 | 1,440 |
| 15 | 韓国 | 331 | 218 | 235 | 163 | 105 | 1,051 |
| 16 | トルコ | 86 | 143 | 156 | 179 | 291 | 856 |
| 17 | ノルウェー | 156 | 158 | 130 | 114 | 155 | 713 |
| 18 | ベラルーシ | 97 | 65 | 268 | 8 | 14 | 453 |
| 19 | 南アフリカ | 71 | 182 | 97 | 59 | 39 | 448 |
| 20 | オーストラリア | 143 | 45 | 54 | 91 | 113 | 446 |
| | 輸入国 | 2011 | 2012 | 2013 | 2014 | 2015 | 2011～15 |
| 1 | インド | 3,706 | 4,545 | 5,291 | 3,487 | 3,078 | 20,107 |
| 2 | サウジアラビア | 1,237 | 1,080 | 1,672 | 2,782 | 3,161 | 9,932 |
| 3 | 中国 | 1,128 | 1,703 | 1,452 | 1,184 | 1,214 | 6,680 |
| 4 | アラブ首長国連邦 | 1,210 | 1,088 | 2,235 | 731 | 1,289 | 6,552 |
| 5 | オーストラリア | 1,567 | 876 | 255 | 932 | 1,574 | 5,204 |
| 6 | トルコ | 770 | 1,503 | 650 | 1,556 | 448 | 4,926 |
| 7 | パキスタン | 1,063 | 1,028 | 1,144 | 752 | 735 | 4,723 |
| 8 | ベトナム | 1,039 | 766 | 362 | 1,078 | 870 | 4,114 |
| 9 | アメリカ | 995 | 1,180 | 802 | 566 | 565 | 4,109 |
| 10 | 韓国 | 1,553 | 1,066 | 182 | 715 | 245 | 3,761 |
| 11 | アルジェリア | 1,115 | 889 | 373 | 487 | 636 | 3,500 |
| 12 | エジプト | 630 | 281 | 675 | 368 | 1,475 | 3,430 |
| 13 | シンガポール | 935 | 828 | 780 | 683 | 98 | 3,325 |
| 14 | イラク | 603 | 474 | 353 | 650 | 1,215 | 3,296 |
| 15 | インドネシア | 250 | 218 | 802 | 1,136 | 683 | 3,088 |
| 16 | 台湾（ROC） | 198 | 425 | 553 | 1,084 | 681 | 2,940 |
| 17 | モロッコ | 1,398 | 826 | 82 | 572 | 42 | 2,921 |
| 18 | ベネズエラ | 594 | 680 | 1,165 | 173 | 162 | 2,774 |
| 19 | アゼルバイジャン | 557 | 333 | 398 | 602 | 285 | 2,176 |
| 20 | バングラデシュ | 193 | 252 | 727 | 257 | 653 | 2,082 |

（出所）　SIPRI Arms Transfers Database (armstrade.sipri.org/armstrade/html/export_toplist.php, 2016年2月25日ダウンロード) をもとに作成。

## (7) 日本の主要な通商問題の推移（1965～2015年）とFTA/EPA締結・交渉状況

| 年<br>項目 | 1965 | 70 | 75 | 80 | 81 | 82 | 83 | 84 | 85 | 86 | 87 | 88 | 89 | 90 | 91 | 92 | 93 | 94 | 95 |
|---|---|---|---|---|---|---|---|---|---|---|---|---|---|---|---|---|---|---|---|
| 繊維 | 62.1 63.1 66.1 68.1 71.1 72.1 73.9 日米繊維交渉 | | 74.10 MFAに基づく 日米繊維協定 | 79.1 MFAに基づく新取決めの延長 | 82.1 延長 | | | 84.1 ポリエステル長繊維織物輸出自主規制 | | 86.1 MFAに基づく新取決めの発効 | | | 89.12 MFAに基づく取決めの大枠について実質合意 | | 91.12 失効 | | | |
| 鉄鋼 | 66.6 69.1 72.1 74.12 輸出自主規制 内容強化のうえ延長 | | | 76.1 輸出自主規制（輸） 78.2 トリガー価格制度の導入 | 80.3 80.9 82.1 延長 | | | 83.7 特殊鋼輸出規制 | | 86.1 延長 | 87.7 延長 | | 89.10 延長（2年半）92.3 失効 90.12 失効 | | 92.3 失効 | | | |
| テレビ | 68.3 71.3 アンチ・ダンピング提 訴 | | | 77.7 輸出規制（輸） | 80.6 | | | | | | | | | | | | | | |
| 工作機械 | | | | 78.3 最低価格規制（輸） 81.1 最低価格規制（輸） | | | | | | | 87.1 輸出自主規制 | | | | | 93.12 失効 93.12 失効 | | |
| 自動車 | | | | 81.5 輸出自主規制（年間168万台） | | | | 84.4 （年間185万台過渡的措置） | 85.4 | 86.4継結 87.4継結（年間230万台） | | 88.4 | 89.4 継続 | 90.4 継続 | 91.4 継続 | 92.4 継続（年間165万台） | 93.4 失効 | |
| DVATDR | | | | 81.2 VTR輸入数量制限（オーストリア） 82.10 VTR輸入最低価格制（仏） | 83.4 VTR最低輸出価格制 83.3 VTR輸入通関規制 | | | | 87.8 VTRアンチ・ダンピング提訴 | 86.12 DADアンチ・ダンピング提訴 90.1 賦課命令 | 89.1 DAD関税率引下げ 89.2 調査完了 | 88.9 VTRメーカーのEC共通輸入関税率引上げ | | 92.8 賦課命令 前の水準に戻す | | | | |

302

（注） 1. ▭ の項目は日本の輸出に関する通商問題。
■ の項目は市場アクセスおよび日本の輸入に関する通商問題。

2. （輸）は、輸出入取引法にもとづくもの。

3. STAは、綿製品の国際貿易に関する短期取決め。
LTAは、綿製品の国際貿易に関する長期取決め。
MFAは、繊維製品の国際貿易に関する取決め。

4. DADは、Digital Audio Disc Playerの略。

（出所） 1965～95年の資料は、通商産業省編『通商白書』1992年版、278～279頁の図に加筆。経済産業省通商政策局編『不公正貿易報告書』2015年版および各年各部誌の報道をもとに作成。

巻末資料 303

| 年\項目 | 1995 | 2000 | 05 | 10 | 15 |
|---|---|---|---|---|---|
| 鉄鋼 | 94年頃からアメリカ業界によるアンチ・ダンピング提訴が多発。以下の製品はアンチ・ダンピング措置を継続中。①ステンレス棒鋼(95.2〜)、②クラッド鋼板(96.7〜)、③ステンレス線材(98.9〜)、④ステンレス薄板(99.7〜)、⑤大径シームレス鋼管(00.6〜)、⑥小径シームレス鋼管(00.6〜)、⑦ブリキ・ティンフリースチール(00.8〜)、⑧大径溶接ラインパイプ(01.12〜)、⑨ポリビニルアルコール(03.7〜)、⑩無拡散ニッケル合金圧延鋼製品(14.5〜)、⑪無方向性電磁鋼(14.11〜)。92年頃からオーストラリア、インドで、また2000年以降、中国、タイ、韓国、インドネシア、メキシコでダンピング提訴が多発、約40品目がアンチ・ダンピング措置を継続中。 | | | | |
| 自動車 | 93年よりEUの日本車輸入監視実施 → 00.1 日本車自由化 | | | 自動車貿易に関するTPP 日米並行交渉 13.8 → 15.10 | |
| 半導体 | 96.7 日米新取決め失効。96.8 多国間で協議することで日米合意。その後民間での話合いに移行 | | | | |
| 農産物 | コメ　95.4 部分自由化 (ミニマムアクセス受入れ)　植物検疫 97.4 アメリカWTO提訴　97.11 パネル設置　99.3 勧告受入れ決着　アメリカの監視 99.4 関税化 → 01.3　新ラウンド妥結までの01.3の措置を継続 | | 牛肉 03.12 BSE感染牛肉輸入禁止 → 05.12 条件付輸入再開 13.4 13.7 輸入条件緩和 輸入条件緩和 | | |
| 酒税 | 95.6 EU WTO に提訴　95.9 パネル設置　96.7 日本敗訴　96.10 日本酒税上級委　97.12 日本敗訴 決着 98.1 決着 | | | | |
| 自動車部品 | 95.6 包括協議の枠内で自動車・部品協定　97.6 日米規制緩和対話開始 02.6まで4回の現状報告書公表　01.6 日米規制改革対話開始 09.7まで8回の報告書発表　00.12 失効 | | | | |
| 規制緩和 | 94.11 未政府「年次改革要望書」08.10まで公表、01.10より日米両政府が公表。 | | | 11.2 12.1 日米経済調和対話 | 12.4 14.4 ファクトシート: ファクトシート: 日米協力による 日米のグローバル 新たなイニシアティブ および地域協力 |
| 日米協調み | | | | 10.11 新たなイニシアティブに関するファクトシート | |

### 日本の FTA/EPA 締結・交渉状況（2016年2月現在）

| 相手国・地域 | 交　渉 | 締　結 | 発　効 |
|---|---|---|---|
| シンガポール | 2001. 1〜 | 2002. 1 | 2002.11 |
| 　同　改正 | 2006. 4〜 | 2007. 3 | 2007. 9 |
| メキシコ | 2002.11〜 | 2004. 9 | 2005. 4 |
| 　同　追加 | 2005. 6〜 | 2006.11 | 2007. 4 |
| 　同　改正 | 2008. 9〜 | 2011. 9 | 2012. 4 |
| マレーシア | 2004. 1〜 | 2005.12 | 2006. 7 |
| チ　リ | 2006. 2〜 | 2007. 3 | 2007. 9 |
| タ　イ | 2004. 2〜 | 2007. 4 | 2007.11 |
| インドネシア | 2005. 7〜 | 2007. 8 | 2008. 7 |
| ブルネイ | 2006. 6〜 | 2007. 6 | 2008. 7 |
| ASEAN | 2005. 4〜 | 2008. 4 | 2008.12 |
| 　同　サービス・投資 | 2010.10〜 | | |
| フィリピン | 2004. 2〜 | 2006. 9 | 2008.12 |
| スイス | 2007. 5〜 | 2009. 2 | 2009. 9 |
| ベトナム | 2007. 1〜 | 2008.12 | 2009.10 |
| インド | 2007. 1〜 | 2010. 9 | 2011. 8 |
| ペルー | 2009. 5〜 | 2011. 5 | 2012. 3 |
| オーストラリア | 2007. 4〜 | 2014. 7 | 2015. 1 |
| モンゴル | 2012. 6〜 | 2015. 2 | |
| T P P [1] | 2013. 7〜 | 2016. 2 | |
| カナダ | 2012.11〜 | | |
| コロンビア | 2012.12〜 | | |
| 日中韓 | 2013. 3〜 | | |
| E U | 2013. 4〜 | | |
| R C E P [2] | 2013. 5〜 | | |
| トルコ | 2014.12〜 | | |
| 韓　国 | 2003.12〜 | （交渉中断） | |
| G C C [3] | 2006. 9〜 | （交渉延期） | |

(注)　1. TPP：環太平洋パートナーシップ（環太平洋戦略的経済連携協定とも呼ばれる。日本，アメリカ，カナダ，オーストラリア，ニュージーランド，ペルー，ベトナム，マレーシア，メキシコ，シンガポール，チリ，ブルネイ）。

　　　2. RCEP：東アジア地域包括的経済連携（ASEAN10ヵ国＋日本，中国，韓国，オーストラリア，ニュージーランド，インド）。

　　　3. GCC：湾岸協力会議（サウジアラビア，カタール，クウェート，アラブ首長国連邦，バーレーン，オマーン）。

(出所)　外務省および経済産業省ホームページの情報をもとに作成。

(8) 日本の輸出入額上位50ヵ

**輸　出**

| 順位 | 国　名 | 累計輸出額 | 輸出総額に占める構成比 | 順位 | 国　名 | 累計輸出額 | 輸出総額に占める構成比 |
|---|---|---|---|---|---|---|---|
| | 総　　計 | 75,613,928,862 | 100 | | | | |
| 1 | アメリカ | 15,224,592,157 | 20.1 | 26 | イタリア | 434,923,905 | 0.6 |
| 2 | 中　国 | 13,223,350,314 | 17.5 | 27 | オマーン | 389,673,090 | 0.5 |
| 3 | 韓　国 | 5,326,569,268 | 7.0 | 28 | スイス | 326,738,946 | 0.4 |
| 4 | 台　湾 | 4,472,530,718 | 5.9 | 29 | 南アフリカ | 325,495,918 | 0.4 |
| 5 | 香　港 | 4,235,996,888 | 5.6 | 30 | スペイン | 286,546,215 | 0.4 |
| 6 | タ　イ | 3,386,296,663 | 4.5 | 31 | トルコ | 261,583,313 | 0.3 |
| 7 | シンガポール | 2,402,629,538 | 3.2 | 32 | ニュージーランド | 255,413,352 | 0.3 |
| 8 | ドイツ | 1,964,783,513 | 2.6 | 33 | クウェート | 225,709,469 | 0.3 |
| 9 | オーストラリア | 1,554,918,174 | 2.1 | 34 | パキスタン | 202,765,203 | 0.3 |
| 10 | ベトナム | 1,516,382,224 | 2.0 | 35 | チ　リ | 202,286,030 | 0.3 |
| 11 | マレーシア | 1,452,551,889 | 1.9 | 36 | ポーランド | 200,091,818 | 0.3 |
| 12 | オランダ | 1,403,496,793 | 1.9 | 37 | マーシャル諸島 | 194,908,617 | 0.3 |
| 13 | インドネシア | 1,396,293,135 | 1.8 | 38 | カタール | 187,053,689 | 0.2 |
| 14 | イギリス | 1,299,624,562 | 1.7 | 39 | ハンガリー | 175,058,349 | 0.2 |
| 15 | メキシコ | 1,267,561,176 | 1.7 | 40 | バングラデシュ | 166,314,642 | 0.2 |
| 16 | フィリピン | 1,148,076,727 | 1.5 | 41 | スウェーデン | 161,838,219 | 0.2 |
| 17 | アラブ首長国連邦 | 1,052,107,341 | 1.4 | 42 | エジプト | 155,415,899 | 0.2 |
| 18 | インド | 981,347,399 | 1.3 | 43 | イスラエル | 141,472,324 | 0.2 |
| 19 | カナダ | 936,052,814 | 1.2 | 44 | スリランカ | 141,460,536 | 0.2 |
| 20 | サウジアラビア | 825,999,129 | 1.1 | 45 | アイルランド | 133,834,310 | 0.2 |
| 21 | フランス | 634,506,376 | 0.8 | 46 | ミャンマー | 128,924,668 | 0.2 |
| 22 | ベルギー | 619,670,368 | 0.8 | 47 | チェコ | 128,501,336 | 0.2 |
| 23 | ロシア | 617,658,704 | 0.8 | 48 | オーストリア | 125,095,721 | 0.2 |
| 24 | パナマ | 570,343,918 | 0.8 | 49 | バハマ | 122,125,912 | 0.2 |
| 25 | ブラジル | 475,650,066 | 0.6 | 50 | コロンビア | 116,877,572 | 0.2 |

（出所）　財務省貿易統計 (http://www.customs.go.jp/toukei/info/index.htm, 2016年4月9日ダウンロード) をもとに作成。

## 国順位表（2015年）
### 輸　入

(単位：1,000円，%)

| 順位 | 国　名 | 累計輸入額 | 輸入総額に占める構成比 | 順位 | 国　名 | 累計輸入額 | 輸入総額に占める構成比 |
|---|---|---|---|---|---|---|---|
|  | 総　　計 | 78,405,535,793 | 100 |  |  |  |  |
| 1 | 中　国 | 19,428,811,556 | 24.8 | 26 | 南アフリカ | 598,317,008 | 0.8 |
| 2 | アメリカ | 8,059,780,909 | 10.3 | 27 | インド | 588,718,414 | 0.8 |
| 3 | オーストラリア | 4,210,022,056 | 5.4 | 28 | メキシコ | 575,079,628 | 0.7 |
| 4 | 韓　国 | 3,243,864,001 | 4.1 | 29 | スペイン | 443,087,436 | 0.6 |
| 5 | サウジアラビア | 3,035,272,654 | 3.9 | 30 | イラン | 393,410,290 | 0.5 |
| 6 | アラブ首長国連邦 | 2,846,243,575 | 3.6 | 31 | ナイジェリア | 341,008,473 | 0.4 |
| 7 | 台　湾 | 2,817,359,026 | 3.6 | 32 | オランダ | 327,735,034 | 0.4 |
| 8 | マレーシア | 2,601,556,803 | 3.3 | 33 | パプアニューギニア | 327,180,208 | 0.4 |
| 9 | タ　イ | 2,471,766,476 | 3.1 | 34 | ニュージーランド | 288,602,289 | 0.4 |
| 10 | ドイツ | 2,454,223,619 | 3.1 | 35 | ブルネイ | 283,450,455 | 0.4 |
| 11 | インドネシア | 2,390,345,904 | 3.0 | 36 | ベルギー | 264,071,137 | 0.3 |
| 12 | カタール | 1,973,693,942 | 2.5 | 37 | 香　港 | 227,434,576 | 0.3 |
| 13 | ロシア | 1,904,711,487 | 2.4 | 38 | スウェーデン | 226,302,865 | 0.3 |
| 14 | ベトナム | 1,832,191,268 | 2.3 | 39 | デンマーク | 222,229,116 | 0.3 |
| 15 | フランス | 1,147,068,522 | 1.5 | 40 | ノルウェー | 213,870,928 | 0.3 |
| 16 | カナダ | 1,109,412,720 | 1.4 | 41 | プエルトリコ（米） | 210,656,834 | 0.3 |
| 17 | フィリピン | 1,073,825,454 | 1.4 | 42 | オーストリア | 187,702,923 | 0.2 |
| 18 | シンガポール | 956,576,057 | 1.2 | 43 | イスラエル | 182,571,909 | 0.2 |
| 19 | イタリア | 911,186,818 | 1.2 | 44 | オマーン | 182,324,708 | 0.2 |
| 20 | ブラジル | 909,589,939 | 1.2 | 45 | フィンランド | 173,449,564 | 0.2 |
| 21 | スイス | 894,828,377 | 1.1 | 46 | ハンガリー | 150,993,443 | 0.2 |
| 22 | アイルランド | 876,198,994 | 1.1 | 47 | ペルー | 150,076,698 | 0.2 |
| 23 | イギリス | 788,401,912 | 1.0 | 48 | バングラデシュ | 130,790,980 | 0.2 |
| 24 | クウェート | 775,938,952 | 1.0 | 49 | ポーランド | 128,874,483 | 0.2 |
| 25 | チ　リ | 725,702,086 | 0.9 | 50 | イラク | 120,656,036 | 0.2 |

巻末資料

### (9) DAC諸国の政府開発援助 (2013/14年)

|  | 総額(2014年, 100万ドル) | 対GNI比 (2014年, %) | 国民1人当たりのODA (2013/14年平均, ドル) | 贈与比率 (2013/14年平均, %) | グラント・エレメント (2013/14年平均, %) |
| --- | --- | --- | --- | --- | --- |
| オーストラリア | 4,382 | 0.31 | 203 | 99.6 | 99.9 |
| オーストリア | 1,235 | 0.28 | 140 | 97.9 | 100.0 |
| ベルギー | 2,448 | 0.46 | 212 | 99.1 | 99.8 |
| カナダ | 4,240 | 0.24 | 133 | 98.0 | 98.6 |
| チェコ | 212 | 0.11 | 20 | 100.0 | 100.0 |
| デンマーク | 3,003 | 0.86 | 524 | 98.0 | 100.0 |
| フィンランド | 1,635 | 0.60 | 279 | 97.7 | 100.0 |
| フランス | 10,620 | 0.37 | 167 | 68.5 | 85.1 |
| ドイツ | 16,566 | 0.42 | 188 | 71.9 | 85.6 |
| ギリシャ | 247 | 0.11 | 22 | 100.0 | 100.0 |
| アイスランド | 37 | 0.22 | 107 | 100.0 | 100.0 |
| アイルランド | 816 | 0.38 | 180 | 100.0 | 100.0 |
| イタリア | 4,009 | 0.19 | 62 | 98.4 | 99.8 |
| 日本 | 9,266 | 0.19 | 84 | 41.0 | 88.1 |
| 韓国 | 1,857 | 0.13 | 35 | 53.6 | 95.1 |
| ルクセンブルク | 423 | 1.06 | 784 | 100.0 | 100.0 |
| オランダ | 5,573 | 0.64 | 326 | 100.0 | 100.0 |
| ニュージーランド | 506 | 0.27 | 105 | 100.0 | 100.0 |
| ノルウェー | 5,086 | 1.00 | 1,069 | 98.6 | 100.0 |
| ポーランド | 452 | 0.09 | 12 | 79.7 | 93.7 |
| ポルトガル | 430 | 0.19 | 44 | 65.7 | 88.6 |
| スロバキア | 83 | 0.09 | 16 | 100.0 | 100.0 |
| スロベニア | 62 | 0.12 | 30 | 100.0 | 100.0 |
| スペイン | 1,877 | 0.13 | 45 | 98.5 | 100.0 |
| スウェーデン | 6,233 | 1.09 | 635 | 98.8 | 100.0 |
| スイス | 3,522 | 0.50 | 408 | 98.6 | 100.0 |
| イギリス | 19,306 | 0.70 | 279 | 94.1 | 99.4 |
| アメリカ | 33,096 | 0.19 | 101 | 100.0 | 100.0 |
| DAC諸国計/平均 | 137,222 | 0.30 | 132 | 83.1 | 94.7 |

(注) 1. 卒業国援助を除く。
2. 贈与率, グラント・エレメントは債務救済分を除く。
(出所) OECD (http://www.oecd.org/dac/stats/statisticsonresourceflowstodevelopingcountries.htm, 2016年2月11日ダウンロード) をもとに作成。

## (10) 二酸化炭素の国別排出量と国別1人当たり排出量

(a) 国別排出量（2013年）

（単位：％）

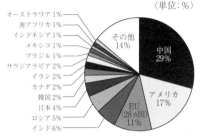

(注) EU内の各国別内訳：ドイツ2.4％，イギリス1.4％，イタリア1.1％，その他5.5％。

(b) 国別1人当たり排出量（2013年）

（単位：トン/人〔二酸化炭素換算〕）

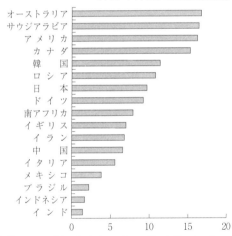

(出所) IEA "CO$_2$ Emissions from Fuel Combustion Highlights 2015" OECD/IEA, 2015.
(http://www.iea.org/publications/freepublications/publication/CO2EmissionsFromFuelCombustionHighlights2015.pdf，2016年2月14日ダウンロード）をもとに作成。

## (11) GNIでみる世界のすがた（2013年）

| | 1人当たりのGNIベスト15 | | | | 1人当たりのGNIワースト15 | | | |
|---|---|---|---|---|---|---|---|---|
| | GNI | | GNI・PPP | | GNI | | GNI・PPP | |
| 1 | バミューダ | 106,140 | カタール | 130,740 | ブルンジ | 250 | 中央アフリカ | 590 |
| 2 | ノルウェー | 104,010 | マカオ | 118,230 | マラウィ | 280 | コンゴ民主共和国 | 630 |
| 3 | カタール | 89,210 | クウェート | 82,470 | コンゴ民主共和国 | 370 | リベリア | 710 |
| 4 | スイス | 88,120 | シンガポール | 77,840 | リベリア | 370 | ブルンジ | 750 |
| 5 | ルクセンブルク | 73,510 | バミューダ | 66,560 | ナイジェリア | 400 | マラウィ | 760 |
| 6 | マカオ | 71,130 | ノルウェー | 66,360 | マダガスカル | 440 | ニジェール | 880 |
| 7 | オーストラリア | 65,480 | アラブ首長国連邦 | 64,140 | ギニア | 450 | モザンビーク | 1,060 |
| 8 | デンマーク | 61,740 | ルクセンブルク | 61,340 | エチオピア | 470 | ギニア | 1,140 |
| 9 | スウェーデン | 61,340 | スイス | 57,960 | ガンビア | 500 | トーゴ | 1,170 |
| 10 | シンガポール | 54,580 | 香港 | 54,380 | トーゴ | 520 | ギニアビサウ | 1,360 |
| 11 | アメリカ | 53,720 | アメリカ | 54,000 | ギニアビサウ | 570 | エチオピア | 1,370 |
| 12 | カナダ | 52,570 | サウジアラビア | 51,320 | モザンビーク | 590 | マダガスカル | 1,370 |
| 13 | オランダ | 52,470 | オランダ | 47,660 | マリ | 620 | コモロ諸島 | 1,410 |
| 14 | クウェート | 52,060 | スウェーデン | 45,930 | ウガンダ | 630 | マリ | 1,420 |
| 15 | オーストリア | 50,600 | デンマーク | 45,350 | ルワンダ | 670 | ルワンダ | 1,540 |

（注）1. GNIは国民総所得（gross national income）のこと。
2. PPP（purchasing power parity）とは購買力平価のこと。購買力平価（ドル・ベース）とは，アメリカにおいて1ドルで買える同じサービスやモノが，他国の国内市場ではその国の通貨でいくらになるかを表したもの。
3. データのない国はランキングから除外。
4. GNIの単位はcurrent US$，GNI・PPPの単位はcurrent internaitonal $。

（出所）The World Bank, "World DataBank: World Devolopment Indicators" (http://databank.worldbank.org/data/reports.aspx?source=world-development-indicators, 2016年2月14日ダウンロード）をもとに作成。

## 欧文略語一覧

　この欧文略語一覧は，本書で使用されている略語を中心に配列している。

〈A〉
ABC（atomic, biological, chemical weapons）　原子・生物・化学兵器
ABM（antiballistic missile）　弾道弾迎撃ミサイル
ADB（Asian Development Bank）　アジア開発銀行
ADIZ（air defense identification zone）　防空識別圏
AI（Amnesty International）　アムネスティ・インターナショナル
AIIB（Asian Infrastructure Investment Bank）　アジアインフラ投資銀行
ANC（African National Congress）　アフリカ民族会議
ANZUS（Security Treaty between Australia, New Zealand and the United States of America）　アンザス条約
APEC（Asia Pacific Economic Cooperation〔Conference〕）　アジア太平洋経済協力（会議）
ARF（ASEAN Regional Forum）　アセアン地域フォーラム
ASEAN（Association of South-East Asian Nations）　東南アジア諸国連合
AWACS（airborne warning and control system）　空中警戒管制機

〈B〉
BIS（Bank for International Settlements）　国際決済銀行

〈C〉
CFE（Conventional Forces in Europe）　欧州通常戦力削減交渉
CIA（Central Intelligence Agency）　中央情報局
CIS（Commonwealth of Independent States）　独立国家共同体
CITES（Convention on International Trade in Endangered Species of Wild Fauna and Flora）　ワシントン条約
CMEA（Council for Mutual Economic Assistance）　経済相互援助

会議

COCOM (Co-ordinating Committee [for the Export Control to the Communist Bloc])　ココム，対共産圏輸出統制調整委員会

COMECON (Communist Economic Conference)　コメコン，CMEA の通称

CPC (Conflict Prevention Center)　紛争防止センター

CSCAP (Conference on Security and Cooperation in the Asia-Pacific)　アジア太平洋安全保障協力会議

CSCE (Conference on Security and Cooperation in Europe)　欧州安全保障協力会議，全欧安保協力会議

CTBT (Comprehensive Test Ban Treaty)　包括的核実験禁止条約

〈D〉

DAC (Development Assistance Committee)　開発援助委員会

DAG (Development Assistance Group)　開発援助グループ

〈E〉

EAEC (European Atomic Energy Community)　欧州原子力共同体

EBRD (European Bank for Reconstruction and Development)　欧州復興開発銀行

EC (European Community)　欧州共同体

ECSC (European Coal and Steel Community)　欧州石炭鉄鋼共同体

EEA (European Economic Area)　欧州経済領域

EEC (European Economic Community)　欧州経済共同体

EFTA (European Free Trade Association)　欧州自由貿易連合

EPA (economic partnership agreement)　経済連携協定

EPU (European Payments Union)　欧州決済同盟

EU (European Union)　欧州連合

EURATOM (European Atomic Energy Community)　欧州原子力共同体

〈F〉

FAO (Food and Agriculture Organization of the United Nations)　国連食糧農業機関

FSX (fighter support experimental)　次期支援戦闘機

FTA (free trade agreement)　　自由貿易協定

⟨G⟩
G5 (Conference of Ministers and Governors of the Group of Five)　先進5ヵ国蔵相・中央銀行総裁会議
G7 (Conference of Ministers and Governors of the Group of Seven)　先進7ヵ国蔵相・中央銀行総裁会議
GA (General Assembly of the United Nations)　　国連総会
GARIOA/EROA (Government and Relief in Occupied Areas/Economic Rehabilitation in Occupied Areas)　　占領地域救済資金／占領地域経済復興資金（ガリオア／エロア）
GATT (General Agreement on Tariffs and Trade)　　関税と貿易に関する一般協定
GDP (gross domestic product)　　国内総生産
GHQ-SCAP (General Headquarters of the Supreme Commander for the Allied Powers)　　連合国最高司令官総司令部
GNP (gross national product)　　国民総生産

⟨I⟩
IAEA (International Atomic Energy Agency)　　国際原子力機関
IBRD (International Bank for Reconstruction and Development)　国際復興開発銀行（通称，世界銀行）
ICBL (International Campaign to Ban Land-mines)　　国際地雷禁止キャンペーン
ICBM (intercontinental ballistic missile)　　大陸間弾道ミサイル
IDA (International Development Association)　　国際開発協会
IFAD (International Fund for Agricultural Development)　　国際農業開発基金
IFC (International Finance Corporation)　　国際金融公社
IGO (intergovernmental organization)　　政府間国際組織
ILO (International Labour Organization)　　国際労働機関
IMF (International Monetary Fund)　　国際通貨基金
INF (intermediate-range nuclear force)　　中距離核戦力
IPCC (Intergovernmental Panel on Climate Changes)　　気候変動に関する政府間パネル
IRA (Irish Republican Army)　　アイルランド共和国軍

IS (Islamic State)　イスラム国
ISIL (Islamic State in Iraq and the Levant)　イラク・レバント・イスラム国
ITO (International Trade Organization)　国際貿易機構

⟨J⟩
JETRO (Japan External Trade Organization)　日本貿易振興機構
JICA (Japan International Cooperation Agency)　国際協力機構

⟨L⟩
LIC (low-intensity conflict)　低強度紛争
LN (League of Nations)　国際連盟

⟨M⟩
MAD (mutual assured destruction)　相互確証破壊

⟨N⟩
NAFTA (North America Free Trade Agreement)　北米自由貿易協定
NATO (North Atlantic Treaty Organization)　北大西洋条約機構
NFU (no first use)　先制核不使用政策
NGO (non-governmental organization)　非政府（間）団体（組織）
NIEO (New International Economic Order)　新国際経済秩序
NPO (Nonprofit Organization)　特定非営利活動法人
NPT (Treaty on the Non-Proliferation of Nuclear Weapons)　核兵器不拡散条約，核拡散防止条約

⟨O⟩
OAPEC (Organization of Arab Petroleum Exporting Countries)　アラブ石油輸出国機構
OAU (Organization of African Unity)　アフリカ統一機構
ODA (official development assistance)　政府開発援助
OECD (Organization of Economic Cooperation and Development)　経済協力開発機構
OECF (Overseas Economic Cooperation Fund)　海外経済協力基金
OEEC (Organization for European Economic Cooperation)　欧州

経済協力機構
ONUC（Opération des Nations Unies au Congo）　コンゴ国連軍
OPEC（Organization of Petroleum Exporting Countries）　石油輸出国機構
OSCE（Organization for Security and Cooperation in Europe）　欧州安全保障協力機構（1995年1月にCSCEから改称）

〈P〉
PECC（Pacific Economic Cooperation Conference）　太平洋経済協力会議
PfP（partnership for peace）　平和のためのパートナーシップ協定
PKF（peace keeping forces）　国連平和維持軍
PKO（peace keeping operation）　国連平和維持活動
PLO（Palestine Liberation Organization）　パレスチナ解放機構
PTBT（Partial Test Ban Treaty）　部分的核実験禁止条約

〈S〉
SALT（Strategic Arms Limitation Talks）　戦略兵器制限交渉
SDI（Strategic Defense Initiative）　戦略防衛構想
SEATO（South-East Asia Treaty Organization）　東南アジア条約機構
SII（structual impediments initiative）　日米構造協議
SIPRI（Stockholm International Peace Research Institute）　シプリ，ストックホルム国際平和研究所
SPF（South Pacific Forum）　南太平洋フォーラム
START（Strategic Arms Reduction Talk〔Treaty〕）　戦略兵器削減交渉（条約）

〈T〉
TPP（Trans-Pacific Partnership）　環太平洋パートナーシップ

〈U〉
UN（United Nations）　国際連合
UNCLS（United Nations Conference on the Law of the Sea）　国連海洋法会議
UNCTAD（United Nations Conference on Trade and Development）

国連貿易開発会議
UNDOF (United Nations Disengagement Observer Force)　国連兵力引離し監視軍
UNDP (United Nations Development Programme)　国連開発計画
UNEF (United Nations Emergency Force)　国連緊急軍
UNEP (United Nations Environment Programme)　国連環境計画
UNESCO (United Nations Educational, Scientific and Cultural Organization)　ユネスコ，国連教育科学文化機関
UNHCR (Office of the United Nations High Commissioner for Refugees)　国連難民高等弁務官事務所
UNICEF (United Nations Children's Fund)　ユニセフ，国連児童基金
UNIIMOG (United Nations Iran-Iraq Military Observer Group)　国連イラン・イラク軍事監視団
UNIKOM (United Nations Iraq-Kuwait Observer Mission)　国連イラク・クウェート監視団
UNMISS (United Nations Mission in the Republic of South Sudan)　国連南スーダン共和国ミッション
UNMOGIP (United Nations Military Observer Group in India and Pakistan)　国連インド・パキスタン軍事監視団
UNTAC (United Nations Transitional Authority in Cambodia)　国連カンボジア暫定統治機構

〈W〉
WEU (Western European Union)　西欧同盟
WHO (World Health Organization)　世界保健機関
WMD (weapons of mass destruction)　大量破壊兵器
WMO (World Meteorological Organization)　世界気象機関
WTO (Warsaw Treaty Organization)　ワルシャワ条約機構
WTO (World Trade Organization)　世界貿易機関

(出所) 川田侃・大畠英樹編『国際政治経済辞典（改訂版）』東京書籍，2003年。ただし，表記は一部修正し，新しく略語を加筆。

# 参考文献一覧

　この文献一覧は，本書で引用されている書物，および本書を学ぶ際に参考になるであろう書物をジャンル別に配列したものである。複数のジャンルに収められるべき文献であっても，重複を避けて1つのジャンルに入れてある。配列は発行年順になっている。

**⇨国際関係学・国際政治学の概説書および理論書**

モーゲンソー，H. J.（鈴木成高・湯川宏訳）『世界政治と国家理性』創文社，1954年。

高坂正堯『国際政治——恐怖と希望』中央公論社，1966年。

クラインバーグ，O.（田中良久訳）『国際関係の心理——人間の次元において』東京大学出版会，1967年。

ニコルソン，H.（斎藤眞・深谷満雄訳）『外交』東京大学出版会，1968年。

ホルスティ，K. J.（宮里政玄訳）『国際政治の理論』勁草書房，1972年。

シューマン，F.（長井信一訳）『国際政治』全2巻，東京大学出版会，1973年。

スコット，A. M.（原彬久訳）『国際政治の機能と分析』福村出版，1973年。

武者小路公秀『国際政治を見る眼——冷戦から新しい国際秩序へ』岩波書店，1977年。

フランケル，J.（田中治男訳）『国際関係論（新版）』東京大学出版会，1980年。

ウォーラーステイン，I.（川北稔訳）『近代世界システム』全2巻，岩波書店，1981年。

鴨武彦・山本吉宣編『相互依存の理論と現実』有信堂高文社，1988年。

山影進編『相互依存時代の国際摩擦』東京大学出版会，1988年。

有賀貞ほか編『講座 国際政治』全5巻，東京大学出版会，1989年。

衛藤瀋吉・渡邉昭夫・公文俊平・平野健一郎編『国際関係論（第2版）』東京大学出版会，1989年。

大畠英樹・原彬久編『現代国際政治のダイナミクス』早稲田大学出版部，1989年。

田中明彦『世界システム』東京大学出版会，1989年。

山本吉宣『国際的相互依存』東京大学出版会，1989年。
パーキンソン，F.（初瀬龍平・松尾雅嗣訳）『国際関係の思想』岩波書店，1991年。
梶田孝道編『国際社会学――国家を超える現象をどうとらえるか』名古屋大学出版会，1992年。
中嶋嶺雄『国際関係論――同時代史への羅針盤』中央公論社，1992年。
松本博一『国際関係思想史研究』三省堂，1992年。
原彬久『国際政治分析――理論と現実』新評論，1993年。
百瀬宏『国際関係学』東京大学出版会，1993年。
坂本義和編『世界政治の構造変動』全4巻，岩波書店，1994〜95年。
星野昭吉『世界政治の変動と権力』同文舘出版，1994年。
細谷千博監修『国際政治の21世紀像』有信堂高文社，1996年。
ハンチントン，S.（鈴木主税訳）『文明の衝突』集英社，1998年。
添谷芳秀編『21世紀国際政治の展望』慶應義塾大学出版会，1999年。
ブル，H.（臼杵英一訳）『国際社会論』岩波書店，2000年。
進藤榮一『現代国際関係学』有斐閣，2001年。
岩田一政ほか編『国際関係研究入門（増補版）』東京大学出版会，2003年。
中西寛『国際政治とは何か』中央公論新社，2003年。
百瀬宏『国際関係学原論』岩波書店，2003年。
細谷雄一・矢沢達宏編『国際学入門』創文社，2004年。
ミアシャイマー，J. J.（奥山真司訳）『大国政治の悲劇』五月書房，2007年。
押村高『国際政治思想――生存・秩序・正義』勁草書房，2010年。
山本武彦編『国際関係論のニュー・フロンティア』成文堂，2010年。
カー，E. H.（原彬久訳）『危機の二十年――理想と現実』岩波書店，2011年。
ホフマン，S.（中本義彦編訳）『スタンレー・ホフマン国際政治論集』勁草書房，2011年。
中村都編『国際関係論へのファーストステップ』法律文化社，2011年。
山影進『国際関係論講義』東京大学出版会，2012年。
コヘイン，R. O.／ナイ，J. S., Jr.（滝田賢治監訳）『パワーと相互依存』ミネルヴァ書房，2012年。
モーゲンソー，H. J.（原彬久監訳）『モーゲンソー国際政治――権力と平和』全3巻，岩波書店，2013年。
ナイ，J. S., Jr.／ウェルチ，D. A.（田中明彦・村田晃嗣訳）『国際紛争――理論と歴史（原書第9版）』有斐閣，2013年。

中西寛・石田淳・田所昌幸『国際政治学』有斐閣，2013年。
ウォルツ，K.（渡邉昭夫・岡垣知子訳）『人間・国家・戦争——国際政治の3つのイメージ』勁草書房，2013年。
佐藤誠・大中真・池田丈佑編『英国学派の国際関係論』日本経済評論社，2013年。
滝田賢治・大芝亮・都留康子編『国際関係学——地球社会を理解するために』有信堂高文社，2015年。
村田晃嗣・君塚直隆・石川卓・栗栖薫子・秋山信将『国際政治学をつかむ（新版）』有斐閣，2015年。
アリソン，G.／ゼリコウ，P.（漆嶋稔訳）『決定の本質——キューバ・ミサイル危機の分析（第2版）』全2巻，日経BP社，2016年。

## ⇨国際関係史および各国史

ハレー，L. J.（太田博訳）『歴史としての冷戦』サイマル出版会，1970年。
進藤榮一『現代アメリカ外交序説』創文社，1974年。
和田久徳ほか『東南アジア現代史』全4巻，山川出版社，1977～83年。
斉藤孝『戦間期国際政治史』岩波書店，1978年。
永井陽之助『冷戦の起源——戦後アジアの国際環境』中央公論社，1978年。
宮治一雄ほか『アフリカ現代史』全5巻，山川出版社，1978～86年。
梅津和郎『中近東現代史』泰流社，1980年。
八木勇『アメリカ外交の系譜——トルーマンからカーターまで』朝日新聞社，1981年。
柳沢英次郎『戦後国際政治史』全3巻，柘植書房，1985～87年。
入江昭『20世紀の戦争と平和』東京大学出版会，1986年。
木戸蓊・伊東孝之編『東欧現代史』有斐閣，1987年。
ケネディ，P.（鈴木主税訳）『大国の興亡——1500年から2000年までの経済の変遷と軍事闘争』全2巻，草思社，1988年。
スチーブンスン，R. W.（滝田賢治訳）『デタントの成立と変容——現代米ソ関係の政治力学』中央大学出版部，1989年。
長沼秀世・新川健三郎『アメリカ現代史』岩波書店，1991年。
石井修編『1940年代ヨーロッパの政治と冷戦』ミネルヴァ書房，1992年。
菅英輝『米ソ冷戦とアメリカのアジア政策』ミネルヴァ書房，1992年。
下斗米伸夫『ソ連現代政治（第2版）』東京大学出版会，1992年。
西崎文子『アメリカ冷戦政策と国連1945-1950』東京大学出版会，1992年。

日本国際政治学会編『冷戦とその後』(『国際政治』100 号), 1992 年。

石田正浩『冷戦国家の形成——トルーマンと安全保障のパラドックス』三一書房, 1993 年。

佐々木卓也『封じ込めの形成と変容——ケナン, アチソン, ニッツェとトルーマン政権の冷戦戦略』三嶺書房, 1993 年。

福田茂夫・義井博・草間秀三郎『二〇世紀国際政治史(増補)』名古屋大学出版会, 1993 年。

牧野裕『冷戦の起源とアメリカの覇権』御茶の水書房, 1993 年。

柳沢英次郎・加藤正男・細井保『危機の国際政治史 1917–1992』亜紀書房, 1993 年。

山極晃編『東アジアと冷戦』三嶺書房, 1994 年。

キッシンジャー, H.(岡崎久彦監訳)『外交』全 2 巻, 日本経済新聞社, 1996 年。

中嶋嶺雄編『中国現代史——壮大なる歴史のドラマ(新版)』有斐閣, 1996 年。

李鍾元『東アジア冷戦と韓米日関係』東京大学出版会, 1996 年。

ギルバート, M.(木村汎監訳・菅野敏子訳)『ロシア歴史地図——紀元前 800 年〜1993 年』東洋書林, 1997 年。

中西輝政『大英帝国衰亡史』PHP 研究所, 1997 年。

有賀貞・宮里政玄編『概説アメリカ外交史——対外意識と対外政策の変遷(新版)』有斐閣, 1998 年。

柴宜弘編『バルカン史』山川出版社, 1998 年。

百瀬宏・熊野聰・村井誠人編『北欧史』山川出版社, 1998 年。

渡邉啓貴『フランス現代史——英雄の時代から保革共存へ』中央公論社, 1998 年。

小島朋之『中国現代史——建国 50 年, 検証と展望』中央公論新社, 1999 年。

田中浩『戦後世界政治史』講談社, 1999 年。

石井修『国際政治史としての 20 世紀』有信堂高文社, 2000 年。

カー, E. H.(塩川伸明訳)『ロシア革命——レーニンからスターリンへ』岩波書店, 2000 年。

ケナン, G. F.(近藤晋一・飯田藤次・有賀貞訳)『アメリカ外交 50 年』岩波書店, 2000 年。

マストニー, V.(秋野豊ほか訳)『冷戦とは何だったのか——戦後政治史とスターリン』柏書房, 2000 年。

平山龍水『東アジア冷戦の起源——朝鮮半島分断の構図』信山社, 2002

年。

松岡完『20世紀の国際政治——二度の世界大戦と冷戦の時代（改訂増補版）』同文舘出版，2003年。

松岡完・広瀬佳一・竹中佳彦編『冷戦史——その起源・展開・終焉と日本』同文舘出版，2003年。

下斗米伸夫『アジア冷戦史』中央公論新社，2004年。

半藤一利『昭和史 1926-1945』平凡社，2004年。

川島真・服部龍二編『東アジア国際政治史』名古屋大学出版会，2007年。

五百旗頭真編『日米関係史』有斐閣，2008年。

渡邊啓貴編『ヨーロッパ国際関係史——繁栄と凋落，そして再生（新版）』有斐閣，2008年。

奥保喜『冷戦時代世界史』つげ書房新社，2009年。

有賀貞『国際関係史——16世紀から1945年まで』東京大学出版会，2010年。

菅英輝編著『冷戦史の再検討——変容する秩序と冷戦の終焉』法政大学出版局，2010年。

ヒンズリー，H.（佐藤恭三訳）『権力と平和の模索——国際関係史の理論と現実』勁草書房，2015年。

益田実ほか『冷戦史を問いなおす——「冷戦」と「非冷戦」の境界』ミネルヴァ書房，2015年。

松岡完『超大国アメリカ100年史』明石書店，2016年。

小野沢透『幻の同盟——冷戦初期アメリカの中東政策』全2巻，名古屋大学出版会，2016年。

⇨地域研究

ケナン，G. F.（松本重治編訳）『アメリカ外交の基本問題』岩波書店，1965年。

モーゲンソー，H. J.（木村修三・山本義彰訳）『アメリカ外交政策の刷新』鹿島研究所出版会，1974年。

メイ，E. R.（進藤榮一訳）『歴史の教訓』中央公論社，1977年。

梅津和郎『バルカン半島と国際関係』晃洋書房，1981年。

宮里政玄『アメリカの対外政策決定過程』三一書房，1981年。

高木誠一郎・石井明編『中国の政治と国際関係』東京大学出版会，1984年。

細野昭雄・恒川恵市『ラテンアメリカ危機の構図』有斐閣，1986年。

百瀬宏『小国——歴史にみる理念と現実』岩波書店，1988年。

岩田賢司『ソ連の内政力学と外交——コスイギン・ブレジネフからゴルバチョフへ』東信堂, 1989 年。
岡部達味編『ASEAN における国民統合と地域統合』日本国際問題研究所, 1989 年。
小田英郎『アフリカ現代政治』東京大学出版会, 1989 年。
萩原宜之『ASEAN＝東南アジア諸国連合（増補版）』有斐閣, 1990 年。
小野耕二『EC 統合とドイツ統一』大月書店, 1991 年。
木村修三『中東和平とイスラエル』有斐閣, 1991 年。
山影進『ASEAN——シンボルからシステムへ』東京大学出版会, 1991 年。
猪口孝編『東アジアの国家と社会』全 6 巻, 東京大学出版会, 1992 年。
進藤榮一『ポスト・ペレストロイカの世界像——「帝国」はなぜ崩壊したのか』筑摩書房, 1992 年。
安中章夫編『東南アジア——政治・社会』アジア経済研究所, 1993 年。
小田英郎・富田広士編『中東・アフリカ現代政治——民主化・宗教・軍部・政党』勁草書房, 1993 年。
川原彰『東中欧の民主化の構造』有信堂高文社, 1993 年。
ヒーター, D.（田中俊郎監訳）『統一ヨーロッパへの道』岩波書店, 1994 年。
伊東孝之・木村汎・林忠行編『スラブの国際関係』弘文堂, 1995 年。
下斗米伸夫『ロシア現代政治』東京大学出版会, 1997 年。
斎藤元秀編『東アジア国際関係のダイナミズム』東洋経済新報社, 1998 年。
坂本正弘・滝田賢治『現代アメリカ外交の研究』中央大学出版部, 1999 年。
島野卓爾・岡村堯・田中俊郎編『EU 入門——誕生から, 政治・法律・経済まで』有斐閣, 2000 年。
下斗米伸夫『ソ連＝党が所有した国家——1917-1991』講談社, 2002 年。
21 世紀研究会編『イスラームの世界地図』文藝春秋, 2002 年。
池内恵『アラブ政治の今を読む』中央公論新社, 2004 年。
羽場久浘子『拡大ヨーロッパの挑戦——アメリカに並ぶ多元的パワーとなるか』中央公論新社, 2004 年。
平松茂雄『台湾問題——中国と米国の軍事的確執』勁草書房, 2005 年。
五十嵐武士・久保文明編『アメリカ現代政治の構図——イデオロギー対立とそのゆくえ』東京大学出版会, 2009 年。
クーペルス, R.／カンデル, J.（田中浩・柴田寿子監訳）『EU 時代の到

来——ヨーロッパ・福祉社会・社会民主主義』未來社，2009年。
村田晃嗣『現代アメリカ外交の変容——レーガン，ブッシュからオバマへ』有斐閣，2009年。
世界史シリーズ『イスラームを知る』全24巻，山川出版社，2009〜16年。
益尾知佐子『中国政治外交の転換点——改革開放と「独立自主の対外政策」』東京大学出版会，2010年。
渡邉昭夫編『アジア太平洋と新しい地域主義の展開』千倉書房，2010年。
斎藤眞・古矢旬『アメリカ政治外交史（第2版）』東京大学出版会，2012年。
酒井啓子編『中東政治学』有斐閣，2012年。
毛利和子『現代中国政治——グローバル・パワーの肖像（第3版）』名古屋大学出版会，2012年。
塩川伸明ほか編『ユーラシア世界』全5巻，東京大学出版会，2012年。
中嶋洋平『ヨーロッパとはどこか——統合思想から読む二〇〇〇年の歴史』吉田書店，2015年。
五百旗頭真ほか編『日ロ関係史——パラレル・ヒストリーの挑戦』東京大学出版会，2015年。

#### ⇨環境問題

宇都宮深志『開発と環境の政治学』東海大学出版会，1976年。
カーソン，R.（青樹築一訳）『沈黙の春』新潮社，1987年。
石橋克彦『大地動乱の時代——地震学者は警告する』岩波書店，1994年。
コルボーン，T. ほか（長尾力訳）『奪われし未来』翔泳社，1997年。
リフキン，J.（鈴木主税訳）『バイテク・センチュリー』集英社，1999年。
リア，L.（上遠恵子訳）『レイチェル』東京書籍，2002年。
リース，B.（東江一紀訳）『モルジブが沈む日』日本放送出版協会，2002年。
大塚直『環境法（第3版）』有斐閣，2010年。
松井芳郎『国際環境法の基本原則』東信堂，2010年。
マックフォーター，L. 編（佐賀啓男・長谷敏夫訳）『ハイデガーと地球』東信堂，2010年。
大島堅一『原発のコスト——エネルギー転換への視点』岩波書店，2011年。
小出裕章『原発のウソ』扶桑社，2011年。
人間環境問題研究会編『生物多様性保全と法政策』（『環境法研究』36号），2011年。

外岡秀俊『3・11複合被災』岩波書店，2012年。
人間環境問題研究会編『ポスト京都議定書の法政策2』(『環境法研究』37号)，2012年。
江守正多『異常気象と人類の選択』角川マガジンズ，2013年。
ラトゥーシュ，S.(中野佳裕訳)『〈脱成長〉は，世界を変えられるか？——贈与・幸福・自律の新たな社会へ』作品社，2013年。
朝日新聞特別報道部『原発利権を追う』朝日新聞出版，2014年。
荻野晃也『汚染水はコントロールされていない』第三書館，2014年。
小出裕章・西尾正道『被ばく列島』KADOKAWA，2014年。
長谷敏夫『国際環境政策』時潮社，2014年。
知足章宏『中国環境汚染の政治経済学』昭和堂，2015年。
ヒュースマン，W.(鶴田由紀訳)『WWF黒書』緑風出版，2015年。
原子力資料情報室編『検証 福島第一原発事故』七つ森書館，2016年。
中西優美子編『EU環境法の最前線』法律文化社，2016年。

### ⇨紛争と平和，安全保障
マックニール，E. B. 編(千葉正士編訳)『紛争の科学』東京創元新社，1970年。
ボールディング，K. E.(内田忠夫・衛藤瀋吉訳)『紛争の一般理論』ダイヤモンド社，1971年。
高坂正堯・桃井真編『多極化時代の戦略』全2巻，日本国際問題研究所，1973年。
ブートゥル，G.／キャレール，R.(高柳先男訳)『戦争の社会学』中央大学出版部，1980年。
佐藤栄一編『安全保障と国際政治』日本国際問題研究所，1982年。
日本平和学会編集委員会編『講座 平和学』全4巻，早稲田大学出版部，1983〜86年。
ケナン，G. F.(佐々木坦・佐々木文子訳)『核の迷妄』社会思想社，1984年。
永井陽之助『現代と戦略』文藝春秋，1985年。
藤田久一『軍縮の国際法』日本評論社，1985年。
ホフマン，S.(最上敏樹訳)『国境を超える義務——節度ある国際政治を求めて』三省堂，1985年。
進藤榮一『現代紛争の構造——非極モデルの構築のために』岩波書店，1987年。
ナイ，J. S., Jr.(土山實男訳)『核戦略と倫理』同文舘出版，1988年。

日本国際政治学会編『転換期の核抑止と軍備管理』(『国際政治』90号)，1989年。
パレット，P.（防衛大学校「戦争・戦略の変遷」研究会訳）『現代戦略思想の系譜』ダイヤモンド社，1989年。
衛藤瀋吉・山本吉宣『総合安保と未来の選択』講談社，1991年。
ガルトゥング，J.（高柳先男・塩谷保・酒井由美子訳）『構造的暴力と平和』中央大学出版部，1991年。
山本吉宣・田中明彦編『戦争と国際システム』東京大学出版会，1992年。
梅本哲也『核兵器と国際政治 1945-1995』日本国際問題研究所，1996年。
小川伸一『「核」軍備管理・軍縮のゆくえ』芦書房，1996年。
吉田和男『安全保障の経済分析』日本経済新聞社，1996年。
加藤朗・長尾雄一郎・吉崎知典・道下徳成『戦争』勁草書房，1997年。
佐々木高雄『戦争放棄条項の成立経緯』成文堂，1997年。
日本国際政治学会編『日米安保体制——持続と変容』(『国際政治』115号)，1997年。
日本国際政治学会編『安全保障の理論と政策』(『国際政治』117号)，1998年。
加藤朗『21世紀の安全保障』南窓社，1999年。
納家政嗣・竹田いさみ編『新安全保障論の構図』勁草書房，1999年。
山本武彦『国際安全保障の新展開』早稲田大学出版部，1999年。
広瀬善男『21世紀日本の安全保障』明石書店，2000年。
道下徳成・石津朋之・長尾雄一郎・加藤朗『現代戦略論——戦争は政治の手段か』勁草書房，2000年。
森本敏『安全保障論』PHP研究所，2000年。
木村汎編『国際危機学——危機管理と予防外交』世界思想社，2002年。
西谷修『「テロとの戦争」とは何か』以文社，2002年。
宮坂直史『国際テロリズム論』芦書房，2002年。
森本敏編『ミサイル防衛』日本国際問題研究所，2002年。
山田浩『現代アメリカの軍事戦略と日本』法律文化社，2002年。
佐道明広『戦後日本の防衛と政治』吉川弘文館，2003年。
ジン，H.（田中利幸訳）『テロリズムと戦争』大月書店，2003年。
納家政嗣『国際紛争と予防外交』有斐閣，2003年。
赤根谷達雄・落合浩太郎編『日本の安全保障』有斐閣，2004年。
浅田正彦『兵器の拡散防止と輸出管理』有信堂高文社，2004年。
足立研幾『オタワプロセス——対人地雷禁止レジームの形成』有信堂高文社，2004年。

稲田十一編『紛争と復興支援』有斐閣，2004 年。
黒澤満編『大量破壊兵器の軍縮論』信山社，2004 年。
大芝亮・藤原帰一・山田哲也編『平和政策』有斐閣，2006 年。
鈴木基史『平和と安全保障』東京大学出版会，2007 年。
山本吉宣『国際レジームとガバナンス』有斐閣，2008 年。
シェリング，T.（河野勝監訳）『紛争の戦略』勁草書房，2008 年。
防衛大学校安全保障学研究会編『安全保障学入門（新訂第 4 版）』亜紀書房，2009 年。
ローレン，P. G.／クレイグ，G. A.／ジョージ，A. L.（木村修三ほか訳）『軍事力と現代外交（原書第 4 版）』有斐閣，2009 年。
竹内俊隆編著『日米同盟論――歴史・機能・周辺諸国の視点』ミネルヴァ書房，2011 年。
信夫隆司『日米安保条約と事前協議制度』弘文堂，2014 年。
土山實男『安全保障の国際政治学――焦りと傲り（第 2 版）』有斐閣，2014 年。
崔慶原『冷戦期日韓安全保障関係の形成』慶應義塾大学出版会，2014 年。
豊田祐基子『日米安保と事前協議制度』吉川弘文館，2015 年。

### ⇨日本の政治と外交
入江昭『日本の外交』中央公論社，1966 年。
高坂正堯『宰相 吉田茂』中央公論社，1968 年。
渡邉昭夫『戦後日本の政治と外交――沖縄問題をめぐる政治過程』福村出版，1970 年。
入江昭『日米戦争』中央公論社，1978 年。
ダワー，J.（大窪愿二訳）『吉田茂とその時代』TBS ブリタニカ，1981 年。
升味準之輔『戦後政治』全 2 巻，東京大学出版会，1983 年。
入江昭・有賀貞編『戦間期の日本外交』東京大学出版会，1984 年。
細谷千博『サンフランシスコ講和への道』中央公論社，1984 年。
五百旗頭真『米国の日本占領政策』全 2 巻，中央公論社，1985 年。
渡邉昭夫編『戦後日本の対外政策』有斐閣，1985 年。
五十嵐武士『対日講和と冷戦』東京大学出版会，1986 年。
進藤榮一・下河辺元春編『芦田日記』全 7 巻，岩波書店，1986 年。
長尾悟『戦後日本経済外交の展開――外務省の役割の変遷を中心にして』国際大学日米関係研究所，1987 年。
細谷千博・有賀貞編『国際環境の変容と日米関係』東京大学出版会，1987 年。

原彬久『戦後日本と国際政治──安保改定の政治力学』中央公論社, 1988 年。
細谷千博『両大戦間の日本外交 1914-1945』岩波書店, 1988 年。
石井修『冷戦と日米関係』ジャパンタイムス, 1989 年。
樋渡由美『戦後政治と日米関係』東京大学出版会, 1990 年。
入江昭『新・日本の外交』中央公論社, 1991 年。
原彬久『日米関係の構図──安保改定を検証する』日本放送出版協会, 1991 年。
細谷千博・本間長世編『日米関係史──摩擦と協調の 140 年（新版）』有斐閣, 1991 年。
室山義正『日米安保体制』全 2 巻, 有斐閣, 1992 年。
吉田裕『昭和天皇の終戦史』岩波書店, 1992 年。
渡邉昭夫『アジア・太平洋の国際関係と日本』東京大学出版会, 1992 年。
細谷千博『日本外交の軌跡』日本放送出版協会, 1993 年。
藤本一美・浅野一弘『日米首脳会議と政治過程』龍渓書舎, 1994 年。
前田哲男『自衛隊の歴史』筑摩書房, 1994 年。
石井修『世界恐慌と日本の「経済外交」』勁草書房, 1995 年。
植村秀樹『再軍備と 55 年体制』木鐸社, 1995 年。
NHK 取材班『NHK スペシャル 戦後 50 年その時日本は』全 6 巻, 日本放送出版協会, 1995〜96 年。
北岡伸一『自民党──政権党の 38 年』読売新聞社, 1995 年。
原彬久『岸信介──権勢の政治家』岩波書店, 1995 年。
細谷千博編『日米関係通史』東京大学出版会, 1995 年。
増田弘『石橋湛山──リベラリストの真髄』中央公論社, 1995 年。
若宮啓文『戦後保守のアジア観』朝日新聞社, 1995 年。
渡邉昭夫編『戦後日本の宰相たち』中央公論社, 1995 年。
シャラー, M.（五味俊樹監訳）『アジアにおける冷戦の起源』木鐸社, 1996 年。
豊下楢彦『安保条約の成立』岩波書店, 1996 年。
谷口将紀『日本の対米貿易交渉』東京大学出版会, 1997 年。
船橋洋一『同盟漂流』岩波書店, 1997 年。
渡邉昭夫編『現代日本の国際政策』有斐閣, 1997 年。
五十嵐武士『日米関係と東アジア』東京大学出版会, 1999 年。
明田川融『日米行政協定の政治史』法政大学出版局, 1999 年。
我部政明『沖縄返還とは何だったのか』日本放送出版協会, 2000 年。
坂元一哉『日米同盟の絆──安保条約と相互性の模索』有斐閣, 2000 年。

原彬久『戦後史のなかの日本社会党——その理想主義とは何であったのか』中央公論新社，2000 年。
前田哲男『在日米軍基地の収支決算』筑摩書房，2000 年。
外岡秀俊・本田優・三浦俊章『日米同盟半世紀——安保と密約』朝日新聞社，2001 年。
我部政明『日米安保を考え直す』講談社，2002 年。
井上寿一『日本外交史講義』岩波書店，2003 年。
牧原出『内閣政治と「大蔵省支配」』中央公論新社，2003 年。
太田昌克『盟約の闇——「核の傘」と日米同盟』日本評論社，2004 年。
宮下明聡・佐藤洋一郎編『現代日本のアジア外交』ミネルヴァ書房，2004 年。
原彬久『吉田茂——尊皇の政治家』岩波書店，2005 年。
御厨貴・中村隆英編『聞き書 宮沢喜一回顧録』岩波書店，2005 年。
飯尾潤『日本の統治構造——官僚内閣制から議院内閣制へ』中央公論新社，2007 年。
山本武彦『安全保障政策』日本経済評論社，2009 年。
西原正・土山實男監修『日米同盟再考』亜紀書房，2010 年。
波多野澄雄『歴史としての日米安保条約』岩波書店，2010 年。
北岡伸一・渡邉昭夫監修『日米同盟とは何か』中央公論新社，2011 年。
中島琢磨『沖縄返還と日米安保体制』有斐閣，2012 年。
平良好利『戦後沖縄と米軍基地——「受容」と「拒絶」のはざまで 1945〜1972 年』法政大学出版局，2012 年。
井上寿一・波多野澄雄・酒井哲哉・国分良成・大芝亮編『日本の外交』全 6 巻，岩波書店，2013 年。
御厨貴・牧原出『日本政治外交史（改訂版）』放送大学教育振興会，2013 年。
御厨貴『権力の館を歩く』筑摩書房，2013 年。
北岡伸一監修『歴史のなかの日本政治』全 6 巻，中央公論新社，2013〜14 年。
原彬久編『岸信介証言録』中央公論新社，2014 年。
渡邉昭夫『日本の近代 8 大国日本の揺らぎ——1972〜』中央公論新社，2014 年。
遠藤誠治・遠藤乾ほか編『シリーズ 日本の安全保障』全 8 巻，岩波書店，2014〜15 年。
原彬久『戦後政治の証言者たち——オーラル・ヒストリーを往く』岩波書店，2015 年。

奥健太郎・河野康子編『自民党政治の源流——事前審査制の史的検証』吉田書店，2015 年。
御厨貴『戦後をつくる——追憶から希望への透視図』吉田書店，2016 年。

**⇨国際組織・国際協力**

ピアソン，L. B. ほか（大来佐武郎監訳）『開発と援助の構想——ピアソン委員会報告』日本経済新聞社，1969 年。
飯田経夫『援助する国される国』日本経済新聞社，1974 年。
明石康『国際連合（第 2 版）』岩波書店，1975 年。
五十嵐武士編『日本の ODA と国際秩序』日本国際問題研究所，1990 年。
浅井基文『新しい国際秩序と国連』岩波書店，1991 年。
樋口貞夫『政府開発援助（第 2 版）』勁草書房，1991 年。
ベルトラン，M.（横田洋三監訳）『国連再生のシナリオ』国際書院，1991 年。
渡辺利夫・草野厚『日本の ODA をどうするか』日本放送出版協会，1991 年。
小浜裕久『ODA の経済学』日本評論社，1992 年。
オアー，R. M., Jr.（田辺悟訳）『日本の政策決定過程——対外援助と外圧』東洋経済新報社，1993 年。
波多野里望・小川芳彦編『国際法講義（新版）』有斐閣，1993 年。
河辺一郎『国連と日本』岩波書店，1994 年。
多谷千香子『ODA と環境・人権』有斐閣，1994 年。
福田菊『国連と PKO——「戦わざる軍隊」のすべて（第 2 版）』東信堂，1994 年。
ルペシンゲ，K. ・黒田順子編（吉田康彦訳）『地域紛争解決のシナリオ——ポスト冷戦時代の国連の課題』スリーエーネットワーク，1994 年。
功刀達朗『国際協力——国連新時代と日本の役割』サイマル出版会，1995 年。
経済広報センター・慶應義塾大学商学会編『日本の国際貢献』有斐閣，1995 年。
田中義晧『援助という外交戦略』朝日新聞社，1995 年。
前田哲男編『検証 PKO と自衛隊』岩波書店，1996 年。
横田洋三『国際機構入門』国際書院，1999 年。
加藤俊作『国際連合成立史——国連はどのようにしてつくられたか』有信堂高文社，2000 年。
横田洋三編『国連による平和と安全の維持』国際書院，2000 年。

横田洋三編『新国際機構論』国際書院，2005年。
明石康『国際連合――軌跡と展望』岩波書店，2006年。
横田洋三編『国連による平和と安全の維持（第2巻）』国際書院，2007年。
横田洋三編『国際社会と法――国際法・国際人権法・国際経済法』有斐閣，2010年。
内田孟男編著『国際機構論』ミネルヴァ書房，2013年。
渡部茂己・望月康恵編著『国際機構論 総合編』国際書院，2015年。
国際法事例研究会『日本の国際法事例研究（6）――戦後賠償』ミネルヴァ書房，2016年。
横田洋三監修『入門国際機構』法律文化社，2016年。

## ⇨第三世界

西川潤『第三世界の歩み』中央公論社，1976年。
アブデルマレク，A.（熊田亨訳）『社会の弁証法』岩波書店，1977年。
サイード，E.W.（板垣雄三ほか監修・今沢紀子訳）『オリエンタリズム』平凡社，1986年。
ジューヴ，E.（高演義訳）『第三世界』白水社，1991年。
コルコ，G.（岡崎維徳訳）『第三世界との対決』筑摩書房，1992年。
ザックス，W. 編（三浦清隆ほか訳）『脱「開発」の時代』晶文社，1996年。
コーテン，D.（桜井文訳）『グローバル経済という怪物』シュプリンガー・フェアラーク東京，1997年。
高良留美子編訳『アジア・アフリカ詩集（新装版）』土曜美術社出版，1998年。
ヘライナー，G.K.（稲葉守満ほか訳）『南北問題の政治経済学――グローバル経済と発展途上国』学文社，1998年。
モリッシュ，M.（保科秀明訳）『第三世界の開発問題』古今書院，2000年。
エンロー，C.（秋林こずえ訳）『フェミニズムで探る軍事化と国際政治』御茶の水書房，2004年。
シーブルック，J.（渡辺景子訳）『世界の貧困』青土社，2005年。
ボリス，J.-P.（林昌宏訳）『コーヒー，カカオ，コメ，綿花，コショウの暗黒物語』作品社，2005年。
丸川哲史『冷戦文化論』双風舎，2005年。
本橋哲也『ポストコロニアリズム』岩波書店，2005年。
歴史学研究会編『帝国への新たな視座』青木書店，2005年。
ギルロイ，P.（上野俊哉・毛利嘉孝・鈴木慎一郎訳）『ブラック・アトラ

ンティック』月曜社，2006年。
ファベリア，V.／スギルタラージャ，R. S. 編（林厳雄・志村真訳）『〈第三世界〉神学事典』日本キリスト教団出版局，2007年。
上野清士『ラス・カサスへの道』新泉社，2008年。
北川勝彦編『脱植民地化とイギリス帝国』ミネルヴァ書房，2009年。
永原陽子編『「植民地責任」論』青木書店，2009年。
佐藤幸男・前田幸男編『世界政治を思想する（1・2）』国際書院，2010年。
ポッゲ，T.（立岩真也監訳）『なぜ遠くの貧しい人への義務があるのか』生活書院，2010年。
加藤薫『ディエゴ・リベラの生涯と壁画』岩波書店，2011年。
佐藤幸男編『国際政治モノ語り』法律文化社，2011年。
小沢弘明・三宅芳夫編『移動と革命』論創社，2012年。
コッペル，D.（黒川由美訳）『バナナの世界史』太田出版，2012年。
プラシャド，V.（粟飯原文子訳）『褐色の世界史』水声社，2013年。
デュラン，R.／ベルニュ，J.-P.（永田千奈訳）『海賊と資本主義』阪急コミュニケーションズ，2014年。
中山智香子『経済ジェノサイド』平凡社，2013年。
佐藤寛ほか編『開発社会学を学ぶための60冊』明石書店，2015年。
ヘライナー，E.（矢野修一・柴田茂紀・参川城穂・山川俊和訳）『国家とグローバル金融』法政大学出版局，2015年。
五十嵐元道『支配する人道主義』岩波書店，2016年。
大津真作「異端思想の500年」京都大学学術出版会，2016年。
川北稔『世界システム論講義』筑摩書房，2016年。
酒井啓子編『途上国における軍・政治権力・市民社会』晃洋書房，2016年。
レディカー，M.（上野直子訳）『奴隷船の歴史』みすず書房，2016年。

⇒民族・宗教・イデオロギー
カー，E. H.（大窪愿二訳）『ナショナリズムの発展』みすず書房，1952年。
ウォーラーステイン，I.（川北稔訳）『史的システムとしての資本主義』岩波書店，1985年。
日本経済新聞社編『宗教から読む国際政治』日本経済新聞社，1992年。
野村達朗『「民族」で読むアメリカ』講談社，1992年。
梶田孝道『新しい民族問題――EC統合とエスニシティ』中央公論社，1993年。
塩川伸明『社会主義とは何だったか』勁草書房，1994年。

土屋健治編『ナショナリズムと国民国家』(講座 現代アジア 1) 東京大学出版会, 1994 年。
蓮實重彦・山内昌之編『いま, なぜ民族か』東京大学出版会, 1994 年。
西川長夫・宮島喬編『ヨーロッパ統合と文化・民族問題』人文書院, 1995 年。
ルナン, E. ほか(鵜飼哲ほか訳)『国民とは何か』インスクリプト発行, 河出書房新社発売, 1997 年。
イーグルトン, T.(大橋洋一訳)『イデオロギーとは何か』平凡社, 1999 年。
大澤真幸編『ナショナリズム論の名著50』平凡社, 2002 年。
佐伯啓思『倫理としてのナショナリズム——グローバリズムの虚無を超えて』NTT出版, 2005 年。
21世紀研究会編『新・民族の世界地図』文藝春秋, 2006 年。
アンダーソン, B.(白石隆・白石さや訳)『定本 想像の共同体——ナショナリズムの起源と流行』書籍工房早山, 2007 年。
木村雅昭『帝国・国家・ナショナリズム——世界史を衝き動かすもの』ミネルヴァ書房, 2009 年。
早瀬保子・小島宏編著『世界の宗教と人口』原書房, 2013 年。
ハルトゥーニアン, H.(平野克弥訳)『アメリカ〈帝国〉の現在——イデオロギーの守護者たち』みすず書房, 2014 年。
渡辺和子監修『オールカラーでわかりやすい! 世界の宗教』西東社, 2015 年。

### ⇨国際政治経済

猪口孝『国際関係の政治経済学』東京大学出版会, 1985 年。
中村雅秀『累積債務の政治経済学』ミネルヴァ書房, 1987 年。
野林健『保護貿易の政治力学』勁草書房, 1987 年。
川田侃『国際政治経済学をめざして』御茶の水書房, 1988 年。
ギルピン, R.(佐藤誠三郎・竹内透監修, 大蔵省世界システム研究会訳)『世界システムの政治経済学』東洋経済新報社, 1990 年。
日本国際政治学会編『国際政治経済学の模索』(『国際政治』93 号), 1990 年。
フリーデン, J.(安倍惇・小野塚佳光訳)『国際金融の政治学』同文舘出版, 1991 年。
ボルガー, P./行天豊雄(江澤雄一監訳)『富の興亡』東洋経済新報社, 1992 年。
大芝亮『国際組織の政治経済学』有斐閣, 1994 年。

八代尚宏『対外摩擦の政治経済学』日本評論社, 1995 年。
古城佳子『経済的相互依存と国家』木鐸社, 1996 年。
野林健『管理貿易の政治経済学』有斐閣, 1996 年。
畠山襄『通商交渉』日本経済新聞社, 1996 年。
鴨武彦・伊藤元重・石黒一憲編『リーディングス 国際政治経済システム』全 4 巻, 有斐閣, 1997〜99 年。
コヘイン, R.（石黒馨・小林誠訳）『覇権後の国際政治経済学』晃洋書房, 1998 年。
ストレンジ, S.（櫻井公人訳）『国家の退場』岩波書店, 1998 年。
関下稔・石黒馨・関寛治編『現代の国際政治経済学』法律文化社, 1998 年。
ヤーギン, D.／スタニスロー, J.（山岡洋一訳）『市場対国家』全 2 巻, 日本経済新聞社, 1998 年。
ギルピン, R.（古城佳子訳）『グローバル資本主義』東洋経済新報社, 2001 年。
ジョージ, S.（杉村昌昭訳）『WTO 徹底批判！』作品社, 2002 年。
中戸祐夫『日米通商摩擦の政治経済学』ミネルヴァ書房, 2003 年。
藤原帰一・李鍾元・古城佳子・石田淳編『経済のグローバル化と国際政治』（国際政治講座 3）東京大学出版会, 2004 年。
ストレンジ, S.（小林襲治訳）『カジノ資本主義』岩波書店, 2007 年。
野林健・大芝亮・納家政嗣・山田敦・長尾悟『国際政治経済学・入門（第 3 版）』有斐閣, 2007 年。
東茂樹『FTA の政治経済学』アジア経済研究所, 2007 年。
阿部一知・浦田秀次郎・総合開発研究機構編『日中韓 FTA』日本経済評論社, 2008 年。
佐々木隆生『国際公共財の政治経済学——危機・構造変化・国際協力』岩波書店, 2010 年。
ソリース, M.／スターリングス, B.／片田さおり編（片田さおりほか監訳, 岡本次郎訳）『アジア太平洋の FTA 競争』勁草書房, 2010 年。
田中明彦・中西寛編『新・国際政治経済の基礎知識（新版）』有斐閣, 2010 年。
野林健・長尾悟『国際政治経済を学ぶ』ミネルヴァ書房, 2011 年。
五百旗頭真『NHK さかのぼり日本史 (1)戦後——経済大国の"漂流"』NHK 出版, 2011 年。
井上寿一『NHK さかのぼり日本史 外交篇 (1)戦後』NHK 出版, 2012 年。
飯田敬輔『経済覇権のゆくえ』中央公論新社, 2013 年。
山澤逸平・馬田啓一・国際貿易投資研究会編『アジア太平洋の新通商秩

序』勁草書房，2013 年。
榊原英資『経済交渉にみた本物の交渉力』詩想社，2014 年。
遠藤乾編『グローバル・コモンズ』(シリーズ日本の安全保障 8) 岩波書店，2015 年。
作山巧『日本の TPP 交渉参加の真実』文眞堂，2015 年。
畠山襄『経済統合の新世紀』東洋経済新報社，2015 年。
鈴木英夫『新覇権国家中国×TPP 日米同盟』朝日新聞出版，2016 年。

**⇨事典類**

アシュワース，G. 編 (辻野功ほか訳)『世界の少数民族を知る事典』明石書店，1990 年。
ホイール，E. A. ほか (石川好美ほか訳)『第二次世界大戦事典』朝日ソノラマ，1991 年。
外務省外交史料館日本外交史辞典編纂委員会『日本外交史辞典』山川出版社，1992 年。
日本国際連合協会編『国連用語事典』財団法人国際連合協会，1993 年。
コーン，G. C. (鈴木主税訳)『世界戦争事典』河出書房新社，1998 年。
猪口孝ほか編『政治学事典』弘文堂，2000 年。
キャッシュモア，E. 編 (今野敏彦監訳)『世界の民族・人種関係事典』明石書店，2000 年。
船橋洋一『世界を読み解く事典』岩波書店，2000 年。
梅棹忠夫監修『世界民族問題事典 (新訂増補)』平凡社，2002 年。
川田侃・大畠英樹『国際政治経済辞典 (改訂版)』東京書籍，2003 年。
黒田日出男ほか編『日本史文献事典』弘文堂，2003 年。
猪口孝ほか編『国際政治事典』弘文社，2005 年。
国際法学会編『国際関係法辞典 (第 2 版)』三省堂，2005 年。
佐々木毅ほか編『戦後史大事典 (増補新版)』三省堂，2005 年。
日外アソシエーツ編『世界政治家人名事典——20 世紀以降』日外アソシエーツ，2006 年。
小笠原高雪・栗栖薫子ほか編『国際関係・安全保障用語辞典』ミネルヴァ書房，2013 年。
田林明ほか『最新世界地図 (8 訂版)』東京書籍，2013 年。
矢野恒太記念会編『世界国勢図会 2015/16』矢野恒太記念会，2015 年。
二宮書店編集部編『データブック オブ・ザ・ワールド 2016——世界各国要覧と最新統計』二宮書店，2016 年。

# 事項索引

## ●あ 行

**あ** IS (Islamic State, イスラム国) 77, 91, 94, 175
IMF (国際通貨基金) 50, 52, 103, 115, 120, 158, 191, 192, 195, 226, 228, 251
アイデンティティ 189
アイルランド共和国軍 (IRA) 80
赤いクメール (ポル・ポト派) 86
アジア・アフリカ会議 (バンドン会議) 69, 186,
アジア開発基金 229
アジア太平洋安全保障協力会議 (CSCAP) 219
アジア太平洋経済協力会議 (APEC) 118, 220, 221, 249
アジア太平洋地域 215, 216, 219
アジア投資銀行 (AILB) 196
アジェンダ21 162, 163, 166-168
ASEAN (東南アジア諸国連合) 71, 100, 115, 217, 219, 220
ASEAN経済共同体 (AEC) 71
ASEAN地域フォーラム (ARF) 219
アチソン・リリエンタール報告 97
アナディル作戦 131
アフガニスタン攻撃 72, 79
アフリカ統一機構 (OAU) 71
アラブの春 73, 91
アルカイダ (al-Qaeda) 91, 94
RCEP (東アジア地域包括的経済連携) 109
アルシュ・サミット 159
安全保障 6, 25, 26, 28, 32, 42, 49, 51, 56, 58, 71, 101, 104, 124, 125, 127, 128, 132-137, 140-143, 147, 157, 206, 216-219, 239, 241, 248, 251, 261, 262
——共同体 218
——協力 134, 214
——理事会 →国際連合安全保障理事会
協力的—— 139
軍事的—— 118, 144, 147
相互—— 139
代替的—— 144
人間(の)—— 144, 147, 198, 257
安全保障関連法 125, 265
**い** イギリスのEU離脱 116, 193
EC (欧州共同体) 109, 233-237
意思決定(理)論 137, 139, 268
イスラム原理主義 →原理主義
一般システム理論 16, 17
イデオロギー 14, 15, 18, 19, 60, 61, 63, 65-67, 78, 86, 92, 93, 183, 189, 243
イデオロギー対立 180
遺伝子操作 173
移民・難民問題 175
EU (欧州連合) 70, 100, 109, 111, 115, 116, 118
イラク戦争 72, 79, 96, 124, 147
イラン (イスラム) 革命 95, 191
インターステート・システム 191
インドシナ戦争 58
**う** ウィーン条約 157, 172
上からの地球化 37
ウェストファリア条約[——講和, ——体制] 4, 76, 247
ヴェルサイユ体制 5, 8
失われた10年 195

ウルグアイ・ラウンド　107, 239
え　エコロジー　29
エスカレーション戦略　135
エスニック集団　181
エスニック・ポリティックス　189
エミグレ　91
エロア（占領地域経済復興資金）　225
円借款　229
援助受取国・地域リスト　192
援助効果　259
援助効率　259
援助大綱（旧）（旧ODA大綱）　256-258
援助大綱（新）　256
お　欧州安全保障協力会議（CSCE）　58, 65
欧州共同体　→EC
欧州経済共同体（EEC）　62, 227, 233
欧州経済協力機構（OEEC）　54
欧州原子力共同体（EURATOM）　233
欧州債務危機　116, 119
欧州石炭鉄鋼共同体（ECSC）　116, 233
欧州中央銀行　109
欧州通常戦力条約（CFE条約）　65
欧州統合　31
欧州復興計画　→マーシャル・プラン
欧州連合　→EU
沖縄返還交渉　230
オペレーショナル・コード　140
オリエンタリズム批判　197
温暖化（温室効果）［地球——, ——防止］　150, 158-160

●か　行

か　外資法　225
海底油田からの石油流出　173
介入戦略　87

開　発　181
開発援助　158, 177, 254-257
　——協力　249
開発協力大綱　256-258, 266
開発経済学　193
開発（至上）主義　189
開発の10年　164
開発と環境　152, 154, 155
開発／発展途上国　50, 106, 120, 151, 152, 154, 155, 161, 163, 164, 168, 172, 192, 254
開発モデル競争　184
開発輸入　184
開放体制（日本）　238
開放路線（中国）　221
海洋汚染防止条約（マールポール条約）　157, 162, 172
海洋新秩序　83
海洋投棄禁止条約　156
カイロ宣言　81
核［——爆弾，——兵器］　58, 59, 66, 69, 78, 88, 96-98, 128-132, 136, 142-146, 187, 245
核開発疑惑　73, 98, 215, 221, 223
核拡散　73, 96
核拡散防止条約（核兵器不拡散条約，NPT）　57, 97, 132
核革命　128, 129
核軍拡［——競争］　56, 62, 69, 92
核（全面）戦争　20, 21, 57, 78, 129, 132, 142, 149
核戦略　128, 130, 132, 133, 139, 143, 144
拡大抑止　131
核中毒　130
核なき世界演説　98
核の傘　131
核のディレンマ　130
核の冬　142

核廃絶　98
核抑止　66, 69, 78, 130, 138
　計算的――　130
　存在的――　130
GATT（関税と貿易に関する一般協定）
　50, 103, 104, 107, 115, 226-228, 239, 240, 251
　――35条　226, 227
ガリオア（占領地域救済資金）　225
カルタヘナ議定書　170
為替管理法　225
環境安全保障　144
環境外交　157, 160
環境行政組織　156
環境総会　158, 160
環境と開発に関する世界委員会　164
環境と開発に関するリオ宣言　162, 163
関税障壁　107, 115
関税と貿易に関する一般協定
　→GATT
環太平洋連帯構想　220, 221
カンボジア内戦　79
官僚政治モデル　137
**き**　機会費用　145
危機管理　128, 138, 139
危機防止体制　139
気候変動に関する政府間パネル（IPCC）
　149, 159, 160, 169, 173
気候変動枠組み条約　162, 163
　――締約国会議（COP21）　169
技術援助協力　259
規制緩和　115, 120, 191
北大西洋協力評議会　71
北大西洋条約機構　→NATO
北朝鮮の核実験［――核開発］　97, 124
機能主義　31, 110
規範的アプローチ　40, 41

キャッチアップ外交　239
9.11事件（9.11同時多発テロ）　72, 75, 77, 88, 118, 124, 147, 198, 242, 256
旧ユーゴ内戦　78
キューバ革命　187
キューバ（ミサイル）危機　57, 131-133, 137
強権体制　190
共産圏［――諸国］　103
共産主義［――化，――者，――社会，――政権，――的全体主義］　51, 53, 54, 61, 65, 68, 72, 86, 87, 136, 176
共産党［ソ連――，中国――］　51, 53-55, 59, 81, 209, 212
競争原理　194
共同防衛［――行動，――体制］　134, 207
京都会議（COP3）　169
京都議定書　169
　――締約国会議　172
極東委員会　52
極東有事　218
ギリシャ危機　116, 175
緊急輸入制限条項　→セーフガード
近代国民国家［――システム］　39
近代主権国家　102
近代性　184, 197
金・ドル交換停止　62, 104
**く**　クリミア併合　94, 107
グリーン・ニューディール　173
クロアチア内戦　93
グローバリゼーション（グローバル化）
　24, 35, 36, 44, 73, 101, 119, 168, 194, 196-198, 247, 254
グローバル内戦　198
グローバル・パートナーシップ　74
軍拡（競争）　59, 63, 69
軍国主義　9, 49
軍産複合体　69

事項索引　337

軍事政権　190
軍縮　158, 251, 266–268
軍備削減交渉　59, 64
け　経済安全保障　241, 255
経済外交　211, 223–226, 228–230, 233, 238, 240–245
経済協力開発機構（OECD）　71, 161, 192, 228
経済相互援助会議（COMECON）　54, 65
経済的交流　101–103, 105, 106, 108, 110–115, 117, 120
経済的地域主義　119
経済摩擦（経済紛争）［日米——］　105, 106, 110, 114, 229, 231, 239, 241, 243
経済連携協定（EPA）　245
警察予備隊　260
ゲーム理論　16, 133
ゲリラ　77
限界効用逓減の法則　145
現実主義（リアリズム）［——批判，——批判者］　6, 10–15, 19–21, 23, 24, 28–30, 33–36, 38, 40, 42, 125, 136
　技術的・実用的——　34
　古典的——　14
現実主義者（リアリスト）［古典的——］　10, 11, 13, 14, 20, 125, 127, 128, 134, 148
原子力安全条約　171
原子力発電所　173
現地調達（ローカル・コンテンツ）　238
原理主義［イスラム——，——運動，——者］　92, 94, 95
権力（パワー）［——外交，——関係，——衝動，——闘争，——動態，——欲］　7, 10–12, 15, 16, 20, 21, 23–26, 28, 30, 31, 36, 38, 41, 68, 125–128, 141, 142, 178, 184, 189, 197, 202

こ　公害病　151
攻撃即発射（LUA）　142
攻守同盟　253
高所得国　192
構成主義　35
構造協議（SII）　241
構造決定論　24
構造主義［——的］　28, 34, 36, 41
構造調整政策　191, 195
構造的暴力　99
行動科学［——者，——的アプローチ，——派］　6, 15–21, 139
行動計画　155, 162, 165
行動主義　137
後方支援　147, 265
合理的行為者モデル　137
国外難民　79
国際海事機関（IMO）　153, 172
国際環境法　174
国際関係の社会学　179
国際協力　177, 180, 191, 247–251, 253, 254, 262, 266–268
国際協力機構（JICA）　259
国際協力銀行（JBIC）　259
——団体　248, 251
国際金融秩序　195, 196
国際経済体制　69, 103, 104, 118
国際決済銀行（BIS）　9
国際原子力機関（IAEA）　153, 171
国際貢献［——論］　266
国際社会学派　179
国際収支構造　229
国際制度［——論］　31
国際組織（国際機関・国際機構・国際団体）　7, 11, 13, 71, 103, 111, 115, 153, 155, 171, 174, 197, 247, 249–252, 268
国際賃借構造　229

国際通貨基金　→ IMF
国際テロ　75, 77, 124
国際統治　32
国際復興開発銀行（IBRD）→世界銀行
国際平和協力法　263, 264
国際平和支援法　265
国際法　7, 11, 13, 179
国際冷戦　184
国際レジーム論　24, 29, 30, 136
国際連合　32, 37, 42, 50, 52, 56, 65, 71, 76, 84, 94, 101, 133, 153-158, 161, 181, 183, 187, 191, 194, 204, 205, 207, 247, 250-252, 259-263, 266, 268
　――安全保障理事会　260, 262, 268
　――改革　268
　――開発計画（UNDP）　193, 252
　――開発10年計画　187
　――海洋法会議（UNCLS）　153
　――環境開発会議　160
　――環境計画（UNEP）　156-158, 162, 163, 165, 172
　――カンボジア暫定統治機構（UNTAC）　264
　――教育科学文化機関（UNESCO）　153, 251
　――軍　84, 260
　――経済社会理事会　151, 152, 167
　――児童基金（UNICEF）　79, 252
　――食料農業機関（FAO）　153
　――総会　151-154, 157, 160, 163-165
　――難民高等弁務官事務所（UNHCR）　90, 91, 264
　――平和維持活動（PKO）　56, 72, 251, 261, 263, 264, 266, 267
　――貿易開発会議（UNCTAD）　152, 155, 164, 188
国際連盟　6, 7, 9, 84, 123, 125, 126, 153

国際労働機関（ILO）　251
国内避難民　79
国内冷戦　184
国民国家　4, 76, 92-95, 99, 100, 180, 189, 191, 194
国民党　55
コソボ危機　147
コソボ紛争　79, 93
国家安全保障会議（NSC）　124
国家―社会関係アプローチ　24, 38
国家主権　45
国家中心主義［――批判］　23, 30, 34, 42
国家統合　93, 187
国家利益（ナショナル・インタレスト）　9, 11, 13, 38, 41, 45, 268
古典派経済学　110
コミンフォルム　54, 56
孤立主義　50
コロンボ・プラン　216

◉さ　行

さ　サイクス・ピコ協定　175
サイクル論　143
最恵国待遇　226, 227
財政危機問題（ギリシャ）　73
最貧国　106, 192
債務危機　191, 195
砂漠化防止条約　170
サパティスタ民族解放軍　196
サバルタン　197
サブプライム・ローン　119
酸性雨　151, 159
残存輸入制限　227
サンフランシスコ講和条約　205, 206, 210-212
し　自衛隊　260, 261, 263
GHQ（連合国軍総司令部）　203, 204, 206

ジェノサイド（集団殺戮）　85
シカゴ学派　132, 139, 141
資源獲得競争　73
資源戦争　196
自己決定権　182
自主規制［輸出——］　230-233, 235, 236, 243
市場介入　103
市場開放（日本）　241
市場主義経済　73
市場秩序維持協定（OMA）　232
自助努力支援　257
システム理論（システム・アプローチ）　16
持続可能な開発（持続的開発）　150, 162, 163, 165-167
持続可能な開発に関する委員会（CSD）　167
下からの地球化　37
実証主義　34, 36, 40
史的唯物論　34, 36
自爆テロ　77
ジハード　95
資本主義［——諸国，——世界，——世界体制,——体制］　27, 44, 51, 56, 59, 61, 72, 73, 103, 176, 177, 180, 186, 190, 196
社会主義［——諸国，——政権，——勢力,——体制］　51, 52, 55-61, 64, 68, 88, 93, 118, 153, 177, 193, 211, 220
　　自主管理——　93
弱者の恐喝　133
自由主義［——経済，——経済体制，——経済発展モデル，——諸国］　31, 41, 53, 103, 109-112, 114, 117, 118, 191, 196, 228
重商主義　111, 112
囚人のディレンマ　133, 146
従属論　179

集団安全保障［——機構］　6, 54, 84, 133, 205, 207
集団的自衛［——権］　125, 207, 218, 265
集団防衛機構　217
周辺化　176
周辺事態　147
自由貿易［——主義］　49, 107, 170, 233
自由貿易協定（FTA）　109, 118, 245
ジュネーブ議定書　6
ジュネーブ協定　58
主要先進国首脳会議（サミット）　71, 107, 159
ショヴィニズム　181
使用済み燃料，放射性廃棄物管理安全条約　171
小島嶼開発途上国（SIDS）　192
条約事務局　171
植民地［——主義，——化］　76, 80, 81, 83, 87, 99, 100, 176, 178-182, 185, 188, 194, 197, 253, 259
植民地独立付与宣言　181
所得倍増計画　227
シリア内戦　73, 91, 95
シリア難民　175
新機能主義　110, 111, 114
新現実主義　14, 23, 24, 28, 31, 34, 36, 42, 43
新現実主義者（ネオ・リアリスト）　142, 143
新興経済大国　195
新興工業経済地域（NIEs）　106, 192, 220
新興工業諸国群（NICs）　192
新興国　177, 192
新構造主義　35
新国際経済秩序（NIEO）　180, 187
新思考外交　63, 64

人　種　189
新自由主義（ネオ・リベラリズム）制度
　　論　24, 25, 31, 37, 41–43, 136
新重商主義　111, 112
信託統治制度　181
人道介入主義　198
人民の自己決定権　181
森林原則声明　162, 163
新冷戦　58, 142
**す**　スエズ運河国有化　187
スクリュー・ドライバー方式　238
スターリン批判　56, 59
ストックホルム会議（国連人間環境会
　　議）　151, 152, 154–156, 162–164
ストックホルム条約（POPs条約）
　　157, 170, 171
スーパー301条　244
スピル・オーバー　111
スプラトリー紛争　82, 100
**せ**　西欧国家体系　39
制限主権論　→ブレジネフ・ドクトリン
政策科学　141
政策協調　117
政治介入　46
制度的アプローチ　141
政府開発援助（ODA）　211, 214, 219,
　　254, 268
政府間海事協議機関（IMCO）　153,
　　154
政府間国際組織（IGO）　31, 252
生物多様性条約　157, 162, 163
勢力均衡（バランス・オブ・パワー）
　　6, 25, 26, 35, 70, 123, 126, 127, 134,
　　143
世界気候会議　159, 160
世界気象機関（WMO）　153, 157
世界銀行（国際復興開発銀行・IBRD）
　　[――総会]　50, 52, 103, 115, 158,
　　167, 191, 192, 195, 226, 251

世界金融危機　108, 119, 120
世界軍事秩序　185
世界システム論　179
世界資本主義システム　196
世界女性会議　250
世界人権会議　250
世界秩序のトランスフォーメーション
　　194
世界秩序モデル・プロジェクト（WO
　　MP）　38
世界貿易機関（WTO）　73, 107, 115,
　　118, 120, 170, 192, 193, 242, 244, 251
世界保健機関（WHO）　153, 251
石油危機（オイル・ショック）　30,
　　105, 106, 187, 231, 233, 235, 255
石油輸出国機構（OPEC）　136
セキュリティ・ディレンマ　127
セキュリティ・パラドックス　148
積極的平和主義　257
セーフガード（緊急輸入制限条項）
　　107, 227, 234
ゼロ・サム［――関係］　111, 114, 253
繊維紛争［日米――］　230, 231
全欧安保協力会議（CSCE）　71
尖閣諸島　100, 124
尖閣諸島沖中国漁船衝突事件　45
戦後改革　203
戦後国際経済体制　102, 105, 109, 110,
　　115, 118
先住民権利宣言　182
先住民蜂起　189, 196
先進5ヵ国蔵相・中央銀行総裁会議
　　（G5）　108
先進国　192
先進7ヵ国蔵相・中央銀行総裁会議
　　（G7）　108, 159
先制核不使用（NFU）　145
先制譲歩政策　143
戦争放棄　203

全体主義　9, 49, 51, 53, 65
全面（核）戦争　20, 78, 92
全面講和　208
戦略兵器削減交渉（START）　59, 145
戦略兵器制限交渉（SALT）　57, 132, 140
戦略防衛構想（SDI）　58, 64, 142
そ　相互依存　17, 23, 29, 30, 44, 71, 72, 100, 102, 105, 108, 114, 115, 194, 202, 254
　　経済的――　113–115, 118–120, 136
　　非対称――　29
　　複合的――　113
総合安全保障体制　245
相互防衛協力　249
相互抑止　129
族議員　243
組織過程モデル　137
ソーシャル・ダンピング　226
租税回避行為　120

◉た　行

た　第1次（世界）大戦　4, 5, 8, 49, 78, 81, 124, 125, 153, 215
第三世界　11, 56, 58, 60, 62, 64, 71, 80, 134, 176–180, 183–192, 195–198
第三世界主義　197
対人地雷禁止条約（オタワ条約）　89
大西洋憲章　49
対ソ干渉戦争　51
対テロ戦争　72, 147, 242
第2次核時代　146
第2次（世界）大戦　9, 11, 15, 26, 51–53, 56, 61, 62, 65, 67, 70, 72, 80, 81, 88, 102, 124, 125, 129, 133, 141, 149, 182, 185, 193, 204, 208, 213, 215, 225, 259, 261, 266
対日講和会議　208

対日理事会　52
太平洋経済協力会議（PECC）　220, 221
大陸間弾道ミサイル（ICBM）　59, 69, 129, 132, 145
代理戦争　78
大論争　19
多極化　59, 62, 67, 70, 201
竹島（独島）　214
多国間交渉（多国間主義）　240
多国籍企業［――化］　70, 113, 136, 194, 197, 248, 251, 252
多国籍軍　72, 262
多数国間援助／協力　249, 250, 254, 267
多数国間環境条約　150, 172
タックス・ヘイブン　120, 194
脱行動科学　6, 17, 18, 21, 41
脱植民地化　176, 180, 181
タバコ規制枠組み条約　161
ダーバン会議　183
民の集団の生命権　182
多民族国家　81, 93
単一為替レート　225
弾道弾迎撃ミサイル（ABM）制限条約　132
単独講和（部分講和）［――条約］　208, 226
ち　地域的集団安全保障　133
地域統合　107, 108
地域覇権主義　83
地域紛争　68, 75, 77–80, 83, 85–92, 98–100, 138, 140, 262
小さな政府　194
チェチェン紛争　79
地球化　→グローバリゼーション（グローバル化）
地球環境基金（GEF）　167
地球市民社会［――論］　24, 37, 41

地球政治［──論］　32, 35, 36
地球政治体　37, 41
チトー化　55
中距離核戦力（INF）　59, 142
　　──制限交渉　59
　　──全廃［──条約］　64, 143
中距離核ミサイル　131
中所得国　192
中心─周辺理論　179
中ソ国境紛争　80
中ソ対立（中ソ論争）　59, 60
中東戦争［第4次──］　76, 105, 136
中東民主化構想　88
朝鮮戦争　55, 68, 130, 212, 225, 260
つ　通貨危機　120
通商法301条　244
て　低開発問題　152, 154
ディカップリング（引離し）　142
帝国主義［──諸国］　65, 68, 87, 182
低所得国　192
TPP（環太平洋パートナーシップ，環太平洋戦略的経済連携協定）　109, 245
デタント（緊張緩和）　56-59, 62, 140, 187, 243
鉄のカーテン　51, 193
テロリズム　77, 170
天安門事件　212
電磁波被害　173
伝統学派（伝統的アプローチ）　19, 21
天皇制　204
と　東欧革命　64
東西問題　184
東南アジア条約機構（SEATO）　217
東南アジア諸国連合　→ ASEAN
同盟［──公約，──国，──のディレンマ］　26, 67, 87, 125, 128, 131, 133-135, 143, 144, 147, 218, 224
東洋外交　188

独裁政権　84
特定産業振興臨時措置法（特振法）　237
ドッジ・ライン　225
ドーハ開発アジェンダ　107
ドーハ・ラウンド　107, 120
ドミノ理論　87
トリガー価格制度　231
トルーマン・ドクトリン　53, 54

● な　行

な　内　戦　55
ナショナリズム（民族主義）　68, 88, 93, 123, 175, 179, 181, 185, 187-189
　　アラブ・──　187
　　エスノ・──　93, 186
　　公定──　189
　　資源──　187
　　テクノ・──　239
ナショナル・インタレスト　→国家利益
ナチス　9, 91, 126, 141
ナチズム　53
NATO（北大西洋条約機構）　54, 59, 60, 65, 130, 134, 142, 146, 147, 216
　　──軍　72
77ヵ国グループ　152, 157, 160, 188
南々協力　196
南南問題　188
南北問題　69, 106, 152, 155, 163, 166, 184, 188, 190, 191
難民［──条約］　79, 91, 92, 100, 191
に　ニクソン・ショック　62, 104, 105, 107
2国間援助／協力　249, 254, 255, 258, 267
20ヵ国蔵相・中央銀行総裁会議（G20）　108, 119, 120
22ヵ国宣言　65
日英通商航海条約　227

日独伊3国防共協定　9
日独防共協定　9
日米安全保障条約　206, 208, 218, 219, 249, 261, 263
日米安保体制　266
日米経済調和対話　246
日米同盟　135, 143, 146
日米防衛協力の指針　147
日華平和条約　212
日韓基本条約　214
日本異質論　241
日本国憲法　203, 260, 268
日本車輸入規制　236
日本叩き　241
日本有事　218
人間開発指数　192
人間環境宣言　155, 162
人間本位主義　32, 37
認知科学　137, 139
ね　ネオ・マルクス主義　24
ネガティブ・サム　254
熱戦　66, 80, 99
年次改革要望書　245
の　ノールトヴェイク宣言　157

◎は行

は　バイ重視援助　258
排他的経済水域　83
ハーグ宣言　159
覇権［——安定論，——国，——循環，——戦争］　27, 28, 30, 36, 40, 42, 143, 184, 194, 196, 197
はこもの中心援助　258
パーセプション（認識）　139
バーゼル条約　157, 171
パックス・アメリカーナ　27
パックス・ブリタニカ　27
パナマ文書　120, 194
ハブ・アンド・スポークス　217
バランス・オブ・パワー　→勢力均衡
パリ協定　169
パリ憲章　65
パリ不戦条約（ケロッグ・ブリアン協定）　6, 123, 204
ハルシュタイン・ドクトリン　60
パルチザン　77
反帝国主義　188
半導体摩擦　239
バンドワゴン理論　143
反米　96
ひ　ピアソン報告　267
非核3原則　245
非核戦争　20
東日本大震災　256
非関税障壁　115
非軍事化　203
非国家的主体　113, 114
非自治地域　181
非政府団体（非政府組織，NGO, INGO）　31, 70, 113, 120, 159, 171, 174, 191, 197, 248, 251, 252, 268
非同盟［——運動，——会議，——中立，——ブロック］　69, 93, 188, 209
批判（的）国際理論　24, 35, 40, 41
ヒモつき援助　255, 258
貧困のカーテン　194
ふ　ファクトシート　246
ファシズム　6, 15, 53
ファスト・トラック手続き　240
封じ込め政策　53, 64, 68, 126
不均等発展　27
福祉国家　103, 115, 117, 191
福田ドクトリン　245
部分的核実験停止条約　57, 132
プラザ合意　117, 219
ブラック・ボックス・パラダイム　38
プラハの春　57, 88
BRICs　106, 195, 256

武力行使　79
武力紛争　78, 80, 185, 263, 264
フルトン演説　193
ブルントラント委員会　160, 163-165
ブレア・ドクトリン　198
ブレジネフ・ドクトリン（制限主権論）　57, 64, 88
ブレトンウッズ［――機構, ――国際会議, ――体制］　49, 62, 103, 104, 251
ブロック経済　103
文化大革命　86
紛争抑制文化　85, 86, 88
文民要員派遣　263
文明の衝突　86, 92
文明の論理　181
分離独立運動　81
分類闘争　192
へ　米ソ核戦争防止協定　57
米ソ対立　183
米ロ核軍縮条約　145
平和共存　56, 59, 60, 63, 188
平和5原則　188
平和のためのパートナーシップ構想（PfP）　146
ベトナム戦争（ベトナム介入）　57, 58, 62, 68, 135-138, 140, 188, 213, 261
ベルリン［――の壁, ――封鎖, ――問題］　64, 130, 133
ペレストロイカ　63, 64
変動為替相場制　62, 108
ほ　保安隊　260
貿易為替自由化計画大綱　237
貿易自由化　227
貿易促進権限　240
貿易摩擦　230, 237, 242, 243
包括経済協議　241
包括的テロ防止条約　77
北米自由貿易協定（NAFTA）　109, 115, 118, 196
保護主義　103, 107, 111, 232, 243
ボコ・ハラム　95
ポジティブ・サム関係　253, 254
ポスト現実主義　24, 32, 33, 37, 40, 42, 43
ポスト実証主義　41
ポストモダニズム　36
ボスニア・ヘルツェゴビナ内戦　93
ボーダレス化　44, 115, 191
ホット・ライン　57, 133
ボート・ピープル　90
ポピュリズム　175

## ●ま　行

ま　マイノリティ　181
マーシャル・プラン（欧州復興計画）　53, 54
マーストリヒト条約　109
マルクス主義　38
マルチの援助　258
み　ミサイル・ギャップ　131
南シナ海問題　82
ミュンヘン会談　9
ミレニアム開発目標　175, 256
民間／援助協力　249, 251, 254
民主化　57, 64, 190, 203, 213, 225
民主主義［議会制――］　32, 41, 65, 87, 186, 190, 207, 248
民族自決　49, 80, 81, 100, 181
民族集団　76, 81, 84, 93
民族主義　→ナショナリズム
民族浄化　79, 86
民族紛争　81, 92, 189, 262
む　無差別テロ　95
ムジャヒディン　77
無償資金協力　259
め　メルコスール　109
も　モスクワ条約　145

事項索引　345

モダニティ 197
モロトフ計画 54
モントリオール議定書 157, 172

## ●や 行

や 有償資金協力 259
ゆ 宥和政策 9
ユートピアン 126
ユニテラリズム 244
輸入制限運動 230, 231, 233
ユーロ 109, 116
よ 抑止（論） 129, 133, 134, 138, 139, 143
吉田ドクトリン 205, 206, 224, 225, 242-245
予定調和説 9
ヨハネスブルグ地球サミット 168

## ●ら 行

ら 拉致問題 215, 223
ランド研究所 132, 138, 141
り リオ会議（環境と開発に関する国連会議，地球サミット） 159-163, 165, 167, 168, 170, 171
リオ＋20 168
理想主義（ユートピアニズム） 4-11, 19-21
リーマン・ショック 73

る 累積債務 106, 195
ルワンダ内戦 79
れ 冷戦［──構造］ 15, 32, 33, 39, 42, 44, 52, 56, 61-63, 65-67, 69-72, 82, 87, 88, 91, 92, 94, 96, 99, 103, 104, 118, 124, 125, 128, 144, 145, 149, 158, 172, 180, 183, 184, 186, 187, 190, 191, 193, 201, 202, 205, 207, 209, 211, 219, 224, 225, 229, 243, 261, 262, 266
──コンセンサス 136
──崩壊［──終結］ 28, 31, 37, 40, 41, 64, 65, 70, 92, 93, 98, 118, 124, 147, 191, 194, 213, 219
レーガノミクス 63
レジスタンス 77
連合国 181
ろ ロカルノ条約 6
ロッテルダム条約 170, 171
ローマクラブ 174
ロンドン海洋投棄条約 171
ロンドン軍縮会議 8

## ●わ 行

わ ワシントン条約 157
ワルシャワ条約機構（WTO） 54, 65, 130, 144
湾岸戦争［湾岸危機］ 72, 82, 223, 262

# 人名索引

## ●ア 行

アイゼンハワー（D. D. Eisenhower）　87, 131
アサド（B. H. Al-Assad）　94
アシュレイ（R. K. Ashley）　34, 37
アタチュルク（M. K. Atatürk）　95
安倍晋三　246
アーモンド（G. A. Almond）　17
アリストテレス（Aristotelēs）　3
アリソン（G. Allison）　137, 138
アロン（R. Aron）　19, 125
池田勇人　226-228
イーストン（D. Easton）　17, 18, 22
ウィルソン（W. Wilson）　41, 49, 81
ウェスタッド（O. Westad）　183
ウェッセルズ（D. J. Wessels）　248
ウォーカー（R. B. J. Walker）　37
ウォーラーステイン（I. Wallerstein）　36, 180
ウォルツ（K. N. Waltz）　25, 28, 33, 142, 143
ウォルト（S. M. Walt）　143
ウォルファーズ（A. Wolfers）　127, 128, 134
牛場信彦　235
大石武一　155
大慈彌嘉久　237
大平正芳　220, 221, 245
岡倉天心　215
オズグッド（R. Osgood）　133
オバマ（B. Obama）　98, 145, 148, 173, 246

## ●カ 行

カー（E. H. Carr）　9, 14, 19, 126
カウフマン（W. Kaufman）　133
カーター（J. E. Carter）　58, 232
カプラン（M. A. Kaplan）　16, 17, 19
カルドー（M. Kaldor）　184
ガルトゥング（J. Galtung）　99
菅直人　246
ガンジー（I. Gāndhī）　155, 163
ガンジー（M. Gāndhī）　197
岸信介　226, 228, 229
キッシンジャー（H. Kissinger）　127
ギル（S. Gill）　36
ギルピン（R. Gilpin）　27, 28, 142
クノー（K. Knorr）　19, 127
熊谷典文　237
クラウゼヴィッツ（K. von Clausewitz）　129
クラズナー（S. D. Krasner）　28, 30
クラトチウィル（F. Kratochwil）　35
グラムシ（A. Gramsci）　36
グリーコ（J. M. Grieco）　28
クリントン（B. Clinton）　241
ケナン（G. F. Kennan）　14, 124
ケネディ（J. F. Kennedy）　131
ゴア（A. Gore）　173
コックス（R. W. Cox）　33, 34, 36
コヘイン（R. O. Keohane）　29-31, 113
小松勇五郎　237
コルコ（G. Kolko）　184
ゴルバチョフ（M. S. Gorbachev）　31, 63, 143, 158, 173

## ◉ サ 行

サイード（E. W. Said） 197
サッチャー（M. Thatcher） 158, 159, 173
佐藤栄作 230
佐橋滋 237
サンダース（B. Sanders） 194
シェリング（T. C. Schelling） 16, 133
シェワルナゼ（E. Shevardnadze） 157
幣原喜重郎 204, 206
ジャービス（R. Jervis） 139
周恩来 188
シュヴァルツェンバーガー（G. Schwarzenberger） 14, 19
シューマン（F. L. Schuman） 125, 141
シュミット（C. Schmitt） 77
シュワルツ（D. Schwartz） 130
ショー（M. Shaw） 38
蔣介石 55, 213
昭和天皇 204
ジョージ（A. L. George） 137–139, 141
ショットウェル（J. T. Shotwell） 8
ジンマーン（A. Zimmern） 8, 19
スカルノ（A. Sukarno） 187
スターリン（I. V. Stalin） 56, 59, 124
スナイダー（G. Snyder） 125, 133
スパイクマン（N. J. Spykman） 14, 126
スミス（A. Smith） 109
セシル（E. A. R. Cecil） 126

## ◉ タ 行

田中角栄 230

チトー（J. B. Tito） 55, 77, 93
チャーチル（W. L. S. Churchill） 49, 51, 193
チャベス（H. Chávez） 179
ツキジデス（Thukydidēs） 4, 29, 127
デーヴィス（D. Davies） 8
ドイッチュ（K. W. Deutsch） 16, 127
土光敏夫 234
ドゴール（C. A. J. M. de Gaulle） 60, 228
トルバ（M. Tolba） 157
トルーマン（H. S Truman） 52, 53, 176

## ◉ ナ 行

ナイ（J. S. Nye, Jr.） 29, 113
永井陽之助 127
中曾根康弘 214
ナセル（J. A. Nāsir） 187
ニクソン（R. M. Nixon） 212, 230
ニーバー（R. Niebuhr） 14
ネルー（P. J. Nehru） 187
ノエル=ベーカー（P. J. Noel-Baker） 8
野田佳彦 246

## ◉ ハ 行

パイプス（R. Pipes） 142
バオ・ダイ 58
ハース（E. B. Haas） 111
ハーツ（J. Herz） 127, 128
鳩山由紀夫 245
ハーバーマス（J. Habermas） 34
パラン（R. P. Palan） 36
ハリディ（F. Halliday） 38
ハルバースタム（D. Halberstam） 87
ハワード（M. Howard） 123

ピアソン（L. B. Pearson） 254
ビアード（C. Beard） 141
ヒトラー（A. Hitler） 12, 124, 141, 143
ファノン（F. Fanon） 197
フォーク（R. A. Falk） 37
福田赳夫 245
フセイン（S. Hussein） 82, 95
プーチン（V. Putin） 94
ブッシュ（G. H. Bush） 64, 158, 163, 173, 240
ブッシュ（G. W. Bush） 88, 147, 148, 198, 242
プラシャド（V. Prashad） 198
ブラッケン（P. Bracken） 147
フランクス（O. Franks） 184
フルシチョフ（N. S. Khrushchev） 56
ブルントラント（G. H. Brundtland） 160, 161
ブローディ（B. Brodie） 129, 130
ホー・チ・ミン 58
ボーデン（W. Borden） 128–130
ホフマン（S. Hoffmann） 127
ホメイニ（R. Khomeini） 95, 186
ボールディング（K. E. Boulding） 16
ボールドウィン（D. Baldwin） 145

## ◉マ 行

マキアヴェリ（N. di B. dei Machiavelli） 4
マッカーサー（D. MacArthur） 203, 204
マルクス（K. H. Marx） 14, 61
マンデラ（N. R. Mandela） 186
マンハイム（K. Mannheim） 14

ミアシャイマー（J. J. Mearsheimer） 28
ミッテラン（F. Mitterrand） 159, 173
ムッソリーニ（B. Mussolini） 9
メリアム（C. E. Merriam） 141
毛沢東 55, 60, 188
モーゲンソー（H. J. Morgenthau） 11–14, 19, 20, 28, 29, 33, 34, 41, 127, 128, 134
両角良彦 237

## ◉ヤ 行

山下英明 237
山本重信 237
吉田茂 206, 208, 224, 242

## ◉ラ 行

ライト（Q. Wright） 123, 128, 141
ラズウェル（H. D. Lasswell） 124, 141
ラパポート（A. Rapoport） 16
リカード（D. Ricardo） 109
リシュカ（G. Liska） 127, 134
リップマン（W. Lippmann） 125
リンクラター（A. Linklater） 35
ルボウ（R. N. Lebow） 139
レイツ（N. Leites） 141 , 139
レーガン（R. Reagan） 58, 59, 63, 142, 194, 233, 239
レディカー（M. Rediker） 178
ローズヴェルト（F. D. Roosevelt） 49, 52
ローズノウ（J. N. Rosenau） 19

## ◉ワ 行

ワシントン（G. Washington） 133

人名索引

● 編者紹介

**原 彬久**（はら よしひさ）

1939 年，北海道に生まれる。
1963 年，早稲田大学第一政経学部政治学科卒業。
現在，東京国際大学名誉教授，法学博士（一橋大学）。
この間，1977～78 年プリンストン大学および 1990 年ケンブリッジ大学客員研究員。
専攻は国際政治学，日本政治外交史，日米関係論。
〔主要著書〕『戦後日本と国際政治──安保改定の政治力学』中央公論社。『日米関係の構図──安保改定を検証する』NHK ブックス。『国際政治分析──理論と現実』新評論。『岸信介──権勢の政治家』岩波新書。『戦後史のなかの日本社会党』中公新書。『吉田茂──尊皇の政治家』岩波新書。『岸信介証言録』（編著）中公文庫。『戦後政治の証言者たち──オーラル・ヒストリーを往く』岩波書店（第 64 回日本エッセイスト・クラブ賞，2016 年度日本公共政策学会賞作品賞）。『戦後日本を問いなおす──日米非対称のダイナミズム』ちくま新書など。
〔主要訳書〕E. H. カー『危機の二十年──理想と現実』岩波文庫。『モーゲンソー 国際政治──権力と平和』（全 3 巻，監訳）岩波文庫など。

国際関係学 講義〔第 5 版〕
*Lectures on International Relations*, 5th edition

| | |
|---|---|
| 1996 年 9 月 30 日 | 初　版第 1 刷発行 |
| 2001 年 3 月 30 日 | 新　版第 1 刷発行 |
| 2006 年 3 月 30 日 | 第 3 版第 1 刷発行 |
| 2011 年 4 月 10 日 | 第 4 版第 1 刷発行 |
| 2016 年 9 月 30 日 | 第 5 版第 1 刷発行 |
| 2021 年 2 月 25 日 | 第 5 版第 4 刷発行 |

編　者　　原　　彬　久
発行者　　江　草　貞　治
発行所　　株式会社 有　斐　閣
郵便番号　101-0051
東京都千代田区神田神保町 2-17
電話　（03）3264-1315〔編集〕
　　　（03）3265-6811〔営業〕
http://www.yuhikaku.co.jp/

印刷・株式会社理想社／製本・牧製本印刷株式会社
© 2016, Yoshihisa Hara. Printed in Japan
落丁・乱丁本はお取替えいたします。
★定価はカバーに表示してあります。

ISBN 978-4-641-14916-8

JCOPY 本書の無断複写（コピー）は，著作権法上での例外を除き，禁じられています。複写される場合は，そのつど事前に（一社）出版者著作権管理機構（電話03-5244-5088, FAX03-5244-5089, e-mail:info@jcopy.or.jp）の許諾を得てください。